面向工程教育的本科机械类专业系列教材

U0950703

机械制造企业项目管理

何水龙　著

吉林出版集团股份有限公司 | 全国百佳图书出版单位

图书在版编目（CIP）数据

机械制造企业项目管理 / 何水龙著. -- 长春 : 吉林出版集团股份有限公司, 2020.7
ISBN 978-7-5581-8831-2

Ⅰ. ①机… Ⅱ. ①何… Ⅲ. ①机械制造企业－工业企业管理－项目管理－研究－中国 Ⅳ. ①F426.4

中国版本图书馆CIP数据核字(2020)第118315号

机械制造企业项目管理
JIXIE ZHIZAO QIYE XIANGMU GUANLI

著　　者/何水龙
出 版 人/吴文阁
责任编辑/陈佩雄　孙　璐
装帧设计/南通朝夕文化传播有限公司
开　　本/880mm×1230mm　1/16
印　　张/11.5
字　　数/200千字
版　　次/2020年07月第1版
印　　次/2022年08月第2次印刷
出　　版/吉林出版集团股份有限公司
发　　行/吉林音像出版社有限责任公司
地　　址/长春市福祉大路5788号出版大厦A座13层
电　　话/0413—81629679
印　　刷/南通彩虹印刷有限责任公司
ISBN 978-7-5581-8831-2　　定价/35.00元

前　言

伴随着改革的不断深化和市场经济在我国的快速发展，我国的制造行业设备的大量投产规模和技术的一直改进，以及我国加入全球经济一体化和双边关系壁垒减小的发展模式下，我国工业领域的机械制造业有了发展性的机遇。虽然，在我国的工业领域，机械制造企业工程项目企业管理水平相对落后，但是随着我国的机械制造企业进一步发展，要想提高企业自身的市场竞争力和核心竞争力，就不能仅仅依靠先进设备和科学的技术核心生产力，必须提高国内的机械制造企业的先进管理水平，必须要求以优秀的项目管理办法来组建项目化运作的先进管理体系，以此推动整个行业企业的向前良性发展，从而使得国内企业不断地适应纷繁复杂多变的市场经济环境挑战。

本书共分 10 章，主要内容包括机械制造企业项目管理概述、机械制造企业项目管理、机械制造企业项目前期论证与决策、机械制造企业项目计划与范围管理、机械制造企业项目过程与进度管理、机械制造企业项目成本与效益管理、机械制造企业项目人力资源管理、机械制造企业项目质量管理、机械制造企业项目风险与安全管理、机械制造企业项目收尾与项目后评价。书中内容丰富，反映我国制造业的新成果、新技术，体系合理、条理清楚、概念清晰。

何水龙

2019 年 10 月

内容提要

本书是面向工程教育的本科机械类专业编写的教材，将现代化的项目管理理念融入到机械制造企业的项目管理当中，对机械制造企业的项目管理的基本理论和相关方法进行了介绍，内容少而精，注重实际应用和指导。全书共十章，包括机械制造企业项目管理概述、项目前期论证与决策、项目计划与范围管理、项目过程与进度管理、项目成本与效益管理、项目人力资源管理、项目质量管理、项目风险与安全管理、项目收尾与项目后评价等方面的内容，并且每章后面提供了相关的习题，供复习使用。

本书可作为参与工程教育认证的机械类专业教材，也可供理工科其他相关专业师生及研究人员使用。

目　录

第一章　机械制造企业项目管理概述

机械工程是以相关自然科学和技术科学为基础理论，结合在生产实践中积累的技术经验，研究和解决在产品开发、设计、制造、安装、运行和维护中的理论与实际问题的一门应用学科。随着项目规模的日趋扩大和技术工艺复杂性程度的提高，专业化分工越来越精细，投资者对项目在质量、工期、投资效益等方面的要求也越来越高。因此，项目的组织管理已成为决定机械企业项目生命力的关键因素。

第一节　项目与机械制造企业项目

一、项目

项目是指一系列独特的，在特定的时间、预算、资源的限定内依据规范完成复杂的并相互关联的活动，其参数主要包括范围、质量、成本、时间与资源。

（一）项目的定义

1.美国项目管理权威机构——项目管理协会认为，项目是为完成某一独特的产品或服务所做的一次性努力。

2.德国 DIN（德国工业标准）69901 认为，项目是指在总体上符合下列条件的唯一性任务：

（1）具有预定的目标；

（2）具有时间、财务、人力和其他限制条件；

（3）具有专门的组织。

3.《项目管理质量指南（ISO 10006）》定义项目为："具有独特的过程，有开始和结束日期，由一系列相互协调和受控的活动组成。过程的实施是为了达到规定的目标，包括满足时间、费用和资源等约束条件"。

4.《中国项目管理知识体系纲要（2002 版）》对项目的定义为：项目是创造独特产品、服务或其他成果的一次性工作任务。

5.联合国工业发展组织《工业项目评估手册》对项目的定义是："一个项目是对一项投资的一个提案，用来创建、扩建或发展某些工厂企业，以便在一定周期内增加货物的生产或社会的服务"。

6.世界银行认为："所谓项目，一般是指同一性质的投资，或同一部门内一系列有关或相同的投资，或不同部门内的一系列投资"。

7.一般地说，所谓项目就是指在一定约束条件下（主要是限定资源、限定时间、限定质量），具有特定目标的一次性任务。

（二）项目的特征

项目一词最早于 20 世纪 50 年代在汉语中出现，是指在一定的约束条件下（主要是限定时间、限定资源），具有明确目标的一次性任务。

项目是一件事情、一项独一无二的任务，也可以理解为是在一定的时间和一定的预算内所要达到的预期目的。项目侧重于过程，它是一个动态的概念，例如我们可以把一条高速公路的建设过程视为项目，但不可以把高速公路本身称为项目。那么到底什么活动可以称为项目呢？安排一个演出活动；开发和介绍一种新产品；策划一场婚礼；设计和实施一个计算机系统；进行工厂的现代化改造；主持一次会议等等这些在我们日常生活中经常可以遇到的一些事情都可以称为项目。

（三）项目与日常运作的区别

如果说项目没有其特殊性，项目管理也就失去了存在的意义。再来看看项目管理有哪些特殊性，其与日常管理有哪些区别。

项目与日常运作有着本质的区别。项目是一项独一无二的任务，而日常运作是连续不断、周而复始的重复活动，如食品厂每天制作蛋糕、邮递员每天送报纸等活动都是反复进行的日常运作。

为了更好地理解项目的内涵，可以进一步从下表了解项目与日常运作的区别所在。

表 1-1　项目与日常运作的对比

名称 比较	项目	日常运作
目的	特殊的	常规的
责任人	项目经理	部门经理
时间	有限的	相对无限的
管理方法	风险性	确定性
持续性	一次性	重复性
特性	独特性	普遍性
组织机构	项目组织	职能部门
考核指标	以目标为导向	效率和有效性
资源需求	多边性	稳定型

（四）项目的基本特征

项目具有以下几个典型特征：

1.一次性

这是项目与日常运作的最大区别。项目有明确的开始时间和结束时间，项目在此之前从来没有发生过，而且将来也不会在同样的条件下再发生，而日常运作是无休止或重复的活动。

2.独特性

每个项目都有自己的特点，每个项目都不同于其他的项目。项目所产生的产品、服务或完成的任务与已有的相似产品、服务或任务在某些方面有明显的差别。项目自身有具体的时间期限、费用和性能质量等方面的要求。因此，项目的过程具有自身的独特性。

3.目标的明确性

每个项目都有自己明确的目标，为了在一定的约束条件下达到目标，项目经理在项目实施以前必须进行周密的计划。事实上，项目实施过程中的各项工作都是为项目的预定目标而进行的。

4.组织的临时性和开放性

项目开始时需要建立项目组织，项目组织中的成员及其职能在项目的执行过程中将不断变化，项目结束时项目组织将会解散，因此项目组织具有临时性。一个项目往往需要多个甚至几百上千个单位共同协作，它们通过合同、协议以及其他的社会联系组合在一起，可见项目组织没有严格的边界。

5.后果的不可挽回性

项目具有较大的不确定性，它的过程是渐进的，潜伏着各种风险。它不像有些事情可以试做，或失败了可以重来，即项目具有不可逆转性。

（五）项目的相关术语

1.大型项目

它通常是由若干个相互联系的或相似的项目组成，是以协调的方式管理以获得单个项目不可能得到的利益的一组项目，也称为项目群。例如三峡水利工程就是一个项目群，由若干个项目构成。通常大型项目的规模特别大，持续时间也相当长。大型项目具有与项目相同的特性，也可能包括运作的成分。

2.项目

它是大型项目的组成部分。

3.子项目

它是一个项目中的更小的和更易于管理的部分。子项目与项目的特性相同，一般被视为项目，通常是指外包给一个外部企业的一个单元，并按项目进行管理。

子项目又常常分包给外部的承包商或内部的其他职能单位。下面是子项目的一些例子：

根据项目过程规定的子项目，例如一个项目阶段；

根据人力资源技能要求规定的子项目，例如生产项目中的管道或电气设备安装；

需要使用技术的子项目，例如软件开发项目中的计算机程序自动测试。

大型项目、项目和子项目的关系：一个大型项目可以包括很多的项目和一些运作管理，一个项目可以包括若干个子项目，子项目是项目的最小实施部分。大型项目、项目和子项目的关系如下图所示：

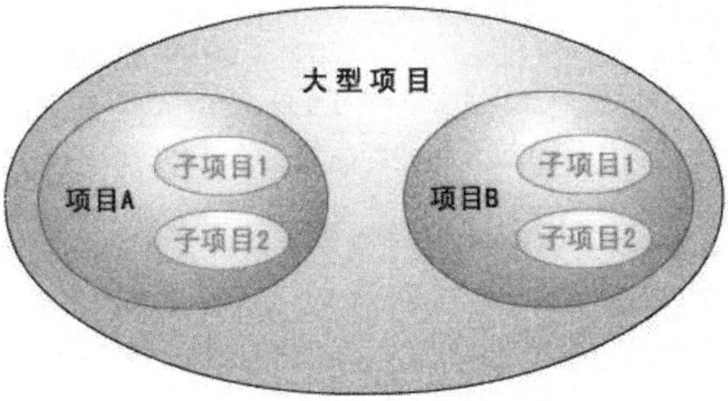

图 1-1　大型项目、项目和子项目关系图

在一些专业工程领域里，并不是直接使用大型项目、项目、子项目这样的术语，而往往使用其特有专业术语。例如，在建筑工程中，单项工程、单位工程和分部分项工程之间的关系与大型项目、项目和子项目之间的关系是一样的。所以，应理解在具体工作中灵活运用相关的概念，理解在不同工作领域中的专业名词与项目管理中的相关概念的关系。

二、机械制造企业项目

（一）机械制造企业项目的特性分析

机械制造业主要是通过对金属原材料物理形状的改变、组装，成为产品，使其增值。它主要包括机械加工、机床等加工、组装性行业。机械制造业涉及的工业领域主要有机械设备、汽车、造船、飞行器、机车、日用器具。总之，只要是以一个个零部件组装为主要工序的工业领域都是属于机械制造业的范畴。

机械制造业生产的主要特点是：离散为主、流程为辅、装配为重点。

工业生产的特点基本上分为两大方式：离散型与流程型。离散型是指以一个个单独的零部件组成最终产成品的方式。因为其产成品的最终形成是以零部件的拼装为主要工序，所以装配自然就成了重点。而流程型是指最终产成品的形成并不同于离散型一样把不同零部件装配起来，而是通过对于一些原材料的加工，使其形状或化学属性发生变化，最终形成新形状或新材料的生产方式。我们所熟悉的机械设备的制造就是典型的离散型工业，而诸如冶炼就是典型的流程型工业。汽车制造业传统上也被认为是属于离散型工业，虽然其中诸如压铸、表面处理等是属于流程型的范畴，不过绝大部分的工序还是以离散为特点的。所以，机械制造业并不是绝对的离散型工业，其中还是有部分流程型的特点。

具体特点有以下几个：

1.机械制造业是比较典型的离散型制造业，生产过程具有加工—装配性质。加工过程基本上是把原材料分割成离散的毛坯，然后逐一经过车、铣、磨等加工工艺，部件装配，最后装配成成品出厂。

2.生产方式以按订单生产为主，按订单设计和按库存生产为辅。产品结构 BOM 情况复杂，工程设计任务很重，不仅新产品开发要重新设计，而且生产过程中也有大量的变型设计和工艺设计任务，设计版本在不断更改。

3.制造工艺复杂，加工工艺路线不确定性，生产过程所需机器设备和工装夹具种类繁多，物料存储简易方便。机械制造业企业的原材料主要是固体，如钢材，产品也为固体形状。因此，存储多为室内仓库或室外露天仓库。

4.机械制造业企业由于主要是离散加工，产品的质量和生产率很大程度依赖于工人的技术水平，自动化主要在单元级，例如数控机床、柔性制造系统等，因此，机械制造业也是一个人员密集型行业，自动化水平相对较低。

5.产品生命周期长，更新换代慢。我国大中型企业生产的 2000 多种主导产品平均生命周期为 10.5 年，是美国同类产品生命周期的 3.5 倍。

6.产品中各部件制造周期长短不一和产品加工工艺路线的不确定性造成在制品管理不易，且在生产过程中经常有边角料产生。

7.生产计划的制订与生产任务的管理任务繁重。典型的离散型机械制造业企业由于主要从事单件、小批量生产，产品的工艺过程经常变更，因此，需要进行良好的计划。由于主要是按订单组织生产，很难预测订单在什么时候到来，因此，制订生产、采购计划困难。

8.产品零部件一般采用自制与委外加工相结合的方式解决。一般电镀、喷漆等工艺在委外厂商加工。

（三）行业管理重点与常见问题困扰

1.产品结构及设计变更的管理

机械行业产品结构比较复杂，设计任务很重，且工程变更频繁。BOM 是所有机械制造物料管理的基础信息，与企业绝大多数的部门息息相关，产品结构及设计变更的管理一直以来是许多机械制造企业的头疼问题，手工作业方式处理 BOM 管理时经常存在“料表更新不及时”“各方数据不一致”的现象，甚至发生错误而导致生产秩序及物料管理混乱、错失市场良机等情况。另外，由于工程变更，经常造成一些物料的呆滞，增加企业的成本。

2.PDM 与 ERP 系统的集成应用

机械行业产品结构复杂、图纸多，零部件通用/借用性高，企业需要借助 PDM（Product Data Management）产品数据管理系统实现产品设计的基础数据管理，将产品设计数据快捷地转化为生产数据是管理者需要重点考虑的问题。

3.制造工艺变化频繁，难以掌握

由于机械行业设备、人员状况复杂，实际生产时采取的工艺往往无法按标准工艺执行，而部分产品由于一些关键工序受机器等资源限制，常常又存在着多种加工工序并存的情况，如何及时掌握这些信息并进行调整，成为现场生产管理的难点。

4.生产进度管理与在制品控制

机械行业制造工序复杂，加工工艺路线不确定，生产过程所需机器设备和工装夹具种类繁多，零部件加工时间较长。如何及时掌握生产进度、解决工序管理及在制品控制问题，是管理者面临的一大难题。例如：在生产过程中各道工序的已完工数量、未完工数量、在制品数量、待检量、合格数量，以及订单的当前进度、预计完工时间等信息无法准确及时得到，经常造成在制品数量过多、账物不准。

5.项目型接单生产不易管理

部分机械行业产品属项目型制造，在接单时需要确定客户的特殊要求，并按项目设计、备料、生产、核算成本，手工作业面对庞大的物料清单、复杂的生产状况，常常发生交货延迟、库存积压、加工失误。

6.采购、生产计划的制订

机械行业主要按订单生产，多为单件、小批量生产，插单、订单变更频繁，且原材料的采购及物料加工又需要一定的周期，因此制订合理的采购、生产计划是相当困难的。

7.原材料采购数量超收、价格的管理

机械行业原材料成本超过总成本的一半，原材料成本控制成为降低成本的关键。原材料价格波动和多供应商供货造成采购价格管理困难。另外，由于原材料，如钢材因其材质、形状、包装等特性，经常会有供应商多送货的情况，原材料的超收在实际操作中很难控制。

8.库存账物的管理

虽然机械行业的物料存储简易方便，但要保证“账物合一”也不容易。库存信息变动频繁，生产领料时由于材料形状、材质等特性原因，经常无法按实际生产所需进行领发料。生产过程中的一些损耗、磅差、余料，也同样造成库存账物管理的困难。另外，库存物料有多计量单位的需求，如方钢、圆钢等棒材，库存账物上通常用 Kg 作为计量，同时希望能有“根”这样的单位。

9.生产状况复杂，现场不易掌控

机械行业加工零件多，需要的材料多，车间现场往往需要填写大量流转单据，造成了人员管理困扰。生产过程中往往有很多不确定因素，工序移转时有时候需要拆开处理，一部分流转到下道工序、一部分移转到后面某道工序，有时候又要部分委外，再加上加工过程中可能有报废、重修的情况，使得按照事先制订的工艺流程去管理变得极为困难。

10.委外加工不易处理

机械加工中，有很多特殊的工艺需要委外处理，客户需求批量大时也需要委外缓解压力。传统作业中常常用虚拟仓库的方式来管理委外加工物料的进出数量，但无法控制委外加工过程中的物料使用、损耗等情况，易造成委外加工成本的增加。

11.齐套管理困难

齐套（构成一个产品所有子物料的组合）管理是机械行业常见的管理难点。企业的产成品装配计划和零部件加工计划一般是分别下达的，加工进度受各种因素影响导致组装时零部件不能齐套，造成停工待料、影响交货。

12.机器设备及工装夹具、模具、量具的管理

机械行业生产过程中，机器设备、工装夹具、模具、量具的编码管理非常复杂，需要在物料清单中反映工装夹具、模具、量具以及所用设备的信息。如何对其编码、管理其变动信息，并不是一件容易的事。另外，一些工装夹具、模具、量具信息对一些企业来说是商业秘

密，这部分的管理就尤为重要。

13.成本的分析与控制

如何降低成本，一直是制造业不断追求的目标。企业不仅要知道产品的单位成本，更要清楚产品成本的结构，找到改善的关键。如何正确、及时地计算出产品的实际成本，一直是企业亟待解决的难题。

第二节　项目管理与机械制造企业项目管理

一、项目管理

项目管理是基于管理原则的一套计算方法，主要用于计划、评估、控制工作活动，保证按时、按预算、依据规范达到理想的最终效果。通过上述讲解，用户已大体了解了项目及项目管理的定义，下面将详细讲解项目管理的发展、属性、要素、流程及领域。

（一）项目管理的发展简介

项目管理是 2000 多年前发展起来的管理技术，主要经历了萌芽、形成、传播及发展四个阶段。

1.项目管理的萌芽阶段

20 世纪 30 年代之前为项目管理的萌芽阶段。在此阶段，人们凭借经验与直觉按照项目的形式进行运作，如中国的长城、古罗马的尼姆水道、埃及的金字塔等。

2.项目管理的形成阶段

20 世纪 30 年代至 50 年代为项目管理的形成阶段。在此阶段，传统的项目及项目管理的概念主要起源于建筑行业，人们开始使用“甘特图”进行项目的规划与控制，例如“曼哈顿”原子弹计划、美国的“阿波罗”载人登月计划等。

3.项目管理的传播阶段

20 世纪 50 年代至 70 年代末为项目管理的传播阶段。在此阶段，人们开始开发和推广网络计划技术，此计划克服了“甘特图”的缺陷，可以反映项目进程中各项工作之间的逻辑关系，并且可以事先进行科学安排。

4.项目管理的发展阶段

20 世纪 70 年代末至现在为项目管理的发展阶段。其主要特点是项目管理范围的扩大，例如电信、软件、金融及信息等领域。

（二）项目管理的特征及要素

随着项目管理的广泛应用，各种不同的产品会应用于不同的项目，但是，所有的项目都具有相同的六大特征及三大要素。

1.项目管理的要素

项目管理的三大要素主要包括时间要素、成本要素及质量要素，其中，时间要素表示完成的时间要快，成本要素表示完成的成本要低，质量要素表示完成后的整体效果要好。

2.项目管理的特征

（1）目标的确定性

表示项目必须具有明确的目标，主要包括时间性目标、成果性目标、约束性目标等。目标的确定性允许修改，并且具有一个变动幅度。

（2）独特性

表示每个项目都具有自身的特点，都具有唯一的特性。因为项目具有独特性，所以所有的项目都是独一无二的。

（3）约束性

表示项目会受到时间、资源及成本的限制。一个项目的开始时间与完成时间必须符合项目的规划时间，同时为了保证项目顺利完成，还必须符合资源及成本规划或基准的约束。

（4）一次性

表示项目有明确的起点和终点，是不能照搬或复制的工作。

（5）整体性表示项目中的所有活动都是相关联的一个整体，不能多出也不能缺少。

（6）不可挽回性

决定了项目的不可挽回性，也就是说，项目不能像其他事件那样可以反复进行，一旦失败将无法重新进行原项目。

（三）项目管理的特点

随着社会的发展，信息技术越来越被重视，而项目管理技术也逐渐信息化。信息化时代的项目管理相对于传统的项目管理具有独特的特点。

表 1-2　项目管理的特点分析

项目类别	传统的项目管理	信息化时代的项目管理
管理目标	技术性	经营性、商业性、综合性
人员要求	技术技能	技术技能、商业技能、管理技能
涉及内容	技术	技术、财务学、管理学、领导学、组织行为学等知识
层次性	单一性	创新性、开发性、业务性等同时实现
管理方式	死板	灵活
风险意识	不重视	强化风险管理
项目办公室	传统、单一管理	标准化与专业化管理

1.普遍性

项目作为一种一次性和独特性的社会活动，普遍存在于我们人类社会的各项活动之中，甚至可以说是人类现有的各种物质文化成果最初都是通过项目的方式实现的，因为现有各种运营所依靠的设施与条件最初都是靠项目活动建设或开发的。

2.目的性

项目管理的目的性要通过开展项目管理活动去保证满足或超越项目有关各方面明确提出的项目目标或指标和满足项目有关各方未明确规定的潜在需求和追求。

3.独特性

项目管理的独特性是项目管理不同于一般的企业生产运营管理，也不同于常规的政府和独特的管理内容，是一种完全不同的管理活动。

4.集成性

项目管理的集成性是项目的管理中必须根据具体项目各要素或各专业之间的配置关系做好集成性的管理，而不能孤立地开展项目各个专业或专业的独立管理。

5.创新性

项目管理的创新性包括两层含义：其一是指项目管理是对于创新（项目所包含的创新之处）的管理，其二是指任何一个项目的管理都没有一成不变的模式和方法，都需要通过管理创新去实现对于具体项目的有效管理。

6.临时性

项目是一种临时性的任务，它要在有限的期限内完成，当项目的基本目标达到时就意味着项目已经寿终正寝，尽管项目所建成的目标也许刚刚开始发挥作用。

（四）项目管理的关键流程

项目管理过程中的流程决定了项目的发展方向与最终目标。如果想掌控项目的发展及目标，需要掌握下述 11 个关键流程。

1.生命周期

一个项目的生命周期包括定义项目目标、制订项目计划、发布项目计划、跟踪项目进度、调整计划及完成项目。项目周期具有可变性，例如会随着项目、业务及客户要求的改变而改变。

2.方法论

方法是项目的纪律，为项目的开展制订了清晰的界限。项目的方法会因项目的改变而改变。例如，产品开发项目会涉及工具及系统，而信息技术项目则会涉及系统开发、文档管理等内容。

3.项目定义

项目定义是对项目进行详细的书面描述。项目定义主要包括章程、数据表、目标陈述、回报、预算目标及风险等内容。

4.合同与采购管理

合同与采购管理是指管理项目实施过程中的合同及采购情况。由于合同与采购管理是项目的着手点，所以需要尽早明确合同内的责任及细节，同时还需要记录采购中的评估与接收标准、要求与规定等。

5.项目的规划、执行与跟踪

项目的规划、执行与跟踪是指制订规划、执行与跟踪流程，从而激励员工的积极性与自我性。

6.变化管理

变化管理是指在技术性项目中制订变化管理流程。例如，制订变化提案的细则，调低变化提案的门槛。

7.风险管理

风险管理是指制订出一套完善的风险管理流程。利用流程寻找风险，从而根除严重的项目问题。

8.质量管理

质量管理是指质量管理流程，主要保证项目的质量标准，促使项目遵守报告、评估等要求。

9.问题管理

问题管理是指在项目的资源、工期等方面为项目的问题管理制订流程，同时，可以为项目建立跟踪流程，以记录问题。

10.决策

决策，即建立决策流程，为项目管理提供一个强有力的支持。

11.信息管理

信息管理，即为项目建设一个信息平台，以方便项目信息的交流及管理。

（五）项目管理的知识领域

作为项目管理者，需要具备并掌握广泛的知识与能力，以便对项目进行计划、组织、评估、控制等有效的管理。项目管理所涉及的领域主要包括以下九大领域。

1.项目范围管理

为了实现项目的目标而控制项目工作内容的管理过程，主要包括范围的界定、范围的规划及范围的调整等工作。

2.项目时间管理

确保项目最终按时完成的一系列的管理过程，主要包括活动界定、活动安排、进度安排及时间控制等工作。

3.项目成本管理

为了将项目的各项成本及费用控制在预算之内的管理过程，主要包括资源的配置、费用的控制等工作。

4.项目质量管理

为了确保项目的质量所实施的一系列的管理过程，主要包括质量规划、质量控制等工作。

5.人力资源管理

为了更大地发挥项目关系人的能力与积极性的管理过程，主要包括组织的规划、团队的建设等工作。

6.项目沟通管理

为了确保收集及传输项目信息实施的一系列管理过程，主要包括沟通规划、信息传输、进度报告等工作。

7.项目风险管理

为解决项目实施过程中所涉及或可能遇到的不确定因素的管理过程，主要包括风险识别、风险量化、风险控制等工作。

8.项目的采购管理

为了获取项目实施组织之外的资源或服务所实施的一系列的管理过程，主要包括采购计划、选择资源、合同管理等工作。

9.项目的集成管理

为了协调与配合项目各项工作的综合性与全局性所实施的一系列的管理过程，主要包括项目集成计划的制订、项目集成计划的实施等工作。

（六）项目管理的发展趋势

随着经济的发展，项目管理已适应了多个领域的要求，成为经济发展的重要因素。大体上看，项目管理呈现了国际化、人才化、信息化的发展趋势。

1.国际化趋势

随着全球经济发展的进一步加快，国内外市场已全部融合，各国企业必须利用资本、技术、管理、人才等优势，挤占全球市场。在“贸易自由化”原则下，将有更多的公司从事国际项目管理工程，并逐渐过渡到自由经营。

2.人才化趋势

项目管理已从原来的注重技术管理转移到注重人的管理上了，并且还从单纯考虑成本及工期控制转移到集成管理控制。例如，以前建筑行业只注重技术，只要有技术经验便可以做项目经理，而现在项目经理需要胜任更广泛的工作，要求掌握更广泛的管理知识与管理技能。

3.信息化趋势

随着网络技术的发展，更多的项目经理习惯使用网络技术收集、存储、分析项目信息，并且，还可以利用专业软件制订详细的项目规划，并利用服务器沟通与交流项目信息。

二、机械制造企业项目管理

近几年，我国的现代化技术发展迅猛，机械制造企业得到了前所未有的发展，对于我国企业市场经济的发展具有重要意义。机械制造业对于我国各个领域都发挥着不可替代的作用，在物流运输、建筑行业、农业等方面都得到了广泛的应用。为了健全机械制造企业的发展结构，项目管理的应用对于机械制造业具有重要意义。

（一）项目管理对机械制造企业发展的重要性

随着现代社会的快速发展，对于我国机械制造企业的要求也越来越高。在现代市场经济中，企业的数量在不断增加，企业的属性也在不断丰富，随之而来的就是企业间的竞争力在不断增强。在企业竞争力方面，不再局限于机械制造的质量和技术水平，也要进行其他方面的拓展，完善企业的系统体系。为了适应时代的要求，在机械制造企业中运用项目管理，有利于提升机械制造企业的管理水平。针对项目的投资决策、计划、实施、结束等环节进行有条不紊的管理，统筹规划企业的发展构架，有利于完善企业的发展体系与管理体系，促进企业的全面发展与提升。

传统的机械制造企业之间的竞争筹码是科技水平和机械制造的质量，目标与对象过于单一，只有在项目实施时进行有效的管理、监督，才能够做到技术、质量与管理上的严谨，在对机械制造企业的项目进行管理的同时，也能够保证技术上革新，质量上乘，有利于机械制造企业的全面发展。项目管理在机械制造企业中的应用，企业的一个项目对于企业的发展影响巨大，因此，为了减小风险，应当建立项目专项管理小组，对企业的项目进行实时的管理与监督，提高对项目的要求，提高项目质量，更容易使客户满意。因此，项目管理在机械制造企业中的应用具有重要意义。

（二）项目管理在机械制造企业中的应用

我国国内，机械制造、自动化技术一直在机械制造中处在行业前沿。同时，制造企业可提升企业生产率来获取在市场经济中的地位。

1.我国国内机械制造的集约化

我国国内计算制造是被认为是新的世纪制造企业最先进、最重要的生产方式。计算机制造是相互的构成，可看成如下几个方面：计算机技术信息系统：包括计算机辅助分析和计算机工艺过程设计和数控编制，还包括一些计算机辅助设计等形成；计算机系统的制造化分系统：一般包括各种自动化设备和各种系统；计算机的管理系统：一般包括生产管理人员和人事管理人员和财务管理人员和物料管理人员和经营管理人员等；计算机的信息分部系统，并且包括计算机检测、质量控制、测试等；计算机网络数据分析，一般情况下是一个支持性的系统，分别用于将上述几个子系统进行关联起来，从而来实现各子系统的集成和综合。

2.机械制造行业的智能化

我们国家的机械制造系统可看成由专家、智能制造组成的整体系统，其在机械制造、生产中可以进行智能的活动。在机械的系统当中，智能是在于机械系统有极良好的适应性。在机械智能设计、制造中，常常运用分解法让其具有一定的灵活性。对于人工制造所要强调的是案例性；对于环境则要求要做到节约、干净、最大化利用、回收；对于社会化环境来说则要强调竞争及合作的统一性。

3.机械制造的敏捷化

常常情况下，为可达到快速反应能力，企业构建是极为关键的技术，其核心在于通过先进制造技术，即敏捷的制造，以无形态化性制造技术作为核心。敏捷性指的是制造现代市场经济集成系统制造，由信息收集—开发—发展的一条道路，现有社会发展水平代表了集成制造的发展高低水平，但同时也一个是代表集成制造系统的良性发展导向。一个机械的敏捷性质的制造是企业以核心的竞争力和企业的良好信誉度为原则的。

4.机械制造的虚拟化

20 世纪 90 年代就已经提出了虚拟制造的概念。其以机械系统建模、计算机的机械仿真技术作为计算基础，是一项由多个学科知识形成的综合式系统的技术。虚拟制造所利用的是信息、仿真计算机技术，以此实现制造活动当中的人物信息的传达，包括制造过程的全仿真、模拟，以及发现在制造当中可能存在的问题，在产品实际生产前，就已开展取预防性的措施，以此让产品可一次性制造完成并成功。这样可达到降低成本、缩短产品开周期的目的，并以此来增加产品的竞争能力。

（三）机械制造企业在实行项目管理的必然性

一个国家的机械制造企业一般是通过将企业施工项目的管理的模式应用到企业管理中来，从而使机械制造企业能够改变传统经营方法，在现代化的经营管理模式中提高企业的综合管理水平。

1.机械项目的先进模式

在国内现代的经济全球化和市场竞争国际化的背景下，伴随着客户要求的转向多个性化定制发展状态，企业的一些运营慢慢向客户导向转变，营销的合作模式也从功在转变。一个项目的管理体系不仅可以将企业的各种工作任务的方式进行要求，在覆盖的全过程中，还可以促进机械企业的各个环节和企业合作伙伴跨平台和跨位置的沟通。

2.建立文件化体系

国内机械制造性的企业一般是通过对实施项目管理的经营模式的改变，充分利用把握住项目管理的一个优缺点，建立了一个企业的文件化管理体系。

三、机械制造企业项目阶段划分和基本制造程序

（一）机械制造企业项目阶段划分

机械设计要求的过程通常可分为以下几个阶段：

1.产品规划

产品规划的主要工作是提出设计任务和明确设计要求，这是机械产品设计首先需要解决的问题。通常是人们根据市场需求提出设计任务，通过可行性分析后才能进行产品规划。

2.方案设计

在满足设计任务书中设计具体要求的前提下，由设计人员构思出多种可行方案并进行分析比较，从中优选出一种功能满足要求、工作性能可靠、结构设计可行以及成本低廉的方案。

3.技术设计

在既定设计方案的基础上，完成机械产品的总体设计、部件设计、零件设计等，设计结果以工程图及计算说明书的形式表达出来。

4 制造及试验

经过加工、安装及调试制造出样机，对样机进行试运行或生产现场试用，将试验过程中发现的问题反馈给设计人员，经过修改完善，最后通过鉴定。

与设计机器一样，设计机械零件也常拟定集中不同方案，经过认真比较选用其中最好的一种。设计零件的一般步骤如下：

（1）根据机器具体运转情况和和简化的计算方案确定零。

（2）根据零件工作情况的分析，判定零件的失效形式，从而确定其计算准则。

（3）进行主要参数选择，选定材料，根据计算准则求出零件的主要尺寸，考虑热处理及结构工艺性要求等。

（4）进行机构设计。

（5）绘制零件工作图，制订技术要求，编写计算说明书及相关技术文件。

（二）机械制造企业项目管理程序

生产项目管理的阶段项目管理建设程序分为 6 个阶段：工程项目建设阶段、可行性研究阶段、设计工作阶段、建设准备阶段、建设实施阶段和竣工验收阶段。其中项目建设阶段和可行性阶段称为前期工作阶段或决策阶段。生产阶段具有特别重要的地位。因而，生产项目管理便具有特殊的意义：生产阶段是将设计转化为工程的阶段，实现由精神到物质的飞跃；生产阶段在建设程序各阶段中，是唯一的生产活动阶段，因此，这一阶段有广泛的社会性、

技术性、经济性，与国民经济的发展有着密切联系；生产阶段是投资最多、所需资源最多的阶段，在这一阶段中，节约潜力巨大，生产阶段花费的时间最长，因此要面对时间带来的变化。

生产项目管理的重点，集中在合同管理、质量管理、进度管理、成本管理、安全管理和信息管理6个方面：

1.合同管理方面应在规范、强化招标行为的基础上，执行我国的新经济合同法，加强签约的可靠性和合同执行中的变更管理，掌握和运用索赔技术，充分发挥合同在市场经济履约经营中的作用。

2.质量管理方面应按国家新规范、新标准，以及国家和地方强制性条文的规定，在建立建筑企业质量体系的基础上，针对生产项目的特点建立生产项目质量体系，扎扎实实地推行全面质量管理。吸取各方面的生产经验，把管理的重点转移到产品（项目）上来。

3.成本管理方面，加强生产项目成本的预测、计划、动态控制、核算和分析等各个环节，以月控制年总结的办法，努力在承包成本计划成本的基础上降低实际成本，以增加经营利润。

4.安全管理方面，关键在于安全思想的建立、安全组织（安全保证体系）的建立、安全教育的加强、安全措施的设计，以及对人不安全行为和不安全状态的控制。引进风险管理技术，加强劳动保险工作以转移风险，减少损失。着重做好班前交底工作，定期检查，建立安全生产领导小组，把不安全的事控制在萌芽状态。

5.信息管理方面，企业管理者应建立项目信息中心，充分发挥电子计算机在数据处理和信息传递中的作用，做到生产项目管理手段电子化。

（三）机械制造企业项目责任主体

生产项目管理中的责任也必须分配到各自的职责中去，其主要有生产单位、设计单位、生产监理勘察单位等责任主体，在工程项目管理中的地位和作用，提出了生产项目管理的重要性。

1.生产单位即业主，生产项目的业主对生产项目管理的根本目的是实现投资者的投资目标和期望；努力使生产项目投资控制在预定或可接受的范围之内；保证生产项目建成后在项目功能与质量上达到设计标准。在项目实施阶段，业主的主要工作是按合同规定为项目顺利实施提供必要的条件，并在实施过程中督促检查并协调有关各方的工作，定期对项目进展情况进行研究分析。

2.生产单位即承包商，承包商对生产项目管理的目的主要是为了在项目生产过程中，从人力、物力资源的有效投入到产品的输出来，实现其相应的效益。组建一支以优秀项目经理为首的、业务水平较高的、责任心较强的管理层，选择一个熟练的、综合素质较高的作业层。一个优秀的项目经理，必须具备一定的能力和素质，如决策能力、领导能力、社交与谈判能力、应变能力、业务技术能力、综合分析能力与写作能力等，要有良好的社会道德和职业道德。

3.质量检测人员要有良好的道德品质，严守职业道德，对生产项目具有高度的责任感。在生产的“三大目标控制”即在质量控制、进度控制、投资控制中做到“守法、诚信、公正、科学”，认真履行合同赋予的权利义务，做好合同管理及信息管理，正确协调有关建设各方的关系，并且要有多方面的技能，如认识职能、行为职能、社会关系职能。

4.设计单位，设计院除了要做好前期的设计工作外，还要加强售后服务意识。生产单位的售后服务是交工后的保养、回访，而设计院的售后服务是处理在生产项目生产过程中设计图纸与实际情况不符的问题，以及应业主的要求进行设计变更。现实中往往出现本末倒置的局面，即由生产单位出签证，再找设计院签字盖章。设计院应派一个专职人员服务在现场，负责各专业的衔接并组织协调，正确快速地处理生产中遇到的各种问题，不能因此造成窝工、返工现象。

（四）影响生产项目管理因素

针对生产项目管理目标和关键影响因素，从实际出发进行分析。研究表明，主要影响因素体现在对生产项目管理的目标和工程质量、工期、成本控制等方面，这几点在工程建设中起着举重若轻的作用；其次影响生产项目管理的因素也同样体现在业主方和生产方。

从业主和承包方两者分析研究表明，可以知道承包方和业主方关于生产项目管理目标和关键因素的理解存在差异。由于承包方和业主方在生产项目管理中的角色和所处地位不同，因此在对管理目标和关键因素的认识上存在差异，这种差异在生产项目管理中体现为不同的工作重点。首先，生产项目管理内外部关系还需要进一步理顺信息技术的作用亟待重视和发挥。无论承包方，还是业主方，均把“领导重视”作为保证项目成功的首要条件。其次，项目管理文化、制度和方法还没有充分形成，项目管理缺乏必要的氛围、清晰的流程和完善的制度保障。此外，信息技术的地位较低也反映了当前生产项目管理中信息技术的作用还没有得到充分发挥，信息化总体水平仍然较低。

经过现场分析：影响生产项目管理的关键因素具有一定的普遍性，值得承包方和业主方认真研究，采取相应对策，以进一步改进项目管理。分析结果中工程质量、工期和成本的影响因素是生产项同管理中常见和共性的问题，对生产过程有较大影响，值得进一步分析，并采取有针对性的对策加以改进。

本章小结

通过本课程的教学，旨在帮助学生了解项目管理的基本原理、内容，及其在实践中的应用。初步掌握项目的组织建设原则、项目的可行性研究、项目的决策方法和项目网络计划和优化原理等知识，为学生将来进行项目的组织管理打下理论基础。

练习与思考

1.什么是项目与项目管理？

2.机械制造企业项目管理的特点是什么？

3.机械制造企业项目基本程序有哪些？

案例思考

（一）实例分析

河南能源化工集团是一家集煤炭、化工、有色金属、装备制造、物流贸易、建筑矿建、现代服务业于一体的特大型工业企业集团，是河南省最大的工业企业集团，所属企业分布于河南、贵州、新疆、内蒙古、青海、安徽、四川、山西、陕西等省份和多个国家和地区。

近年来，企业把通过优化投资结构和项目建设作为推动和支撑集团转型升级的重点来抓，大力推进建设项目体制机制改革创新，完善建设项目管理制度，把有限的资金用在了刀刃上，效果明显。“十三五”期间，共完成基本建设项目投资470亿元，建成了一大批骨干优质项目，赵固二矿、嵩山煤矿、永龙选煤厂等一批大型现代化煤矿项目，为淘汰落后产能并继续保持规模优势奠定了基础；利用具有自主知识产权、具有国际领先水平的高性能碳纤维技术、煤制乙二醇技术等，建设了一批具有重点煤化工项目，为建设现代煤化工产业体系发挥了核心支撑作用；通过建设高端项目，延长装备制造和有色金属产业链，开工建设了“三门峡戴卡年产1000只铝合金轮毂项目”和“同人铝业年产60万吨高端铝加工项目”等，为装备制造业和有色金属产业转型升级奠定了基础。

一大批优质项目的启动建设或竣工投产，就管理角度而言，主要依赖于企业建设项目管理体制机制和管理方法在实践过程中的不断完善和创新，而项目建设体制机制和管理方法的成功实践，也培养和锻炼了一批项目管理人才，为企业进一步发展以及基本建设不断取得优异成绩奠定了人才和管理基础。

（二）实例启示

煤炭企业的项目建设及管理是一项复杂的系统工程，煤炭企业只有严格遵守国家有关法律法规和产业政策，结合企业集团具体情况，贯彻企业战略规划，持之以恒改进和加强项目全过程全体系管理，改革创新企业内部项目管理体制机制和方法，才能有效规避和防范投资风险，打造优质高效的建设项目，支撑煤炭企业可持续发展。

第二章　机械制造企业项目管理

第一节　机械制造企业项目系统管理

一、机械制造企业项目管理概念

（一）制造系统基本定义

为有效完成机械产品、零件的制造任务，机械制造企业必须将人力、设备等组合成一个系统，而这个系统受到制造材料流（物料流）和信息流的约束，因此，制造系统是将毛坯、刀具、夹具、量具和其他辅助物料作为原材料输入，经过存储、运输、加工、检验等环节，最后输出机械制造成品或半成品的系统，系统的运作又离不开能源、制造理论、工艺技术及制造信息的利用。即制造系统是一个通过物料、设备、工装、能源等制造硬件与制造理论、工艺、信息等制造软件的集成将制造资源转化为产品的系统。从结构上看，机械制造系统是一个制造硬件、软件及制造人员所组成的具有一定功能的统一整体；从功能上看，机械制造系统是一个输入各种制造资源、输出市场所需产品的输入输出系统；从运作过程看，制造系统可看成是产品的生命周期全过程，包括市场分析、产品设计、工艺规化、制造装配、检验、产品销售及售后服务等各环节的制造全过程。制造系统通过整体的计划、协调使系统内容各环节有序运作，以获得最佳的生产效果。

（二）制造系统基本组成

1.功能组成

功能视图以制造系统的功能为主线，通过 IDEF0 图等来描述制造系统的体系结构。

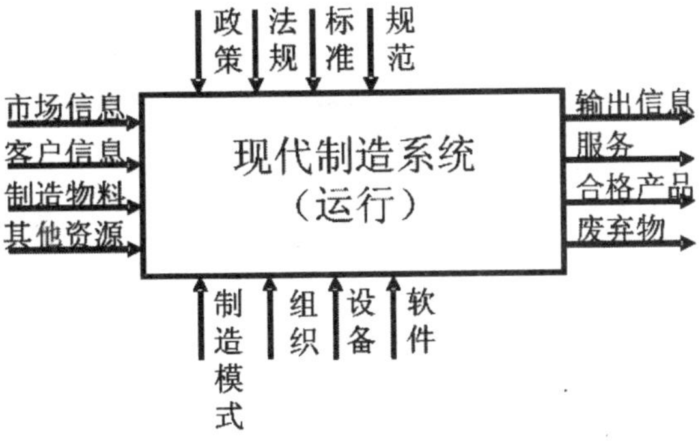

图 2-1　制造系统的功能组成

由图 2-1 可见，从宏观上看，现代制造系统的功能就是将输入给系统的制造资源（信息、物料、能源等）转变为系统输出端的合格产品、配套的服务和相关的信息等。

为进一步了解上述制造系统功能是如何实现的，将图 2-1 展开得到下图 2-2（为简化图形表示，省略了支撑环境）。

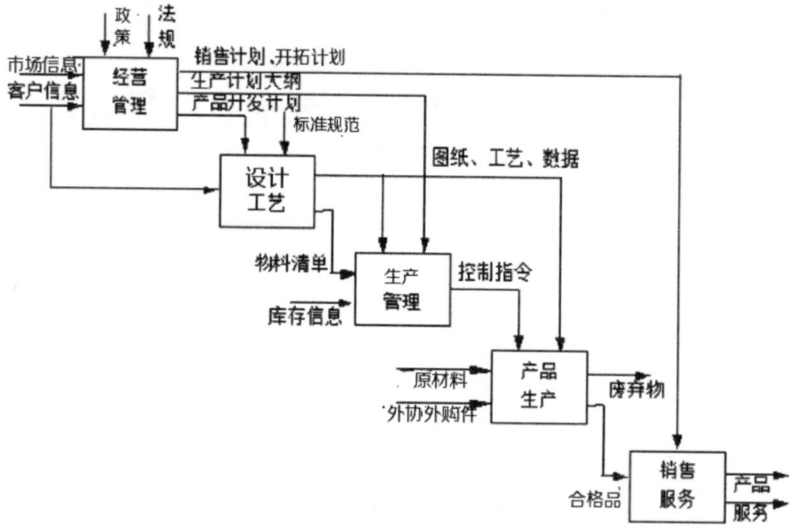

图 2-2

从图 2-2 可以看出，为实现图 2-1 的总体功能，现代制造系统需由经营管理、设计工艺、生产管理、产品生产，销售服务等子功能模块构成。

为具体描述经营管理等子模块功能是如何实现的，可将其进一步展开。例如下图的产品生产功能描述。

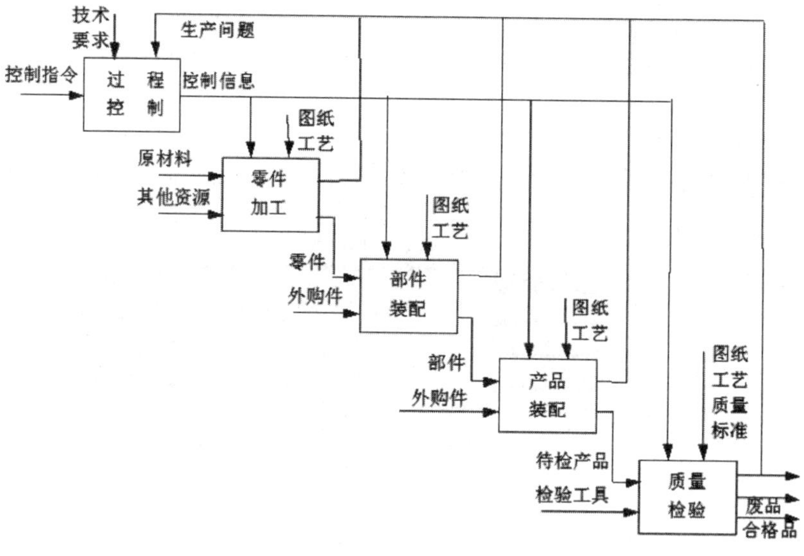

图 2-3　产品生产功能描述

2.组织组成

组织指责任人和工作的联系。流程—人—技术三角形是制造系统运行管理中的三个基本方面：项目管理、人力资源管理和技术资源管理，三方面的密切合作支撑制造系统中各功能的正常运行。图 2-4 为一个典型制造系统的组织视图。组织视图反映出制造系统的层次性。

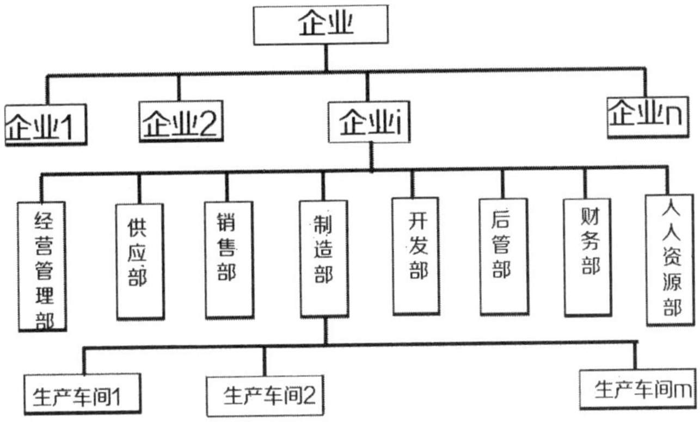

图 2-4　制造系统组织系统

3.资源组成

制造资源是为完成特定任务而需要的内容，主要包括材料、人、技术、设备、信息、资金、能源和时间。图 2-5 为一个制造企业的资源布局图。

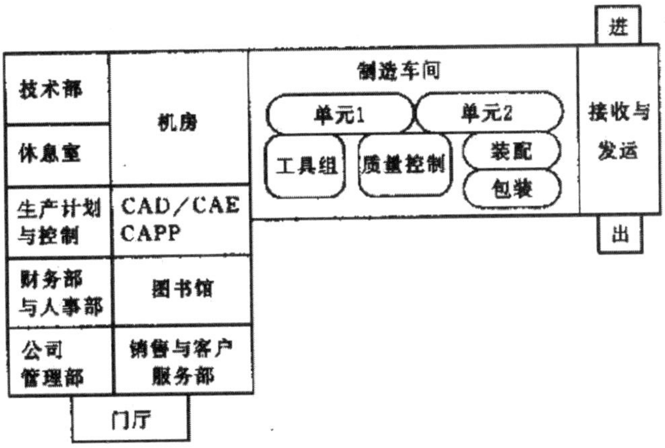

图 2-5　制造系统的资源布局图

（二）机械制造系统的基本特性

1.复杂性

制造系统的复杂性体现在以下三个方面：一是由于产品的形形色色与生产技术的不断变化构成不同的制造系统，形成制造系统的多样化；二是由于制造系统内包含多个具有交互作用的复杂子系统，如产品开发、财务处理、生产制造管理等；三是制造系统内包括组织、技术、信息、材料等多个相互作用的层次，形成制造系统的多层次化。

2.相关性

制造系统内各组成要素相互联系、相互作用、相互影响、相互制约，它们之间的关系构成特定的系统结构，同时决定系统的性质。

3.动态性

制造资源源源不断地向制造系统输入，产品、零件不断由制造系统输出；制造硬件（如设备、工装等）、制造软件（如技术、方法等）不断发展、更新，制造系统亦因此而不断变化并日趋完整。

4.环境适应性及反馈特性

制造系统应有一定的动态适应能力，能以最少的代价、时间去适应市场变化，使整个运作最大程度地接近理想。能通过市场的各种信息反馈，改进、调整并优化制造过程。

5.随机特性

制造系统运作过程中，各个环节都可能出现许多随机因素，某个随机因素会带来不可预测的影响，从而使制造系统的某些性质具有随机特性。

（三）机械制造系统的分类

针对不同的特定制造任务，需要有不同类型的制造系统，因此，亦有许多方法对制造系统进行分类。如按生产批量大小分，有小批量制造系统（产品品种多、生产量小、柔性好，但生产效率低），中批量制造系统，大批量制造系统（按流水线方式组织生产）；按生产策略不同分，有按定货设计，按定货制造，按定货装配，有库存的制造；按生产布局不同分，有功能布局、项目布局、流水线，成组布局；按生产计划模式分，有 MRPⅡ系统（将库存管理和生产进度计划综合考虑，按需求下达指令至各工序，工序间由库存作缓存以应付突发事件），JIT 系统（实现无库存的生产）。

（四）现代制造观

与传统的制造观念以机械技术为核心，只注重生产中物料流与能量流，技术与管理分离相比，现代制造除融入不断发展的新技术外，更提升了信息在制造中的重要作用和地位，形成了由系统论、信息论、控制论角度系统分析制造过程的现代制造观。

1.制造系统的三流结构论

制造系统运行过程中，总伴随物料、信息流和能量流等三流的运动。机械制造系统的“三流”运动，可用图 2-6 表示：

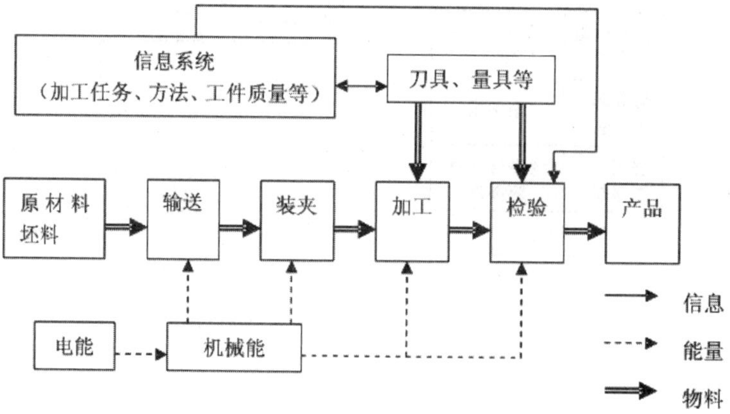

图 2-6 制造中的“三流”运动

（1）物料流

系统输入原材料或坯料，以及相应的刀具等工装、润滑油、冷却液及其他辅料等，经输送、装夹、加工、检验等过程输出半成品或成品，这种制造中物料的输入、输出的动态过程便是物料流。

（2）信息流

制造中所集成的加工任务、加工工序、加工方法、刀具状态、工件要求、质量指标、切削参数等所有静态与动态信息的交换和处理过程构成制造中的信息系统，信息系统通过与制造中各状态进行信息交换，有效控制制造中的效率与质量。该信息在制造中的作用过程便是信息流。

（3）能量流

能量流是一切运动的基础，制造中维持各运动时，能量的传递、转换、消耗等能量运动便是能量流。

任何制造中均存在这基本“三流”，“三流”之间互相联系、影响，形成不可分割的有机整体。

2.现代制造的信息制造观

现代制造中，信息的作用越来越重要。首先，信息是连接各系统要素使系统形成一定生产组织结构的纽带；其次，制造中信息投入已成为决定产品价值的主要因素；再者，信息已成为制造系统中与设备同样重要的资源；现代制造也要求不断提高信息处理能力。因此，制造过程的实质是对制造中各种信息资源的采集、输入和处理的过程，而最终所形成的产品可看成是信息的物质表现。由信息角度看，制造过程是一个使原材料的熵降低，使产品信息含量提高的过程。

二、机械制造企业项目管理方法

（一）建立适合机械制造企业生产的管理系

新型的机械制造企业生产管理系统主要包括三部分：生产准备系统、生产操作系统、生产过程控制系统。要促进产管理系统的各个组成系统之间的相互联系，使各个系统相互服从、相互协调，及时有效地运行，提高整个系统的反应能力和应变能力。

图 2-7　新型的机械制造企业生产车间

（二）优化机械制造企业的产品结构

机械制造企业必须依据市场和用户的需求变化不断地优化产品结构，最大限度地满足用户对产品品种、质量、价格和个性化服务的需求，这也是市场经济发展的客观要求。因此，应该推进机械制造企业产品的多品种、小批量、个性化的生产方式的推广。

（三）提高机械制造企业生产管理的标准化

机械制造企业生产管理的标准化以实现现代企业的重要基础，机械制造企业在生产管理中，各项工作要按照各种规章制度、作业标准、条例的要求执行，做到有据可依、有章可循，按制度办事、按作业标准操作、按程序管理，提高机械制造企业生产管理标准化水平。

（四）建立先进的机械制造企业生产管理模式

机械制造企业应该结合实际情况，消化、吸收和创新机械制造企业的生产管理模式，实行单件生产方式的企业和资金雄厚、管理水平高、有一定计算机管理基础的企业，引进制造资源计划（MRPII）或企业资源计划（ERP）模式较为适宜。对于大多数加工装配型机械制造企业而言，引进准时生产模式更有适应性，待企业有了一定发展后再推行企业资源计划模式。无论精益生产模式还是企业资源计划模式，对大多数企业都有其不适应的方面：精益生产模式虽强调在生产管理中消灭一切浪费现象，但在目前我国的生产环境下是难以做到的；企业资源计划模式虽可使企业库存大幅度降低、生产效率显著提高，却要有先进的计算机系统支持，需要较大的投资。企业应吸取这两种先进模式的思想精华，探索两者结合的方式，根据企业的实际情况，逐步推行，以新型的机械制造企业生产管理新模式促进机械制造企业的发展。

第二节　机械制造企业项目组织管理

一、机械制造企业项目组织管理的概念及原则

（一）机械制造企业项目组织管理的概念

我国作为制造业大国，全球制造业市场竞争愈演愈烈，企业所面临的一次性、独特性的任务逐渐成为主流，而企业开展项目化管理将成为未来长期性组织管理的一种趋势，制造型企业开展项目化管理主要包含以下意义：使组织更具有柔性。项目化管理采取面向对象的管理模式，把项目本身作为一个单元，围绕项目需求来组织资源，打破了传统的固定模式的组织形式，根据项目生命周期的各个阶段来配备人员和资源，当项目结束时，该组织解散，项目成员又可重新组合到新的项目之中，同时有些人员可同时参加到两个甚至更多项目之中，组织的存在过程具有很强的柔性。项目化管理有效地利用了公司的资源，减少了部门间的工作冲突，增加了横向沟通，降低了项目的执行成本，也使得很多人才能够在项目化管理中被挖掘出来，对人力资本的充分利用和技能提升提供了平台。制造型企业实行项目化管理的同时，可以对企业的技术和管理达到一定程度的改进，管理水平的提升使得产品按期交付率提升、资源流转速度更快、成本更低，推进企业向原来的粗放管理模式向先进的统筹式精细化管理模式转变。实行项目化管理，对项目经理和项目成员的选择可以更加宽泛，更容易选拔到与项目息息相关、专业对口、对项目有较高兴趣和利益共同点的人员参与到项目中来，更容易形成团结协作和相互支持的企业文化，改进了问题的处理和沟通环节，降低了项目的运作风险。制造项目开展项目化管理，可以培养一种风险管理意识，即在项目启动前就开始评估项目可能产生的危险因素，并制订相应的应急预案，形成项目风险管理的风险识别、风险分析和风险管控的闭环管理，改变了传统的项目出现重大变化才被动应对的管理模式，大大提高了风险管理的意识和技能。

1.构成

项目管理组织：由项目实施领导小组、项目组、系统分析组、质量保证组、培训组等组成。

2.职责

（1）领导小组

项目实施领导小组的职责：牵头开展项目组和各有关部门间的协调工作；对整个项目建

设过程的进度、计划、质量等活动进行宏观监督。

（2）项目组

项目主管将负责整个项目全过程的所有管理职责：保证各小组的工作保持技术上的一致性；定期地检查项目计划的完成情况和质量。

（3）系统分析组

系统分析和设计组的主要职责是：需求分析、系统规划、架构设计、系统设计、原型设计。

（4）质量保证组

质量保证组的主要职责是：制订质量保证的大纲与细则、测试计划的审定、评审计划的审定、实施质量保证计划，对项目进行过程中各阶的质量进行监督与把关，在项目质量上，对项目主管负全面责任，及时向项目主管报告质量方面的问题。

（5）培训组

培训组的主要职责是：对用户方的有关人员进行系统的培训；对用户方的最终用户进行本系统的操作培训；制订培训计划，安排培训教员。

（二）项目化管理组织结构选择的原则

每种组织结构都有其优缺点和适用条件，组织结构的存在也不是一种静态的形式，而是一种动态的过程，随着外界因素的变化，组织结构需要顺应变化，组织结构的变化需要服务于新的企业战略和其他权变因素的变化，这些因素包括环境、文化、经济、技术、规模和生命周期，不同的项目，应根据项目具体目标、任务条件和环境等因素进行综合分析，设计合适的组织结构。具体应遵循以下原则：

1.服务于企业战略，组织结构要体现决策及时高效。

在充分了解外部环境、企业规模和产品生命周期后，才能根据企业战略目标设计恰当的组织结构，企业战略同时也不是一成不变的，当企业内外条件和产品生命周期发生变化时而导致战略转变时，需要新的组织结构来配合企业战略的实施。

2.以项目为中心，组织结构的设计要兼顾职能管理部门和项目部门，实行组织结构的扁平化。

3.建立良好的沟通机制，组织结构内的冲突要控制在可控范围内，项目化管理涉及多部门，需要调动多种资源，因此，疏通沟通渠道、建立良好的信息平台对于化解组织结构内的冲突，争取多方支持进而完成项目任务具有极其重要的作用。

（三）项目化组织结构的种类

常见的组织结构类型包括职能型、项目型、矩阵型三大类型。其中职能型组织结构是企业按照职能的相似性来划分部门，当企业需要完成一个项目时，各职能部门派人参加，参加者向本部门领导报告，需要跨部门协调则在各部门领导之间进行，不设专职的项目经理。职能型结构具有高度专业化管理、轻度分权管理、稳定性高和横向联系多的特点，但也有具有职责不清晰和多头领导的弊端，适合于专业化组织使用。

按照组织结构的基本原理和模式，项目的组织结构也可分为线性的项目组织结构、职能的项目组织结构和矩阵的项目结构等若干形式。项目管理组织的结构实质上是决定了项目管理班子实施项目获取所需资源的可能方法与相应的权力，不同的项目组织结构对项目的实施会产生不同的影响。

1.项目的职能组织结构

项目的职能组织结构是指一个系统的组织，是按职能组织结构设立，当采用职能组织结构进行项目管理时，项目的管理班子并不做明确的组织界定，因此，有关项目的事务则在职能部门的负责人这一层次上进行协调，其结构如下图所示：

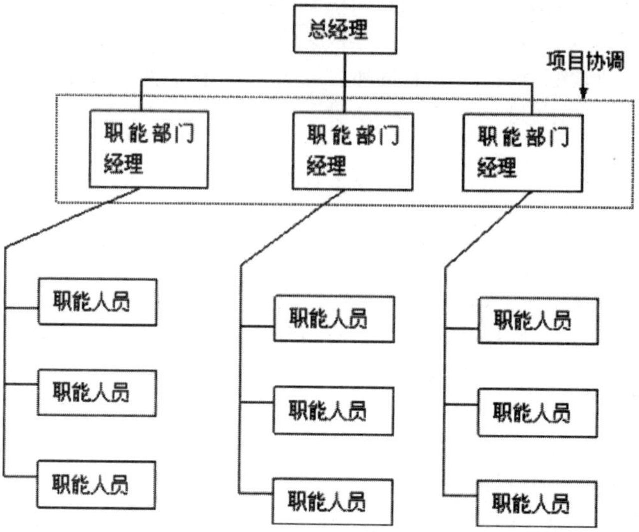

图 2-8 项目的职能组织结构

项目的职能组织结构是指在这种情况下，项目管理实施班子的组织并不十分明确，各职能部门均承担项目的部分工作，而涉及职能部门之间的项目事务和问题由各个部门负责人负责处理和解决，在职能部门经理层进行协调。

2.项目的线性组织结构

项目的线性组织结构又称项目化组织结构。如下图所示：

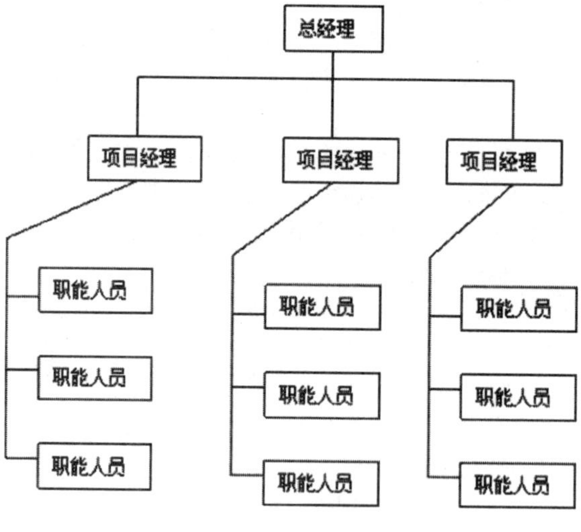

图 2-9 项目化组织结构

项目化组织结构与职能化组织结构完全相反，其系统中的部门全部是按项目进行设置的，每一个项目部门均有项目经理，负责整个项目的实施。系统中的成员也是以项目进行分配与组合，接受项目经理的领导。

3.项目的矩阵组织结构

项目的矩阵组织结构是各取项目的职能组织结构和项目的线性组织结构的特征，将各自的特点混合而成的一种项目的组织结构。按从两种组织结构中取自一种组织特征的大小，项目的矩阵组织又可分为弱矩阵组织结构、中矩阵组织结构和强矩阵组织结构。

弱矩阵组织结构（见图 2-10）基本保留项目的职能组织结构的大部分主要特征，但在组织系统中为更好地实施项目，建立相应明确的项目管理班子。项目班子由各职能部门属下的职能人员或职能组所组成，这样针对某一项目就有对项目总体负责的项目管理班子。然而，在弱矩阵组织结构中并未明确对项目目标负责的项目经理，即使有项目负责人，他的角色只不过是一个项目协调者或项目监督者，而不是一个管理者。

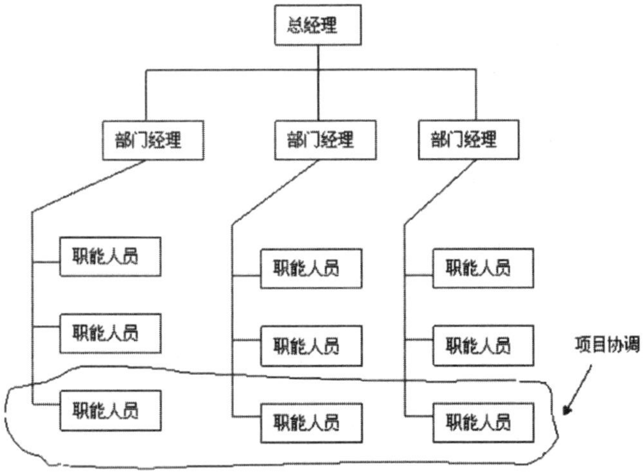

图 2-10　项目的矩阵组织结构

中矩阵组织结构是对弱矩阵组织结构的改进，为强化对项目的管理，在项目管理班子内，从职能部门参与本项目活动的成员中任命一名项目经理。项目经理被赋予一定的权力，对项目整体与项目目标负责。

强矩阵组织结构具有项目的线性组织结构的主要特征。强矩阵组织结构在系统原有的职能组织结构的基础上，由系统的最高领导任命对项目全权负责的项目经理，项目经理直接向最高领导负责。如图 2-11 所示。

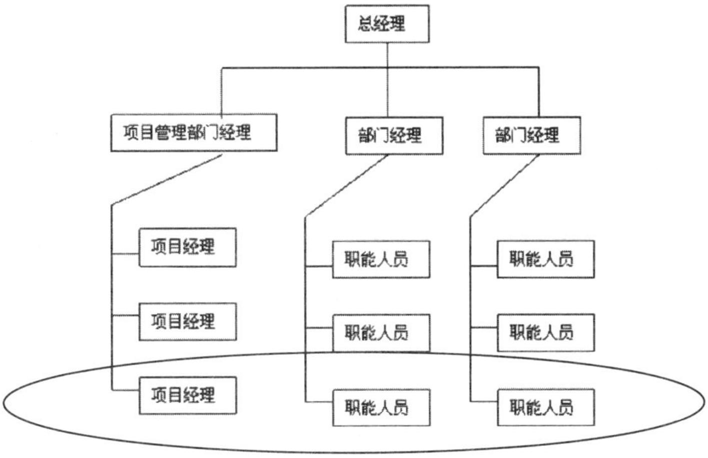

图 2-11　强矩阵组织结构

二、机械制造企业项目组织结构设置

制造型企业因为所处环境的复杂，运作需要的资源多样性，导致企业开展项目化管理进行组织机构选择时需要考虑诸多方面的因素，具体如下：

（一）项目规模

大型项目需要大量的人力、物力和财力支持，对于这些资源的组织通常需要一个纯项目型的组织结构。

（二）项目的持续时间

生产周期长的项目会遇到更多复杂的情况，更容易受到外界的干扰和内部的控制。为了保障项目目标的实现，生产周期短的项目适合采用矩阵式组织结构，生产周期长的项目可采用纯项目组织结构。

（三）获取资源能力

生产制造项目化以后适宜采用矩阵式组织结构，与职能部门的横向沟通更加顺畅，获取各类资源和高层的支持更加有力，这样便于获取企业的整体扶持。

（四）时间、成本和质量的重要程度

交付时间短、任务紧迫的项目需要更高的决策效率，就需要项目有更加顺畅的沟通渠道。矩阵结构项目则比纯项目结构的项目成本高。质量要求高的项目需要更多的技术支持，需要更多职能部门的参与，需要更多的外界支持，所以更适合纯项目结构。对于项目组织结构已经构建完毕，项目成员分工需要基于项目生命周期的不同不断进行调整：

1.在项目的统筹规划阶段，可采用相对自由放任的工作风格，构建无私团队结构，即团队不设明显的领导者，团队工作就是团队的协同努力，决策时通过集体的意志做出的；

2.在项目进行到生产调度阶段，可采用相对民主的工作风格，采用专长式的团队结构，项目成员根据自己的专长来分配任务；

3.在项目开工阶段，需要采用专制式的工作形式，构建同形团队式结构，以项目经理为统筹指挥，协调各方资源；

4.在项目收尾阶段，工作方式相对官僚，采用外科团队结构，即赋予项目经理全部的职责，一切取决于其个人能力，所传达的指令通常是高度细化的，项目团队成员的任务就是支持项目经理，完成他的指令。制造型企业开展项目化管理是适应市场变化，提高企业竞争力，进行企业组织变革的必由之路。制造型企业项目化对组织的选择也存在多变的因素，如何有效把握各种因素，调解高层领导、职能部门、业主及项目成员等各方面关系，调配人力、财力、物力等各种资源，项目组织的设计起着至关重要的作用。

第三节　机械制造企业项目目标管理

一、机械制造企业项目目标管理的概念与特征

（一）机械制造企业项目目标管理的概念

目标管理是“企业的使命和任务，必须转化为目标”。如果一个制造企业没有目标与理念，那么企业就难以长久地在市场上立足，因此管理者应该通过目标管理，指导和实践目标管理的运行。当组织最高管理者确定了组织目标后，各部门必须明确并一直为这个目标而奋斗。目标管理是一种程序或者可以说是过程，企业中的上级和下级一起协商，根据企业的使命，确定一定时期内组织的总目标，由此做出上、下级的责任和分目标，并把这些目标的实

现程度作为组织经营、评估和奖励的标准。

（二）机械制造企业项目目标管理的特征

自从目标管理的概念提出以来，在企业界得到了普遍的应用，如教育管理、科研管理、甚至如政府经济管理中，也得到了充分的重视，对中国的企业影响很大。目标管理要经过项目的控制和协调，包含项目建设的费用投入与收益、资源投入、质量要求、进度要求、风险控制率、各利益方满意度，正确的目标具有明确、具体、可操作性，这些目标必须系统化、全面化，必须具有可实施性，落实到每一员工是达到的最佳效果。当然，目标管理在实际的运行中会出现这样或者那样的问题，我们必须高度重视，这样在以后企业运用中才能使目标管理得到更加广泛的运用。

1.目标管理的目标不够规范化，系统化

我国的企业在实施目标时，考虑得不够全面或者脱离实际，而有的企业目标不清晰，虽然有总体目标，但没有具体的更加细化的目标，企业谈得最多的就是销售额、利润要达到多少，具体的目标却没有细化，如：如何减少成本，怎样提高销售量、营销部门的人员管理，怎样通过培训来提高人员的水平，这都没有具体的方向与指导。这种目标是一种设想，没有从实际出发，忽视了市场、营销渠道等方面运作中的作用，这样使企业陷入发展困境，不利于企业的长期发展。

2.企业工程建设中重视眼前利益，没有长远规划

目标管理的基本原理：计划—执行—检查—处理—计划调整，而企业项目中的基于目标管理的过程控制，重视眼前的计划，包括针对工程设计、采购、生产等各类目标的计划，项目需要组织进行监测、检查，算出其偏离值，之后进行分析与评价，目标管理的周期即目标执行的时间，很多企业关注的是短期的运行效果，部分人为了谋取利益，注重短期的个人绩效，没有准确把握目标管理，我国的有些企业连自身发展的周期都难以确定，更不要说目标管理的长远规划了。组织外部环境也有不确定性，各级管理人员难以做出长期稳定的决策。短期目标会导致短期行为它会阻碍企业的长期发展，为防止这种现象的发生，总决策者必须从长远利益出发，设置各级管理目标要求更加具体化，并对可能出现的外部问题做出灵活的判断。

二、机械制造企业项目目标系统构建

（一）制订目标

1.制订依据

根据企业的经营战略目标，制订公司年度整体经营管理目标。

2.目标分类

根据不同的标准，有不同的分类。结合我们的企业实际，主要制订三类目标：

（1）按照作用不同分为经营目标和管理目标，如经营目标包含销售额、费用额、利润率等指标，管理目标包含客户保有率、新产品开发计划完成率、产品合格率、料体报废控制率、安全事故控制次数等；

（2）按照管理层级分为公司目标、部门目标和个人目标；

（3）按评价方法的客观性与否分为定量目标和定性目标，如定量目标包含销售额、产量等，定性目标包含制度建设、团队建设和工作态度等。

这些目标往往有交叉，如公司年销售额是经营目标、公司目标、定量目标，也是客观目标、关注结果的目标；人力资源制度完善是管理目标、部门目标、定性目标，也是主观指标、关注过程的指标。

因此，根据企业发展的成熟程度不同选择合适可行有效的目标。一般中小型公司主要选

择销售额、费用率、利润率等来设计经营目标，以经销网络拓展、采购成本控制、新产品开发成功率、产品质量合格率、制度建设、团队建设等来设计管理目标。

3.制订方法：符合 SMART 原则：

S（Specific）是指要具体明确：尽可能量化为具体数据，如年销售额 5000 万元、费用率 25%、存货周转一年 5 次等；不能量化尽可能细化，如对文员工作态度的考核可以分为工作纪律、服从安排、服务态度、电话礼仪、员工投诉等。

M（Measurable）是指衡量性：要把目标转化为指标，指标可以按照一定标准进行评价，如主要原料采购成本下降 10%，即在原料采购价格波动幅度不大的情况下，同比去年采购单价下降 10%；完善人力资源制度可以描述成“1 月 30 日前完成初稿并组织讨论，2 月 15 日前讨论通过并颁布施行，无故推迟一星期扣 5 分”等。

A（Achievable）是指可达成的：要根据企业的资源、人员技能和管理流程配备程度来设计目标，保证目标是可以达成的。

R（Realistic）是指实际的：各项目标之间有关联，相互支持，符合实际。

T（Time-constrained/Time-related）指有完成时间期限：各项目标要订出明确的完成时间或日期，便于监控评价。

4.沟通一致：

制订目标既可以采取由上到下的方式，也可以采取由下到上的方式，还可以两种方式相结合。并且要全面沟通，认可一致。

公司总经理要向全体员工宣讲公司的战略目标，向部门经理或关键员工详细讲解重要的经营目标和管理目标，部门之间相互了解、理解、认可关联性的目标，上司和下属要当面沟通、确认下属员工的个人目标。

（二）分解目标

公司整体目标分解成部门目标，部门目标分解为个人目标，并量化为经济指标和管理指标。根据公司的现状，我们首先可以在营销部门、生产部门、采购部门实施全员目标管理，其他后勤支持部门先推行部门级目标管理。如把公司销售额目标分解销售大区、省、市、县的销售额目标成本；公司成本下降目标分解到采购成本下降指标、生产成本下降指标、货运成本下降指标或行政办公费用下降指标等；采购成本下降又可以再分解成原料成本下降指标、包材成本下降指标、促销助材成本下降指标等。这样，建立企业的目标网络，形成目标体系图，通过目标体系图把各部门的目标信息显示出来，就像看地图一样，任何人一看目标网络图就知道工作目标是什么，遇到问题时需要哪个部门来支持。

（三）实施目标：

要经常检查和监控目标在实施过程的执行情况和完成情况。如果出现偏差，及时从资源配置、团队能力和管理系统等方面分析原因，及时补充或强化，确有必要前提下才调整目标。

（四）信息反馈处理

在考核之前，在进行目标实施控制的过程中，会出现一些不可预测的问题。如：目标是年初制订的，年中全国爆发了“非典”事件，那么年初制订的目标就不能实现。因此在考核时，要根据实际情况对目标进行调整和反馈。

（五）检查实施结果及奖惩

按照制订的指标、标准对各项目标进行考核，依据目标完成的结果和质量与部门、个人的奖惩挂钩，甚至与个人升迁挂钩。目标管理的八个步骤：

1.从战略制订到战略目标的过程

企业经营战略为首，没有战略就没有发展。目标管理首要的是目标的制订，而这个目标必须围绕战略需要进行科学设定。从战略到目标是一个从意图到明确的过程，没有这个过程，战略只能是一种意图、一种打算，在一定程度上没有目标支撑的战略也只能是设想。有了目标，战略就有了清晰的目的和方向。因此，制订目标的依据必须是战略。没有脱离战略的目标，也没有没有目标的战略。两者既是从属的关系，又是相辅相成的关系，缺一不可。

2.从战略目标到战略计划的过程

一般来说，凡是战略目标都有简单明了的特点。作为战略目标，还只是一个“纲”。要想“纲举目张”，还必须把简单的战略目标用计划的形式将其相对具体化。这个具体的过程就是战略计划的制订。计划较比目标而言相对具体，有组织、有时间、有步骤、有途径、有措施，甚至有方法。这是一个把目标“翻译”成“实施”的转变。这一过程要考虑的事情很多，最重要的是资源配置。离开资源问题，计划再详细也是无法实施的。

3.从战略计划到目标责任的过程

计划有了，谁来执行？这是计划实施的关键，但是，有人执行没有责任也是枉然。因此，最关键的还是目标责任以及目标责任人的问题。目标责任就是对目标达成与否的功过承载，责任人就是承载这种功过的具体人。没有责任体系和责任保障，再好的计划也会落空。因此，计划一旦制订，随之而来的就是一定要落实责任人。这个责任体系应该是全员、全方位、全过程的。正所谓：千斤重担人人挑，人人身上有指标。

4.从目标责任到目标实施的过程

责任落实到位以后，就是带着责任进行目标的实施了。应该引起高度注意的是，在责任—实施的转换中过程中，要讲求把责任量化成一个个可操作、可实现、可考量的具体目标，这种目标的设定和实施，一定要突出如下要点：目标是具体的；可以衡量的；可以达到的；具有相关性的；具有明确的截止期限的。

5.从目标实施到目标督导的过程

在目标实施中，为了确保目标的达成，还必须加强实施过程的督导。督，就是对实施情况予以监督；导，就是在实施中予以必要的指导。要相信实施部门和人员的自主管理，但是，没有必要的监督、大撒手、放任不管也是不行的。监督的目的在于督办、督察、督促；在于催办、帮办、协办；在于强化对目标管理的执行力度。要知道：一个由数百人、数千人的个人行动所构成的公司，经不起其中1%或2%的行动偏离目标的。光有监督也不行，还必须有指导，指导的目的在于实现途径的引导、思想情绪的疏导、不佳行为的训导、偏执行为的劝导、知识能力的教导。一句话，就是要最大限度地挖掘潜力、激发热情，使管理过程、人员、方法和工作安排都围绕目标运行；进而发挥人的积极性、主动性和创造性。

6.从目标督导到目标实现的过程。

目标的实现，按组织层级分类可以划分为：（1）整体目标；（2）部门目标；（3）班组目标；（4）个人目标。

按专业系统分类可以划分为：（1）管理目标；（2）生产目标；（3）营销目标；（4）财务目标；（5）技术目标等。

按时间阶段分类可划分为：（1）愿景目标；（2）长期目标；（3）中期目标；（4）短期目标；（5）突击目标等。

如果说督导的过程是以人为本的目标管理，那么，目标实现的过程分类就是客观实际的科学保证。

7.从目标实现到目标评价的过程。

目标实现之后，并不等于过程的完结，还必须进行另一个过程——从目标实现到目标评价。这里有三点必须进行评价：一是评价实现目标的各种资源使用情况，比如多少、优劣等等；二是实现的目标是否还有弹性空间，比如是否可以当作基准、是否可以更加先进、是否可以保持相对稳定等等；三是所实现的目标对于可持续发展能否带来推动和促进。

8.从目标评价到目标刷新的过程。

以终为始是目标管理的最高境界。因此，从成果评价到目标刷新，也是一个自我超越的过程。经过评价的目标成果，正是新的目标管理的开始。它是依据，是基准，是下一个目标的平台。能否超越原来已经实现的目标，这在很大程度上反映了一个企业、一个领导者的雄心。当然，“大跃进”是不客观的，“冒进”更是危险的，但是，“不进则退”也是必然的。所以，哪怕是百分之几或者百分之零点几的超越都是企业的进步。或增加，或递进，都要根据企业的实际来进行选择性的刷新。

三、机械制造企业项目目标管理与控制

（一）抓好对员工管理，有效地运用激励手段

这具有一定的挑战性，让员工参与制订，规定完成期限。目标管理中的“激励”和“自主管理”的产生，目标设定阶段由“命令”到“合作”的转变，所以目标管理其中最重要的是目标必须要能够量化，不仅给下级下达准确的任务，由他们参加设立明确的目标，而且要授予他们推行目标所需要的权限，要做到权限与目标相结合，同时上级对下级的实施情况要及时处理，下级根据上级的目标和期望，积极拟定自己的目标。及时发现问题，运用灵活的管理手段来达到企业的发展目标。良好的激励手段可以大大提高员工的积极性，注重才人的培养，管理要科学、民主。真正把职工利益与企业效益结合起来，使职工自觉、踊跃地参加目标管理，提高企业的经济效益。

（二）在目标管理运行中做好控制工作

目标管理推行的过程包括：确定实行控制的标准，掌握目标计划的基本过程和最终目的。在目标管理运行中可以充分展现出自己的生存价值与需要，了解到每个人的处事方式，企业目标对员工来说要成为员工奋斗的目标，大力发掘员工的潜力，调动积极性，强调目标的重要性，把实绩与标准进行比较控制好运行中的工作，在工作中开展客观评价，纠正实际执行中产生的偏差，使其正常运作，员工个人不能过度加大工作量，也不可投机取巧，要保证目标的有序进行，形成完整的运行系统，从而保证管理活动向目标方向发展。

第四节　机械制造企业项目管理体系

一、机械制造企业项目管理体系的概念

现代制造业是指制造业发展过程中，由于高技术含量、高附加值产品的不断涌现，而这类产品往往处于产业链的现代环节，人们把它们的生产制造归类于现代制造业。现代制造业的产生和发展是国家或地区经济不断发展和创新的必然方向。

虽然当前现代制造业的具体完整概念还没有被确定，对于现代制造业的分类和归纳也还未形成科学全面的标准。笔者认为，现代制造业的概念可以从行业和产业链环节两个方面来确定。从行业发展方面来看，现代制造业相对于传统制造业拥有的技术创新含量更高、商品附加值更高、在当前竞争激烈的市场中更具有竞争力；从产业链的内容来看，现代制造业在行业产业链发展中处于较高的位置。其最明显的特征主要包括技术水平要求高，商品产生的附加值更高，对环境污染影响较小等方面。和传统制造业相比，技术水平要求更高，投入使用的设备和人力资源更先进且高素质。两者之间由于科技创新能力的差别而产生了较大的经济发展差距。从某个方面来说，现代制造业是传统制造业的优化和提升，是制造业的未来发展方向，特别是柔性化和智能化的制造和发展。

二、机械制造企业项目管理体系的构成

要组织并量身构建符合高端制造企业的项目管理体系，必须全面系统地融合管理组织、管理目标、标准过程、管理实施、度量、知识管理、信息系统等管理要素，保证组织的每一个项目都取得成功，为实现组织的既定战略目标保驾护航。

（一）项目管理体系框架规划

项目管理体系建设就是通过帮助企业建立项目管理体系，提升企业项目管理能力，改善企业项目管理运行环境和执行能力。主要建设内容包括：进行企业现状调研，了解运行中存在的主要问题；根据企业发展情况制订符合国际项目管理理念的、适合企业发展的项目管理体系，涵盖组织的项目管理原则、项目组织构建模式、项目分级管理模式、项目评价管理、项目过程管理、项目管理关键要素管理等相关要求；更好地推广宣传企业发展文化，提升企业项目管理能力。

（二）项目管理手册编制

项目管理手册是组织规范其标准管理过程的方法。它的目的是将项目管理方法和企业的业务流有效地结合起来，在实践中不断优化，全面增加企业项目成功的机会。

（三）项目管理服务

在整个项目生命周期中，尽管项目管理的所有工作都是紧密联系和承前启后的，但工作之间仍然可以按照其不同阶段工作的不同特点将其划分。项目管理服务，以其相对灵活随机的项目管理服务方式，代表管理人员对项目的组织实施全过程或若干阶段的管理和服务，从而为企业更有效地完成项目提供有力的协助。

（四）项目管理信息化建设

项目管理信息化是专门为高端制造企业在信息化过程中可能出现的问题而有针对性地提供知识管理和信息规划。在项目管理信息化前期（机构调整、概念建立期）、中期（宏观规划、规范建立、软件选型期）、后期（项目管理专业规范、系统实施期）以专业化的信息服务确保项目管理信息化成功，同时也能帮助企业极大地提升项目管理信息化投资的延续性和有效性。具体包括：

1.信息化规划

结合企业战略规划目标，规划企业信息化战略，制订未来信息化发展方向，根据企业信息化层级的不同构建或优化 IT 应用架构，统一数据结构标准，打通企业信息化壁垒，打造切实有效的信息化规划及落地实施方案。

2.实施路径设计

结合信息化规划内容提供信息化总包服务，内容包含实施路径设计、厂商选型与能力评估推荐、软硬件系统招投标管理、技术平台评估、新老系统数据迁移评估、系统建设方案评估、系统项目管理及项目监理服务。

3.IT 投资估算

基于与行业软硬件解决方案厂商的战略合作关系，结合实施路径设计内容提供专业的 IT 投资估算建议方案，为企业建立信息化预算提供合理建议和意见。

4.IT 治理架构设计

由于行业发展的要求，针对高端制造企业中信息化部门的设立、职能、管理制度各方面进行整体设计，并根据设计方案进行具体项目的推进。

（五）项目科研创新

服务高端制造业由于处于技术的制高点上，它对分工的敏感度和需求度远较普通制造业更高。那么企业知识管理的发展水平以及科研创新水平的高低可以说是高端制造业能否取得规模性发展并进一步整合升级的至关重要因素。知识管理是以企业的战略发展为导向，从知

识管理整体架构、知识管理工具、知识管理制度、绩效考核以及信息化落地实行一体化落实。企业建立优秀的知识管理体系，对于实现从优秀知识沉淀、员工效率提高、员工综合能力提升，到企业战略以及业务发展支撑的精细化管理具有重要作用。具体构建内容包括：

1.知识目录与标签

建立知识分建立全公司级知识目录分类，通过对分类目录中的权限、共享、订阅、浏览及下载机制的设计，在不影响知识共享效率的同时，保障知识的安全性。根据业务知识的分类以及员工的实际使用习惯，通过在目录中设置标签的形式，实现知识多维度查询，提高知识查询的精准性。

2.知识历程图

运用 WBS（Work Breakdown Structure）、CWBS（Contractual WBS）、OBS（Organization Breakdown Structure）等工具，对业务进行详细拆解，并从知识管理的角度出发，明确各业务环节中所需要沉淀的知识类别，并结合实际的业务形式，将业务过程中的显性以及隐性知识进行系统性管理，实现历史业务资料的积累的同时，为日后的工作提供支撑。

3.知识地图设计

根据企业对知识的需求，着眼于企业对内外部知识的收集不同方式，分别从战略、业务、管理等方面着手，建立多类型、多角度、多用途的知识地图，实现企业从当前的业务需要到未来战略发展的知识支撑。

4.知识管理组织架构

根据企业的战略发展需求、业务形态、组织架构模式，在权衡管理成本、优劣势分析、工作效率等因素，为企业定制符合自身实际需求的知识管理组织架构，提高知识管理的工作效率。

5.知识管理制度及考核办法

明晰企业目前的管理、考核手段，结合知识管理工具，设计保障企业发展需要并尽量降低员工抵触情绪的制度以及绩效措施，以软硬兼施的手段推动知识管理工作，实现知识管理从应用到管理的真正落地。科研管理是以行业创新趋势、企业战略诉求为基础，明确科研工作的战略定位、研究方向与投入产出目标，并结合企业自身管理基础与沿革背景，建设保障科研工作扎实落地的管理体系，真正使得科技创新能力上升至驱动企业可持续发展的战略高度。具体包括：

（1）科研战略规划

结合企业战略规划目标，明确科研工作在战略发展中所起到的作用，研讨梳理各业务板块的科技创新的具体方向与内容，并制订切合实际、保证企业健康运作的投入产出目标。

（2）科研管理体系

根据科研工作本身的特性，重塑或优化企业科研工作的运作管理方针、思路、组织运作架构以及保障机制基本方案，便于内部统一思想、树立导向、明确权责、理解执行。

（3）科研管理机制

具体内容包含科研项目管理程序文件、科研经费管理制度、科研人员薪酬绩效管理制度、科研部门创新文化氛围打造建议等制度类、举措建议类的实施操作成果。

第五节　机械制造企业项目管理模式

一、机械制造企业项目管理模式类型

（一）制造企业敏捷响应模式

1.企业生产经营体制的转变

近十几年来，信息技术的发展和企业组织结构的变化冲击了原有的生产经营体系，推动了制造企业生产经营体制的变革。制造行业买方市场的形成，使企业由单纯的经营管理领域逐渐向服务拓展，产品越来越受到消费者个性化需求的影响。消费需求个性化增加了产品的复杂性、功能的多样化，单一或者几个企业难以通过简单的联盟来完成产品的生产。制造企业要想实现竞争中的持续性发展，必须在生产经营体制上实现一种转变。越来越多的企业意识到实现由传统的物流体制向先导物流与供应链管理方向的重要性。物流和供应链如今已经成为企业寻求长远发展，提高竞争力的主要源泉。企业在充分利用电子商务和现代物流管理的成果，增加生产的快速响应能力。从企业的战略角度上重视物流的再构筑和供应链体系上的联盟活动，在企业发展战略的基础上，实现企业生产经营体制的转变。企业的生产体制实现了推式经营向拉式经营的转变。从本质上讲，推式经营体制通过大量生产、伴随大规模物流体制而实现的批量商品处理和商品的运输，实现单位成本的下降。推式经营体制利用大规模集中生产、物流和流通库存达到规模经济效应。但是，在交易过程中产生的交易费用却很大。随着竞争的加剧，推式经济体制的制度安排出现了较为严重的缺陷，同时，市场环境在消费者需求行为的变化、流通格局的变化和产品生产线的融合与经营网络的形成等几个方面的变革催生了企业生产经营理念，从强调以正确的价格提供正确的商品过渡到提供正确的价格、提供正确的商品、在正确的操作成本前提下，以正确的时间送到正确的地点，实现依靠的是商流、物流、信息流和资金流的完美结合的拉式生产经营体制。拉式生产经营体制强调市将销售地点信息同步的传输给商品策划、设计、生产以及库存地点，通过销售地点的信息设计、生产、物流和经营决策。

2.业务外包格局的出现

实现项目产品的大批量和个性化，关注质量、完工时间和缩短项目的生命周期是制造企业现阶段的重要任务。在这种情况下，制造企业的规模趋于小型化，在保证核心及增值流程事业领域的基础上，减少非核心业务，增加对于市场的敏捷响应。业务外包已经成为制造行业的一种重要的形式，其特点是业务流程中的动态联盟和供应链上的协同。从系统的角度来看，动态联盟实质就是一个系统，通过系统的优化实现供应链上成本的不断降低。通过信息化平台实现跟踪消费的个性化需求，提高敏捷响应的能力。系统的动态性决定了制造企业敏捷的特性。

3.敏捷响应模式

生产经营体制的转变使企业的视角转向销售导向，业务外包格局的出现加强了企业之间的协同，实现发展战略和灵活生产经营形成敏捷响应模式。制造企业的市场敏捷响以核心竞争能力为基础。通过信息化平台，总装项目产品在虚拟企业范畴内进行。制造企业敏捷响应实现的基础——项目团队在不同产权主体形成的动态联盟中成为基础的单元。敏捷模式的核心——项目团队不仅仅是制造计划的执行者和制造信息的快速响应者，还是大量制造实时信息的集散地。这些制造实施信息的快速采集、传递和利用的效率体现敏捷能力，在很大程度上决定了企业的生产进展、上市时间、生产成本、生产质量等关键目标，决定了企业对于市场的整体响应能力。图 2-12 显示了联盟制造企业与项目产品对应的结构图。项目团队在项目办公室的领导，既要符合动态联盟，又要符合制造企业公司层面战略需要，具有虚拟性和继承性。美国著名的科学家 DavidI.Cleland 指出，在应对全球化的市场变动中，战略管理和项目管理将起到关键性的作用。在 20 世纪 90 年代提出的企业项目管理和项目组合管理正是项目管理理论和方法在企业中应用的一种体现。

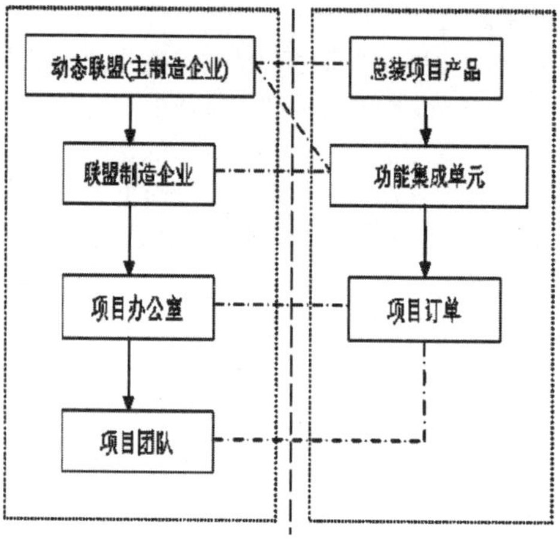

图 2-12　联盟企业和项目产品对应结构图

结合图 2-12，在动态联盟中，以项目团队运作的方式把项目订单当作项目进行运作形成制造企业项目管理运作模式，在一定程度上实现敏捷响应。制造企业项目管理是一种敏捷模式下制造企业运作的基础，它拓展了传统的项目管理理论，集成其他先进管理模式形成的面向整个项目产品供应链的战略，以提供客户个性化需求产品为宗旨，通过跟踪虚拟产业链上主制造企业总装项目产品的生产计划，实现企业对于需求的敏捷响应，通过按项目进行管理，实现产品成本、交货期和质量等因素的集成以及项目组合资源分配，以达到资源的优化、降低成本、缩短功能集成单元的生产周期，从而整体上提高总装项目产品上市的时间。

（二）制造企业敏捷响应模式框架与知识体系

1.敏捷响应模式框架

制造企业的敏捷响应，就是企业建立能够对外部市场环境能够做出快速响应的组织结构和战略规划，通过改造传统的生产模式来增加对于市场的快速响应能力。敏捷响应不仅仅是一种战略上的敏捷，更是一种作业层面的敏捷，这两种敏捷通过柔性化的组织结构实现。

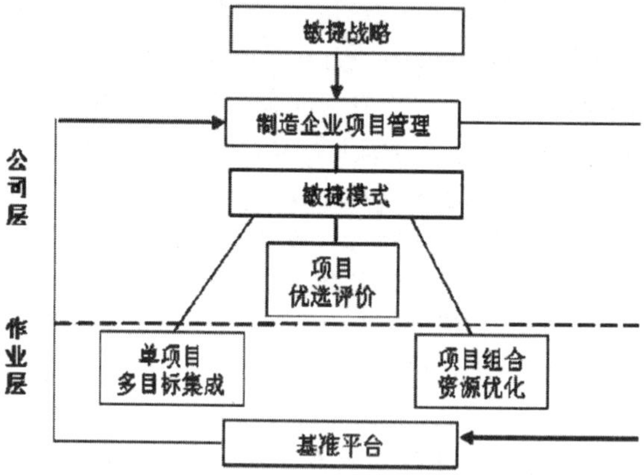

图 2-13　制造企业项目管理与敏捷模式框架

如图 2-13 所示：从战略层面，从企业发展的战略出发，通过项目的优选评价，确定项目的优先级。从企业作业层面上，实现项目时间、成本、质量、设备利用率和员工安全度等目标的集成控制。从企业作业层面上，进行项目的组合管理实现企业多项目资源分配的优化。

通过以上的分析我们可以看出，制造企业项目管理围绕作业层面展开，通过改善生产流程，优化过程管理，提高企业敏捷响应能力，实现敏捷响应战略。

2.敏捷模式知识体系

敏捷模式下制造企业项目管理注重人的因素、顾客、柔性、变革。本文认为，敏捷模式下的制造企业项目管理知识框架包含以下五个要素：项目管理目标、项目管理组织、项目管理信息系统、项目管理系统方法和项目管理文化。

（1）项目管理目标

项目管理目的是在企业敏捷战略指引下制订企业项目管理目标，即企业项目管理者的着眼点应以企业战略目标的达成为指导，而非局限于作业层面的“项目交付”。企业的战略目标是一种成果性的目标，比如持续的发展和企业绩效的提升等等。

（2）项目管理组织

项目管理组织是维持持续不断的企业管理活动，是项目成功实施的必要条件。项目管理组织的重要特征是柔性化。

（3）项目管理信息系统

信息系统通过优化整个信息流程，在合适的时间把合适的信息传递给需要信息的人员，这些信息包括项目管理理论与方法的管理支持信息，企业自身及其外部可以提供支持的信息，是一种全方位立体性的信息网络。

（4）项目管理系统方法

制造企业的发展需要关注各个利益的相关体、接近顾客群体，影响企业经营的因素越来越多，系统的观念对于企业经营的影响日渐显著。分析研究各要素之间的相互联系，需要从系统整体的角度进行优化经营。

（5）项目管理文化

企业文化要做相应的调整以适应企业战略项目管理的要求，形成统一标准化的语言，以使企业项目管理融入企业战略、战术决策及各项活动之中，成为员工一项自觉的行为。敏捷模式下制造企业项目管理知识框架如图 2-14 所示。

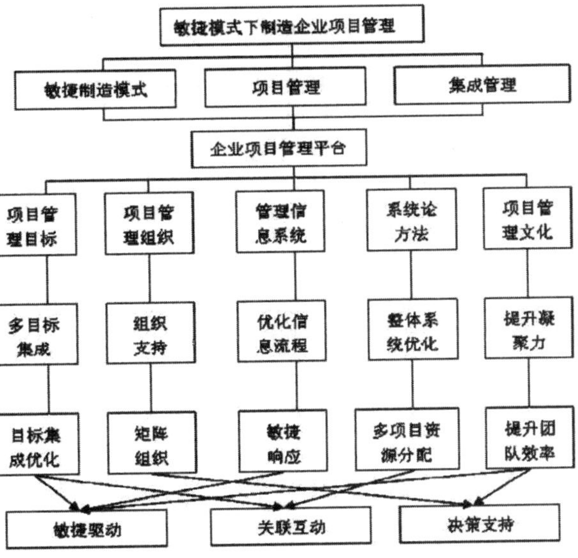

图 2-14 敏捷模式下制造企业项目管理知识体系

（三）制造企业敏捷响应模式关键技术

图 2-15 可以看出，制造企业敏捷响应模式解决、作业层面的单项目多目标集成、项目组合资源优化和公司战略层面的项目优选评价。

1.单项目多目标集成

项目订单中涉及成本、质量、交货期、设备利用率和员工安全度五个方面的目标构成一个系统，目标的完成是一个系统集成优化的过程。作业层面的多目标集成管理包含主动控制、被动控制和项目评估三个方面的内容。本质上看，多目标集成管理是一种多目标决策，由于目标的不可公度性，可以通过多极模糊评判法找到各因素的相对权重实施控制。

2.项目组合资源优化资源的有限性

促使企业不断地提高资源利用的效率。项目资源的优化通过释放关键资源，降低项目组合中单个项目占用资源的无效时间。

3.项目优选评价

在敏捷响应模式下，保证项目的组合能够综合有效地利用企业的资源。因此，确定项目执行的优选次序是制造企业项目管理的关键工作。项目评价标准直接影响到项目的优先顺序，进而影响到项目执行的顺序。对企业待选项目进行评价排序将保证实施的项目与企业敏捷战略紧密相连，项目优选顺序的确定也将影响到企业的持续发展。因此，科学实用的项目组合优选评价体系将是项目组合管理和制造企业项目管理成功的重要保证。一般需要从与企业战略的协同程度、竞争优势、降低运营成本、满足客户的需要或期望和对企业的价值贡献几个方面出发进行评价。

二、机械制造企业项目管理模式选择

现代社会，制造企业如果继续沿用传统的生产管理模式，就无法满足市场需求，势必会被市场竞争淘汰。因此，制造企业应根据当前的市场需求环境，更新生产管理相关观念，并以先进的生产方式建立符合社会发展实际情况的生产管理模式。制造企业可采取以下几种措施来建立和完善生产管理模式，提高企业的经济效益。

（一）转变组织生产中心

传统的组织生产中心是产品，而制造企业必须将之一中心转变为零件，才能满足市场的需求。“以产品为中心”组织生产，是指在整个企业生产过程中，各生产阶段之间的“物流”和“信息流”都是以产品为单位流动和传递的。该生产方式因为各生产阶段之间和各生产阶段内部的单位口径的不一致，便表现出了传统生产管理模式的特性。“以零件为中心”组织生产，是指整个生产过程中，从工艺设计、计划、编制，生产组织实施等各个环节都以零件为单位组织安排。该生产方式在各生产阶段内部和各生产阶段之间“物流”和“信息流”的单位是统一的，它克服了“以产品为中心”方式由于其单位口径不一致造成的“物流”和“信息流”的割裂和脱节，使生产计划和生产作业计划之间的信息传递无障碍，从而使各生产阶段之间及其内部的“物流”和“信息流”都能受控于统一的控制中心。

（二）转变生产管理手段

生产管理手段是生产管理模式的重要组成部分，先进的声场管理模式下，应采取计算机管理手段。传统的生产管理的基本职能是按照销售订单的交货期要求，安排生产计划，组织和协调各职能部门总体上控制产品的生产进度，以保证按照交货期要求准时交货。而现代生产管理系统，由于使用了计算机和网络化技术，使生产管理中心可以直接和各制造子系统的制造单元或生产设备实现实时的数据交换，并且利用计算机处理大量的数据信息。可见，现代生产管理同传统生产管理存在很大的不同，无论是在运行方式还是职能方面都有一定的变化和发展。

（三）控制生产成本

企业都是追求利润的，制造企业更是如此，因此，为了获得更多的利润，应加强生产成本的控制。在现代生产管理中，增添了计算机的应用，控制生产成本越来越重要，相应的要求也越来越高，随着计算机技术的发展，生产成本控制会达到更高效、更准确的效果。

而传统生产管理，一个产品的生产成本是由各制造子系统分别计算后由专门的部门汇总后得出，使得对产品的生产成本控制不准确、并且控制滞后。而在现代生产管理系统中，生产管理部门增加了采购、外包的职能，生产过程中发生的费用基本全部要通过生产管理部门，而且通过计算机网络，生产管理部门随时可以检查生产过程中各工序的成本发生情况（实际的生产时间、次品发生的数量等），所以，由生产管理部门来控制生产成本会更准确、更高效。生产管理部门可以通过计算机在完成产品生产之后，来将制造产品的实际成本迅速并准确地计算出来，并将这一成本值对比标准成本，从而找到成本控制存在问题之处和主要环节，同时应立即通知相关参与制造的人员，在采购、外包以及其他各个方面进行改善。

（四）改善品种结构

制造企业在传统的生产中采取的是大批量少品种的生产模式，而这种模式已无法适应市场的发展要求，因此改善品种结构是十分必要的，只有小批量多品种，且具有个性化的产品才能满足市场，符合用户的需求。此外，制造企业还应时刻关注用户和市场需求变化，并以此为依据来改善本企业的产品结构，以真正满足市场和用户的需要。制造企业要特别注意产品与服务的个性化，可以在品种、价格和质量等方面追求差异化。由此可见，大量生产方式已经成为一种落后的生产方式，其优势正逐渐丧失，取而代之的是小批量多品种的具有个性的生产方式。

本章小结

通过本课程的教学，旨在帮助学生了解机械制造企业项目管理。初步掌握机械制造企业项目系统管理、机械制造企业项目组织管理、机械制造企业项目目标管理、机械制造企业项目管理体系，以及机械制造企业项目管理模式等知识，为学生将来进行项目的组织管理打下基础。

练习与思考

1.机械制造项目企业管理的方法有哪些？
2.项目管理体系的构成要素有哪些？
3.机械制造企业项目管理模式的类型有哪些？

案例思考

某企业以生产空调为主，该企业发现当年空调非常畅销，由于自己的产能不足，于是很快上马了两条分体级的生产线。到了第二年，由于人们生活水平的提高，很多消费者都购买柜机了。那么，该企业已经上马的两条分体机的生产线能否很快用于生产柜机呢？如果可以的话，应该使用柔性的生产线还是刚性的生产线呢？

点评：要达到柔性的生产线，必须要遵照通用的标准，而且零件的互换性要求较高，在这家企业的生产线上，将工装夹具进行简单更换，就可以用分体生产线来生产柜机。

经济学大师道格拉斯•诺思在他的名著《西方世界的兴起》中写道：有效率的经济组织的出现是经济增长的关键。

第三章　机械制造企业项目前期论证与决策

第一节　机械制造企业项目市场需求调查分析

一、机械制造企业项目市场需求主要影响因素

（一）机械制造企业项目的产品库存管理现状分析

机械制造企业项目是按“订单设计”或“项目设计”的生产类型的企业，其生产完全由客户的订单所驱动，从产品的设计、制造与安装到最后的成品都是严格按照客户的个性化需求进行的，客户订单带动整个企业的运作。客户定制的产品一般生产批量很小，但设计工作和最终产品的生产比较复杂，有些产品可能只生产一次，今后不再生产。这些特点使得机械制造企业项目的库存具有其独特性。

1.项目库存之间的协调

当企业面临在同一时间内需要同时对多个项目进行生产加工时，而企业资源在一定时间是有限的，如何去分配、调整企业所有库房的资源下达给多个项目，如何通过调整异地库房的资源来组织项目产品的生产，以及如何去调整项目间的生产资源来达到企业利益的最大化？这就需要一个统一的库房协调管理来调整库房之间、项目之间以及库房与项目之间的资源、信息、资金，使得企业资源最优化。每个项目订单产品的由多个零配件组成，进行项目采购时要采购多种零配件。而每个项目订单产品采购时会有一定的采购余量，当具有采购余量的零配件作为通用件时在另外的项目订单产品也会存在采购余量，这就需要进行项目库存之间的协调来减少相关物料的采购量，降低库存。在仓库等资源有限时根据项目订单的优先级别也要进行项目库存之间的协调。

2.项目库存的时效性

企业的每个项目订单都有特定的时间计划和有限寿命，要在每个项目计划生命周期内完成项目组组建、项目启动、项目生产具体规划、项目所需资源分配以及与其他项目之间的协调等多项活动，同时还需要保证项目的交货期和项目产品的质量，这都是项目时效性所具有的特征，而这也是项目型的机械制造企业产品管理库存管理所要具备的特征。

3.项目库存的针对性

库存的针对性特征主要是针对项目型的急单、插单或者特定的项目进行特殊管理，面对这类型的项目，企业需要做特殊的处理，利用系统的这个特性对项目物资进行分配、调控或者通知采购部门进行特殊采购。

4.库存原材料的替代性差

机械制造企业项目的每个订单是按照客户的要求定制的，原材料的采购要是按照客户的要求来采购，不同的客户需求的产品不同，需求的原材料也就不同，则使得项目订单产品需求的原材料替代性差。

5.针对每个项目订单产品的库存有一定的库存余量

机械制造企业项目产品的特点是结构复杂、生产周期长、技术要求高、交货期严格等，这就使得每个项目订单产品存在有一定的风险，为了应对这样的风险，保证产品的按期交货，部分原材料的采购除了应有量外，还要有一定的余量，这就使得每个项目订单产品的库存有一定的余量。

6.项目库存的一次性

机械制造企业项目的每个订单都是一个项目，而项目的实施是一次性的，不是周而复始的，则建立的基于每个项目订单的各种库存也具有一次性的特点。

（二）机械制造企业项目市场需求主要影响因素分析

全球进入空前的创新密集和产业变革时代，科学技术领域发生革命性突破的先兆愈加明显。信息技术向其他领域加速渗透和向深度应用发展，将引发以智能、泛在、融合为特征的新一轮信息产业变革，引领机械产品向智能化方向发展。增长模式深度调整的巨大压力，将促进新型环保节能技术、新能源技术加速突破和广泛应用，推动机械产品绿色化发展。同时，重大技术创新将更多地出现在学科交叉领域，各类技术之间的相互融合也将更加频繁，将会产生新的技术系统变革、重大学科突破以及新一轮科技革命及产业革命。可以预计，在未来，这些技术将发生重大创新突破，并将有可能引发机械项目技术的巨大变革，推动机械工业向绿色化、智能化、服务化方向发展。

1.复杂系统的创意、建模、优化设计技术

建模、仿真、优化及协同管理是机械设计技术不变的核心和关键。复杂机电系统拥有复杂的层次结构，组成复杂系统的各分系统、子系统与元素之间既相对独立，又相关联，上级系统拥有下级系统不具备的属性和功能。复杂机电系统往往是机、电、液、控等多领域物理与信息技术的高度融合，具有多层次、多目标、多时空、高维度、非线性、不确定性、开放性等特征。随着计算、通信、感知、控制等技术的相互融合，复杂机电系统将进一步呈现出智能化、网络化、复合化、分布式和嵌入式等技术特征。

进入 21 世纪以来，复杂机电产品所要满足的需求层次越来越丰富和多样，如何有效地将用户的文化与情感需求融入到复杂机电产品的创意设计之中，是需要人们继续探求的课题。欧美日韩等国制订了符合地域文化与情感的设计发展规划和产业集群模式，美国建立了以技术和互联网文化为代表的硅谷、欧洲研发了现代技术与传统品牌文化相融合的产品。融入文化与情感的创意设计技术属于多学科交叉结合的新技术，其关键技术主要有：创意认知与协同设计技术，情感表达与评价技术，文化品牌、文化构成及多元文化融合设计技术等。航空航天设备、大型交通运输工具、精密制造和加工设备、成套物料处理过程设备、项目机械、微纳机械、光电通讯设备都是复杂机电系统，掌握复杂机电系统创意、建模、仿真和优化设计技术，必将大幅提升我国重大装备的自主设计能力和机械工业的技术创新能力。

20 世纪 90 年代，计算机辅助设计、计算机辅助项目、计算机辅助制造、产品数据管理技术在国际工业界普及，相关软件成了产品建模、仿真、优化不可缺少的工具。近 10 年来，为适应复杂机电产品的设计需求，C3P 发展成为 M3P，即多体系统动态设计、多学科协同设计、基于本构融合的多领域物理建模及全生命周期管理（PLM）技术组成了当今计算机辅助产品建模、仿真、优化及管理的新一代技术特征。以信息物理融合为标志的复杂技术系统，实际上是计算进程与物理进程的统一体，是集计算、通信与控制于一体的新一代智能系统。欧洲学者研发的多领域统一建模语言 Modelica 具有领域无关的通用模型描述能力，能够实现复杂系统的不同领域子系统模型间的无缝集成。以美国为首的领域学者提出了信息—物理系统融合，旨在在统一框架下实现计算、通讯、测量以及物理等多领域装置的统一建模、仿真分析与优化。国际多领域物理统一建模协会在 Modelica3.0 基础上，最近推出多领域物理表达规范 Modelica3.3 持工业嵌入式应用建模与仿真的三维功能样机设计平台的跟踪性研究计划。

基于 CPS 的复杂技术系统建模、仿真和优化技术的发展和普及将大大加速汽车、航空航天、国防、工业自动化、精密仪器、重大基础设施等领域装备的转型升级，不断提高其市场竞争力；将催生出众多具有计算、通信、控制、协同和自治性能的功能创新产品，甚至产生新的行业。

2.零件精确成形技术

零件精确成形技术是指应用先进的成形工艺、严格的几何尺寸（控形）和内在质量控制（控性）技术，生产高几何尺寸精度、高内在质量的零件或零件毛坯的先进制造技术。零件精确成形技术的先进性体现在：

（1）节约材料与能源

材料利用率一般较传统的成形工艺提高 20%～40%，冷精锻精确成形可使材料利用率提高到 98%以上，精确铸造成形技术也可达到 90%以上。精确塑性成形技术大多数是在室温下实施的，免除了加热工序，节约了加热能量，大大减少了零件生产过程的能量消耗。

（2）免除或减少成形后续加工

净成形零件的几何形状与尺寸，已全部达到零件的使用要求，成形后即可使用，完全免除后续加工；近净成形产品，关键部位已达到使用要求，不需后续加工，一般可节约加工工时 50%以上；精密成形产品，一部分尺寸已满足使用要求，其余部分留有较小的加工余量，一般可减少加工工时 30%以上。

（3）提高零件的内在质量

成形过程中还同时考虑通过控制温度、压力、流体场、电磁场等外部载荷的施加，使得最终零件达到相应的性能。因此，发展零件精确成形技术，对机械工业节约资源、能源和环境友好，实现可持续发展意义重大。

工业发达国家非常重视零件精确成形技术的发展。20 世纪 90 年代初，美国针对汽车车身生产提出了“2 毫米项目”目标，即一辆汽车车身所有覆盖件组装后的累积误差不超过 2 毫米，显而易见，分配到每一个工件的误差就更小。这一项目的实施，使汽车车身制造水平上了一个新台阶。美国又提出新的目标：到 2020 年，塑性成形零件加工废屑减少 90%，能耗减少 25%，成本降低 60%。日本、德国等工业发达国家也提出了相应目标。日本、德国是零件精确成形技术发达的国家，冷温精确成形件精度普遍达到 8 级精度，小型轴承环、小型伞齿轮已达到 7 级精度，冷温精确成形件已占模锻件的 25%。我国冷温精确成形件比德日两国低一级，普遍达到 9 级精度，少量达到 8 级精度，精确成形件只占模锻件的 5%。德日两国精确成形大多数是在全自动生产线上实现，而我国全自动生产线凤毛麟角，差距较大。20 世纪 80 年代，在国外发展起来的增量制造技术（也称为快速成形技术）采用 CAD 数据直接驱动材料进行累加，精确制造原型或零件，使得复杂零件的制造效率大幅度提高。国外的许多企业将增量制造技术应用在复杂结构的制造上。美国通用电气公司在采用金属选区激光烧结技术制造航空发动机的复杂零部件，与传统加工方式相比，增量制造技术可以加工复杂零部件，且更省材料、时间和能源，因此，在航空航天、大型舰船复杂结构零部件制造和维护方面具有优势。

精确成形技术在汽车、航天航空、大型舰船等制造业具有广阔的应用前景，发展先进精确成形技术，对于大批量产品以及多品种、小批量、复杂性零部件的生产具有十分重要的作用，它可大大提高零件的制造水平，并且节约资源和能源。

3.大型结构件成形技术

大型铸、锻、焊结构件是大型装备中的关键核心构件，其受力繁重，工况特殊，安全可靠性与技术要求极高。大型结构件的成形制造涉及冶金、铸造、锻造、焊接、热处理等多种制造工艺，制造过程复杂，技术含量高，涉及众多学科领域的集成。

4.高速精密加工技术

机械工业，特别是汽车工业的发展对生产效率提出了更高的要求，提高效率的一条重要途径是提高加工的速度，实现高速化。同时，航空航天等领域某些特殊难加工材料也必须采用高速加工才能达到设计要求。国际上，金属切削机床的主轴转速已达到 20 000r/min、进给速度最高可达 100m/min、加速度 1g。

高速精密加工具有生产效率高、加工精度高、表面质量高和生产成本低的优点。高速切削刀具的发展改变了加工工艺，“以切代磨”使加工后的表面质量提高，可直接加工硬度达50～60HRC的淬硬材料。另一方面，强力成型磨削工艺可实现“以磨代切”，一次磨削25～32mm，比普通磨床要快数百倍。高速精密加工正成为机械工业应用最广泛的加工方法之一，在航空航天、汽车及零部件、模具等行业发展迅速，高速高精密数控机床在这些行业中将逐渐占主导地位。与此同时，新型刀具如超硬刀具、新型涂层刀具层出不穷，使得高速高效切削条件下刀具寿命显著增长，将进一步拓展高速精密切削技术的应用范围。

高速精密加工技术主要应用在宏观尺度零件加工和部分微细零件加工，提高加工速度、几何精度和降低表面粗糙度，以保证实现所构成机器部件配合的可靠性，运动副运动的的精准性，长寿命、低能耗和低运行费用。传统的精密加工将会在现代科学技术的推动下，创造新一代高速、高精度加工新技术。预计到2020年，110μm精密加工级高速加工，表面粗糙度可达0.02～0.4μm，用于钢铁的铣削速度达到400～500m/min。预计到2030年，0.51μm超精密加工级高速加工，表面粗糙度可达 0.01～0.2μm，用于钢铁的铣削速度达到 1500～2500m/min，并为深亚微米精度级高速加工技术（精度优于0.3μm）提供技术支持。

5.微纳器件与系统

微纳器件与系统是利用微纳和精密加工技术，集约电子、机械、材料、控制等新技术发展，针对物联网、生物、医疗、汽车、机械制造等产业的需求，研制能够解决传感、测量、驱动、能源等问题的器件、部件和系统。目标是以批量制造技术生产低成本、高精度、高可靠性的微纳器件，拓展终端产品功能，提高终端产品性能，降低终端产品功耗和成本。

微纳器件与系统的主要特征是：微型化。器件特征结构尺寸范围 0.1mm～1mm。集成化。集微型机构、微型传感器、微型执行器以及信号处理和控制电路、直至接口、通讯和电源等于一体。高性能。体积小、重量轻、耗能低、惯性小、谐振频率高、响应时间短、性能稳定。批量化。有利于大批量生产，降低生产成本。

从20世纪80年代以来，以美国、日本、西欧为代表的发达国家特别注重发展MEMS技术。我国微纳器件和系统的发展起源于20世纪90年代，从“九五”起，经过三个五年计划的支持，已经在制造平台建设和工艺研究、以惯性器件为主的器件研究、便携式仪器研究、微流体器件和系统、以微纳卫星为代表的集成微系统等方面取得了一系列突破。目前在整体技术水平上与国外尚有明显差距，但在个别领域，已经达到国际先进甚至领先水平。

未来20年，微纳器件和系统将取得突破性的进展，朝着微纳结合、集成化、仪器化、智能化的方向迅速发展。NEMS器件占微纳传感器件的份额将提高到50%以上；黑硅材料成为光伏器件的主流，转换效率达到50%以上；将有望用MEMS技术解决复明、复聪等问题。

6.智能制造装备

20世纪50年代诞生的数控技术以及随后出现的机器人技术和CAD技术，开创了数字制造的先河，加速了制造技术与信息技术的融合，从此，信息技术成为制造技术发展的重要驱动力之一。智能制造是研究制造活动中的信息感知与分析、知识表示与学习、智能决策与执行的一门综合交叉技术，是实现知识属性和功能的必然手段。智能制造技术推动了机械制造、航空航天、电子制造、化工冶金等行业的智能化进程，孕育和促进以制造资源软件中间件、制造资源模型库、材料及工艺数据库、制造知识库、智能物流管理与配送等为主要产品、为制造企业提供咨询、分析、设计、维护和生产服务的现代制造服务业。智能制造技术主要包括制造智能技术、智能制造装备技术、智能制造系统技术、智能制造服务技术。

智能制造装备是注入了数字化技术和智能化技术的制造设备，是实现智能制造的核心载体，其主要特征是：对制造过程状况（工况或环境）实时感知、处理和分析能力；实时辨识和预测制造过程状况变化的能力；根据制造过程状况变化的自适应规划、控制和动态补偿能力；对自身故障自诊断、自修复能力；对自身性能劣化的主动分析和维护能力；具有参与网络集成和网络协同的能力。智能制造装备是制造技术、计算机技术、控制技术、传感技术、信息技术、网络技术以及智能化技术的有机结合体，是实现高效、高品质、安全可靠的成形加工和生产的新一代制造装备。未来智能制造的产品主要是：智能机床/智能加工中心；智能机器人；智能成形设备；特种智能制造装备。

7.智能化集成化传动技术

智能化集成化传动技术是指将传统的动力传动技术与数字技术、信息技术、总线技术、网络技术相融合，实现液压/气动/密封、齿轮、轴承等传动件在线实时控制、在线监测、自我诊断、自我修复及多种元件与功能的集成。智能化集成化传动将提高产品性能、简化系统、提高系统柔性，提升传动效率、产品安全性、可靠性，是机械传动技术和传动件发展的重要方向。关键基础件是现代装备发展的基础，特别是高效、节能、长寿命、高安全性、高可靠性、高精度、高功率密度、适应复杂环境苛刻要求的传动件是未来需要大力发展的产品。现代重大装备装机功率越来越大，工作环境越来越严酷，结构越来越复杂，对传动系统的平稳性、准确性、位置、速度、柔性等技术要求越来越高，智能化、集成化的传动技术和传动元件能适应这些发展的要求，是装备制造业的关键核心技术，对提升我国关键基础件自主创新能力，突破重大装备自主化发展瓶颈起着重要作用。

智能化集成化传动的特点：

（1）具有在线监测、自诊断、自维护功能；

（2）可实现远程在线实时控制；

（3）是多种元器件（包括传感器、传动件、控制元件、执行元件、软件或数据库）的集成和多种功能的集成；

（4）即插即用。是指快速简易安装传动组件即可投入使用，而不需安装驱动程序或重新配置系统。

近几年，智能化集成化新型传动件或组件相继问世，是传动技术发展的前沿。具有模块设计、数字电气接口、高层次通讯功能、自由组合、智能接合、方便集成功能的元件和系统是未来工业智能化的基础，新型模块化智能化电一液、电一气复合机电系统将广泛应用。智能化集成化一体化液压传动。液压元件与、内嵌式传感器和微处理器一体化提高了系统的集成度和紧凑性；采用更高层次总线通讯技术和无线传输技术，提高了分布式智能电液控制系统的性能；在智能控制器中采用传感器进行状态监控、检测摩擦磨损和泄漏状态，用于系统故障诊断、预测、排除与维护，提高了系统的品质和可靠性。

智能化集成化模块化气动元件和组件。具有有线或无线联网远程实时监控、故障预测及自我诊断等功能的智能化模块化气动元件、组件、阀岛已实现工业应用。工业自动化人机界面技术及产品推动气动元件与传感器、智能视觉系统的结合，以满足智能工业远程检测、诊断及控制的要求。

智能化密封。根据密封件使用状况，调整密封能力、监测密封水平、预测密封寿命，可大幅度提高密封的可靠性与寿命及安全性与可维修性，减少泄漏、停机维修成本和能源消耗。

智能化齿轮传动。汽车用电子控制自动变速器是齿轮传动向智能化发展一个典型例子，它通过各种传感器，对发动机转速、节气门开度、车速、轮毂轴承运动、发动机水温、自动变速器液压油温等参数进行测量，并输入电子控制器中，控制换挡执行机构的动作，从而实现自动换挡。大型火电机组用齿轮调速装置则是齿轮传动与液力传动及其控制系统集成的典型产品，具有无级调速、节能、安全保护等功能。

智能化集成化轴承组件。具有智能监控与早期预警技术，融合主机或功能一体化、设备性能的多样性要求的轴承技术已成为轴承产品的发展趋势。如集成防抱死制动系统的三代轿车轮毂轴承单元、具有状态实时监测与早期预警功能的高速铁路轴承单元。

8.数字化工厂

数字化工厂是利用数字化技术，特别是泛在网络（包括互联网、物联网和无线网）技术，实时获取工厂内外相关数据和信息，集成相关人员知识，智慧地进行产品设计、生产、管理、销售、服务的现代化工厂模式。目标是使供应链、工厂和加工单元的效率最高、对环境的不良影响最小、员工和用户的满意度最高。

数字化工厂的主要特征是：透明性。工厂对内外环境、员工工作状况及创新能力具有很强的感知能力。集成化。工厂的各种数据、信息、过程和信息系统高度集成，企业间密切协同。智慧型。集成全体员工的智慧，通过人机优势互补，实现系统整体最优。

数字化工厂将提供透明的工厂环境，使工厂管理高效和精准；提供大范围高效实时的信息集成系统，使企业资源得到最优配置组合，实现浪费最小，效率最高；提供公平、公正、客观、完整的员工评价机制和系统，充分调动全体员工的积极性和创造性；提供内嵌专业知识的整体解决方案，实现设计、制造和管理的最优化，降低产品全生命周期成本，使用户在产品全生命周期中都很满意，最大程度节约资源，实现环境友好。

数字化工厂适合在制造高度复杂产品（如大型商业飞机）、超大型尺寸产品（如大型舰船）、超微小产品（如大规模集成电路）的行业，以及对人有害的作业环境（如汽车油漆生产线）下优先发展。

数字化工厂在国际上发展非常迅速。发达国家采用数字化技术支持全球协同设计和制造；各种集成专业知识的企业数字化系统快速发展；面向服务的信息系统集成技术帮助企业集成各种信息系统；基于物联网技术的智慧地球概念拓展到智慧企业，实现低碳制造；基于Web2.0 的大众协同建设技术带来全新的发展模式；应用服务提供（ASP）、计算网格和云计算为数字化工厂提供了高效、便捷的实现平台。

二、机械制造企业项目经济社会调查分析

（一）机械制造企业项目经济的运行概况

1.增加值低速增长

2019 年以来，机械工业增加值增速波动较大，由年初 1～2 月的 2%升至一季度的 6.3%，又回落至上半年的 4.2%。不但低于上年同期水平 4.2 个百分点，也低于同期全国工业和制造业平均水平。机械工业主要涉及的五个国民经济行业大类中，通用设备制造业、专用设备制造业、电气机械和器材制造业、仪器仪表制造业增加值同比分别增长 5.1%、8.3%、10%和 9.6%，高于机械工业平均水平；汽车制造业增加值同比下降 1.4%，低于机械工业平均水平。

2.产品生产增减不一

2019 年以来，机械工业主要产品的生产持续走弱，1～6 月机械工业重点监测的 120 种主要产品中，产量同比增长的产品仅有 48 种，占比 40%；产量同比下降的产品 72 种，占比 60%。从趋势看，上半年以来产量实现增长的机械产品数量持续减少，占比由年初的 44%回落至年中的 40%；且产量实现增长产品的增速也呈现回落的趋势。主要产品产量增减呈现如下特征：

（1）起重设备、石化装备和通用设备产品生产保持较快增长

2019 年上半年，起重机、炼油化工生产专用设备、石油钻井设备产量增速均超过 20%；鼓风机、气体压缩机、制冷设备用的压缩机、阀门等通用设备产量增速在 10%左右。

（2）工程机械、环保机械、仪器仪表产品经过高速增长后，增速普遍回落，且出现分化

2019 年上半年，工程机械产品中，挖掘机产量持续接近 20%的增速，但装载机、压实机械和混凝土机械产量已负增长；环境污染防治设备中，大气污染防治设备产量增速超过 90%，但水质污染防治设备、固体废弃物处理设备增速仅 2%左右，噪声与振动控制设备产

量负增长；仪器仪表设备中电工和环境监测专用仪器仪表均显著增长，但工业自动化控制系统、试验机等产品产量降幅超过10%。

（3）发电设备、输变电设备、机床工具产品生产总体低迷

2019 年上半年，发电设备（包括水轮发电机组、汽轮发电机组）、电站锅炉、电站用汽轮机，以及大型电力变压器、互感器、电力电容器、高压开关等输变电设备产量均下降。机床产品产量延续全面负增长，统计的 7 种主要产品产量均下降。

（4）汽车产销降幅超过预期

2019 年上半年，汽车产销分别完成 1213.2 万辆和 1232.3 万辆，比 2018 年同期下降 13.7%和 12.4%，降幅远远超过年初的预期。

（5）农业机械产品出现触底回升的迹象，统计的 10 种主要产品中增减各半

3.经济效益出现下滑

上半年机械工业实现营业收入 10.53 万亿元，同比增长 1.29%；实现利润总额 6195.37 亿元，同比下降 8.58%。两项指标增速较上年均出现了大幅下滑，其中利润总额的增速更是由正转负，十多年来首次出现了负增长。与全国工业比较，机械工业营业收入和利润总额的增速分别低于同期全国工业平均水平 3.42 和 6.19 个百分点。

4.固定资产投资缓中趋稳

2019 年年初，机械工业固定资产投资延续前两年的增长趋势增速较高，但进入 3 月后投资增速回落，6 月出现回稳。2019 年上半年机械工业主要涉及的五个国民经济行业大类中，通用设备、专用设备、仪器仪表和汽车制造行业固定资产投资分别增长 2.8%、7.2%、14.2%和 0.2%，电器机械和器材制造业投资同比下降 8.1%。与全国工业投资增速相比，仅专用设备和仪器仪表行业投资增速高于工业平均水平。全国投资项目在线审批监管平台数据显示，2019 年上半年全国审批通过的投资项目投资金额共计 67.15 万亿元，同比增长 29.9%；其中机械工业相关投资项目投资金额共计 3.12 万亿元，同比增长 20.9%，低于平均增速。近期，对部分重点联系企业开展专题问卷调查结果显示，当前制约行业投资的因素，一是资金不足，仅靠企业自有资金难以完成投资；二是融资难融资贵的问题依然存在；三是投资意愿不足、方向不明。

5.进口降幅趋稳、出口总体稳定

在当前国际经济和贸易增长势头放缓、外部环境复杂严峻、单边主义和贸易保护主义加剧的形势下，机械工业进出口出现下降。2019 年上半年，机械工业累计实现进出口总额 3707.7 亿美元，同比下降 3.57%。其中进口 1496.51 亿美元，同比下降 8.6%；出口 2211.19 亿美元，同比增长 0.17%；实现贸易顺差 714.69 亿美元。从增速看，2019 年上半年，机械工业外贸进口降幅趋稳，出口总体稳定；但与上年相比，机械工业进出口、进口、出口增速显著回落 17.93、23.35 和 13.9 个百分点。2019 年上半年，机械工业自美国进口 153.74 亿美元，同比下降 16.47%；对美国出口 353.76 亿美元，同比下降 11.55%；进口、出口降幅均大于机械工业进口、出口平均水平。

（二）行业发展稳步推进

1.战略性新兴产业带动行业发展

2019 年上半年，机械工业中的战略性新兴产业相关行业（共 117 个国民经济行业小类）实现营业收入 7.73 万亿元，同比增长 3.48%，高于机械工业总体 2.19 个百分点，在机械工业营业收入中的比重为 73.4%，比上年同期提高了 1.56 个百分点。扣除汽车行业，上半年机械工业战略性新兴产业实现营业收入 5.77 万亿元，同比增长 6.28%；实现利润总额 3222.04 亿元，同比增长 7.14%。战略性新兴产业对机械工业平稳发展的带动作用增强。

2.分行业发展总体良好

2019 年以来，机械工业主要经济指标低位运行，其中受汽车行业下滑的影响较大。扣

除汽车行业外，上半年机械工业13个分行业累计实现营业收入6.55万亿元，同比增长6.06%；实现利润总额3666.76亿元，同比增长6.96%；均高于机械工业以及全国工业相关指标的增速。其中工程机械、重型矿山机械、食品包装机械以及机器人与智能制造行业营业收入增速均超过10%，表明机械工业分行业运行态势总体良好。

3.新旧动能转换持续推进

在政策引导、市场倒逼等多种因素的共同作用下，行业新旧动能转换持续推进。汽车行业作为机械工业首要分行业，自上年以来运行持续走弱，2019 年上半年，汽车产销量降幅不断加深。但其中新能源汽车的产销则保持了高速增长，上半年累计销售 61.4 万辆和 61.7 万辆，同比分别增长 48.5%和 49.6%；营业收入同比增长 17%。发电设备制造业近两年总体处于调整期，产量、效益均表现出明显的下滑趋势，但其中风电设备上半年产量保持了18.45%的增速，行业营业收入和利润总额的增速均超过 50%。此外，机械企业积极拓展与延伸服务领域，如陕鼓集团通过发展服务型制造业务，上半年营业收入同比增长 59.2%、利润总额增长 73%。

4.积极应对外贸环境变化

近一段时期，中美贸易摩擦持续影响对外贸易发展，机械行业企业积极应对外贸环境的变化，通过多种渠道加强、深化与传统贸易伙伴的合作，并积极拓展新贸易伙伴、谋求新发展。上半年机械工业民营企业外贸出口实现了 7.33%的增长；徐工集团出口北美的挖掘机数量成倍增长；特变电工集团在“一带一路”沿线承建吉尔吉斯斯坦的“达特卡—克明”输变电工程和塔吉克斯坦杜尚别热电厂项目；玉柴集团发动机在韩国境内成功配套新船，打开了韩国市场的大门。

5.一批重大技术创新成果投入使用

重大技术装备是关系国家安全和国民经济命脉的基础性、战略性产品，是国家综合实力和核心竞争力的重要标志。近年来机械工业在重大技术装备的自主研发中不断取得突破，创新成果正逐步投入使用。2019 年上半年，由国家电网公司、中国西电集团、特变电工等单位历时6年研制建设而成的昌吉—古泉±1100千伏特高压直流输电线路成功实现全压送电，标志着我国成为世界首个具备 3000 至 5000 公里范围内输送千万千瓦级电能能力的国家。由徐工集团研制的9桥1600吨全地面起重机—— XCA1600 在河北柏乡风电场顺利完成140米高、近90吨风机的安装，创造了全地面起重机风电安装高度的世界纪录。由上海电气船用曲轴有限公司承制的 W12X92 船用曲轴正式下线，该曲轴采用拼接式结构，总长度 23.5 米，重量达488吨，是目前全球最重的船用曲轴。

三、机械制造企业项目市场需求预测的主要方法

项目市场需求预测是在产品营销调研的基础上，运用科学的理论和方法，对未来一定时期的市场需求量及影响需求诸多因素进行分析研究，寻找市场需求发展变化的规律，为营销管理人员提供未来市场需求的预测性信息。

（一）购买者意向调查法

多用于工业用品和耐用消费品，适宜做短期预测。

（二）综合销售人员意见法

即分别收集销售人员对预测指标估计的最大值、最可能值及最低值及其发生的概率，集中所有参与预测者的意见，整理出最终预测值的方法。

（三）专家意见法

主要有小组讨论法、单独预测集中法、特尔菲法等等。

（四）市场试验法

多用于投资大、风险高和有新奇特色产品的预测。

（五）时间序列分析法

将某种经济统计指标的数值，按时间先后顺序排列形成序列，再将此序列数值的变化加以延伸，进行推算，预测未来发展趋势。

（六）统计需求分析法

统计需求分析是运用一整套统计学方法，发现影响企业销售最重要的实际因素及其影响力大小的方法。

四、机械制造企业需求预测中需注意的问题

所谓的机械制造，即从事各种动力机械、起重运输机械、化工机械、纺织机械、机床、工具、仪器、仪表及其他机械设备等生产的工业部门。在我国，机械制造行业是为整个国民经济提供技术装备与支持。由于我国重视装备制造业的发展，因此，机械制造业不仅在我国工业中所占比重、积累、就业等均占前列，更在于装备制造业为新技术、新产品的开发和生产提供重要的物质基础，是我国实现现代化经济不可缺少的战略性产业。在机械制造企业需求预测中需要注意几点：

（一）系统时效性

在项目订单产品需求物料的项目管理中，根据项目库存的一次性、时效性特点建立每个项目订单产品的项目管理。项目管理系统针对项目不同生命周期时的特点建立库存实时监控管理模块，对整个项目从订单下发到产品出库的所有与库存有关的零部件信息管理、出入库管理、最终成品出库管理以及与项目产品相应的零部件配置信息备份储存管理。

（二）系统协调性

在采购前期，根据每个项目订单产品的配置得出项目订单产品相关物料需求，并根据ABC分类法和TOC理论对项目订单产品相关物料进行分类，得出其所属的战略性物料、瓶颈物料、重要物料、一般物料。在对项目订单产品相关物料的分类后，通过项目库存协调中心进行项目库存之间的协调，确定每种物料的需求量，再根据每种物料的特点来实行不同的库存控制策略。战略性物料实行供应商管理库存策略，瓶颈物料由于其约束能力也实行供应商管理库存策略，重要物料实行定期订货策略，一般物料实行定量订货策略。在各项目库存的控制中，对不同的物料使用不同的控制方法可以达到消除项目周期内缺货，以及库存积压的现象。每个项目产品的需求物料库存都有其时效性和一次性，存在于项目周期内，对其实行项目周期库存协调管理。

系统的协调性同时表现在对企业所有库房之间的协调管理，系统通过对所有库房物资、人员和其他设备的集中管理，对在同一时间同时进行多个项目进行库房与库房之间的协调、项目与项目之间的协调以及库房与项目之间的协调，这种协调不仅包括了物料的协调、零部件的协调，同时包括库房所有资源、人员的协调。

在面向项目型的机械制造产品项目管理模式中，通过设立项目库存协调中心来对各项目库存进行协调。对项目库存之间的调拨协调来达到充分利用各项目库存余量，消除重复采购造成的库存余量。在资源的协调方面，根据项目进度的优先级别来进行项目库存之间的协调，如合理的安排每个项目订单产品库存在仓库的货区，安排供应商的发货时间等。异地库房协调是对企业的异地库房进行的入库、出库、调拨等的协调。对于一些项目产品需求的关键物料或瓶颈物料可以采用异地库房采购入库，等待调用。

（三）系统针对性

特定的项目需要企业建立起针对其进行特殊的处理，最典型的例子就是需求急、交货期短的非正规性项目，面对这种特殊的项目需要特殊对待，系统的针对性正是建立在针对这种

特殊项目的基础上。当一个特殊项目不期而至时，项目管理系统首先针对项目的产品配置信息，查询、检查确认企业现有库存信息，判断是否有足够的物资，哪些物资缺少，对于缺少的物资列出清单，发给采购部门要求进货，并且及时调用已有的物资至生产部门，配合生产部门组织项目的生产，系统的针对性极大地缩短了项目产品的生产时间，保证产品的交货期，提高企业的市场响应速度和市场竞争力。

第二节　机械制造企业项目可行性研究与论证

一、机械制造企业项目需求分析和初步评价

作为目前世界第一大工业，机械制造历经百年发展历程，如今信息化已经逐渐成为机械企业增加竞争力的重要手段之一。对于机械制造企业项目需求分析和初步评价，有如下分析。

（一）机械制造企业项目需求分析

1.十三五计划实施后，大量新的项目、新的投资同时开工。

2.大宗原材料价格回升，这给全国各地的矿山、金属、有色金属、黑色金属、煤炭包括沙石料市场大幅度的开工和产能提升。

3.在第三个中国工程机械的高峰生产销售企业，这一批产品已经逐步退出市场，保有量在下降需要新的机器来填补。

4.城市化，以及劳动效率的提升，推动了我国工程机械的发展。

经过数十年的发展，目前中国已经成为全球最重要的工程机械市场，尽管过去五年深度调整，中国依旧是全球发展空间最大的市场。未来十年、二十年工程机械发展的强劲推动力是城市化，以及劳动力减少和劳动效率的提升；环境保护对农业、林业投资的提升也推动各种产品的发展。

就全年增速目标来看，可以认为，2019 年机械工业将延续向好的态势，行业运行保持平稳。预计全年机械工业增加值增长 8%左右，主营业务收入和利润总额增长 8%左右，对外贸易出口有望结束连续两年的颓势，同比增速由负转正。

（二）机械制造企业项目初步评价

1.项目评估的分类和任务

规划评估（政府规划评估和企业规划评估），项目评估。

2.规划评估的作用和重点内容

作用：提高规划编制的科学性、减少规划风险、保证规划实施的必要步骤。

重点内容：发展思路和规划目标评估，基础条件及发展状况评估，投资建设规划方案评估，规划实施保障措施评估，主要结论和建议。

3.项目评估的作用

（1）提高投资项目决策水平，为投资主体和投资管理部门提供可靠的决策依据；

（2）优化建设方案提高投资效益，避免决策失误带来的损失；

（3）提高项目前期工作质量，避免重复返工造成的资源浪费。

4.项目评估质量控制与工程咨询机构的选择

（1）质量控制重点：配置人力资源，收集待评资料，制订质量计划，建立评审制度，建立质量控制责任制；

（2）工程咨询机构选择方式：公开招标，邀请招标，征求建议书，两阶段招标，竞争性谈判，聘用专家。

二、机械制造企业项目建议书

建议书是个人或者单位有关方面为了开展某项工作，完成某项任务或进行某种活动而倡议大家一起做什么事情，或提出合理化的意见，建议时使用的一种文体，也叫意见书。机械制造企业项目中很多时候需要就一个项目提出建议，这时候就需要写项目建议书。

（一）项目建议书和初步可行性研究的目的和作用

项目建议书对于政府投资项目是决策程序上的要求，对于投资者可以判断项目是否可行。

初步可行性研究主要目的是论证项目建设的必要性和可能性。

（二）项目建议书与初步可行性研究的关系和区别

对研究成果具体阐述的详略，初步可行性研究报告详尽一些。

（三）初步可行性研究与可行性研究的关系和区别

初步可行性研究与可行性研究的关系和区别。

（四）项目建议书与初步可行性研究的内容和深度要求

重点内容：根据国民经济和社会发展长期规划、行业规划和地区规划以及国家产业政策，经过调查研究、市场预测，从宏观上分析论证项目建设的必要性和可能性。

深度要求：介于投资机会研究和可行性研究之间。

（五）投资机会研究的目的、内容和研究重点

目的：发现有价值的投资机会。

内容：市场调查、供需分析、投资政策、税收政策。

研究重点：分析投资环境。

三、机械制造企业项目可行性研究报告

（一）机械制造企业项目可行性研究报告编制步骤

机械制造企业项目可行性研究报告编制步骤如图 3-1 所示，包括签订委托协议、组建工作小组、制订工作计划、调查研究收集资料、方案编制与优化、项目评价、编写机械制造企业项目可行性研究报告、与委托单位交换意见。

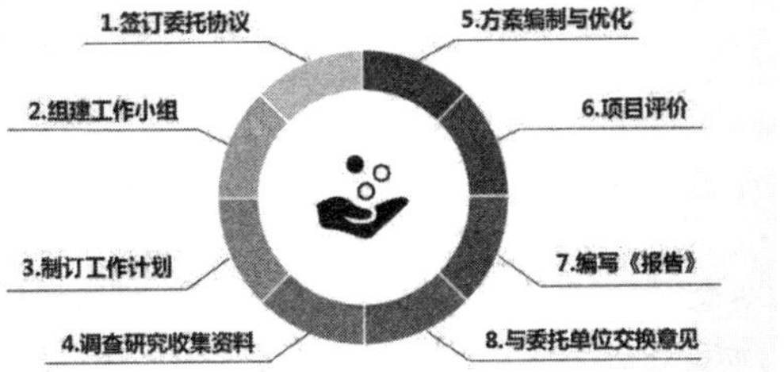

图 3-1　机械制造企业项目可行性研究报告编制示意图

1.签订委托协议

可行性研究报告编制单位与委托单位，就项目可行性研究报告编制工作的范围、重点、深度要求、完成时间、费用预算和质量要求交换意见，并签订委托协议，据以开展可行性研究各阶段的工作。

2.组建工作小组

根据委托项目可行性研究的工作量、内容、范围、技术难度、时间要求等组建项目可行

性研究工作小组。一般来说，工业项目和交通运输项目可分为市场组、工艺技术组、设备组、工程组、总图运输及公用工程组、环保组、技术经济组等专业组。为使各专业组协调工作，保证机械制造企业项目可行性研究报告总体质量，一般应由总工程师、总经济师负责统筹协调。

3.制订工作计划

内容包括研究工作的范围、重点、深度、进度安排、人员配置、费用预算及机械制造企业项目可行性研究报告编制大纲，并与委托单位交换意见。

4.调查研究收集资料

各专业组根据机械制造企业项目可行性研究报告编制大纲进行实地调查，收集整理有关资料，包括向市场和社会调查，向行业主管部门调查，向项目所在地区调查，向项目涉及的有关企业、单位调查，收集项目建设、生产运营等各方面所必需的信息资料和数据。

5.方案编制与优化

在调查研究收集资料的基础上，对项目的建设规模与产品方案、场址方案、技术方案、设备方案、工程方案、原材料供应方案、总图布置与运输方案、公用工程与辅助工程方案、环境保护方案、组织机构设置方案、实施进度方案以及项目投资与资金筹措方案等，研究编制备选方案。进行方案论证比选优化后，提出推荐方案。

6.项目评价

对推荐方案进行环境评价、财务评价、国民经济评价、社会评价及风险分析，以判别项目的环境可行性、经济可行性、社会可行性和抗风险能力。当有关评价指标结论不足以支持项目方案成立时，应对原设计方案进行调整或重新设计。

7.编写机械制造企业项目可行性研究报告

项目可行性研究各专业方案，经过技术经济论证和优化之后，由各专业组分工编写。经项目负责人衔接协调综合汇总，提出机械制造企业项目可行性研究报告初稿。

8.与委托单位交换意见

机械制造企业项目可行性研究报告初稿形成后，与委托单位交换意见，修改完善，形成正式机械制造企业项目可行性研究报告。

（二）机械制造企业项目可行性研究报告编制依据

1.项目建议书及其批复文件。

2.国家和地方的经济和社会发展规划；行业部门发展规划，如江河流域开发治理规划、铁路公路路网规划、电力电网规划、森林开发规划等。

3.国家有关法律、法规、政策。

4.有关机构发布的工程建设方面的标准、规范、定额。

5.中外合资、合作项目各方签订的协议书或意向书。

6.编制机械制造企业项目可行性研究报告的委托合同。

7.其他有关依据资料。

（三）信息资料采集与应用

编制可行性研究报告应有大量的、准确的、可用的信息资料作为支持。一般工业项目在可行性研究工作中，应逐步收集积累整理分析：市场分析资料、自然资源条件资料、原材料燃料供应资料、工艺技术资料、场（厂）址条件资料、环境条件资料、财政税收资料、金融贸易资料等方面的信息资料，并用科学的方法对占有资料进行整理加工。信息资料收集与应用一般应达到如下要求：

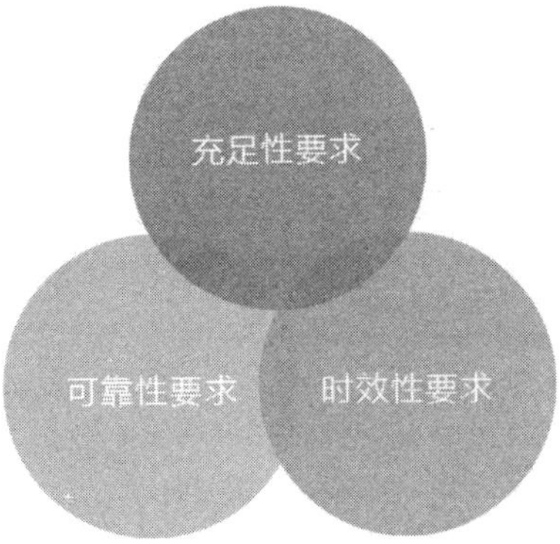

图 3-2 信息资料采集与应用

1.充足性要求

占有的信息资料的广度和数量，应能满足各方案设计比选论证的需要。

2.可靠性要求

对占有的信息资料的来源和真伪进行辨识，以保证可行性研究报告准确可靠。

3.时效性要求

应对占有的信息资料发布的时间、时段进行辨识，以保证可行性研究报告，特别是有关预测结论的时效性。

（四）机械制造企业项目可行性研究报告结构和内容

项目可行性研究报告，一般应按以下结构和内容编写：

1.总论

（1）项目提出的背景；

（2）项目概况；

（3）问题与建议。

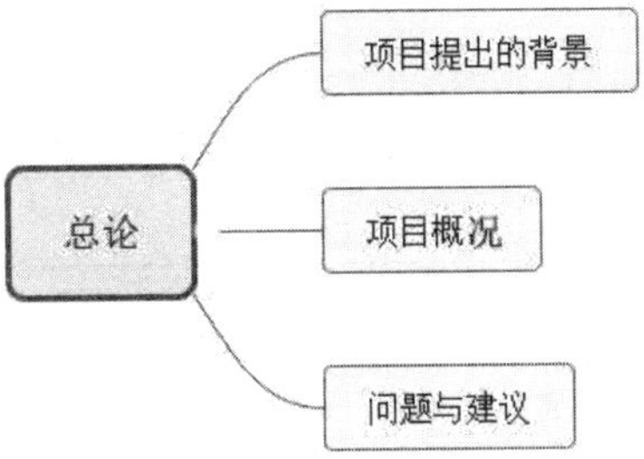

图 3-3

2.市场预测

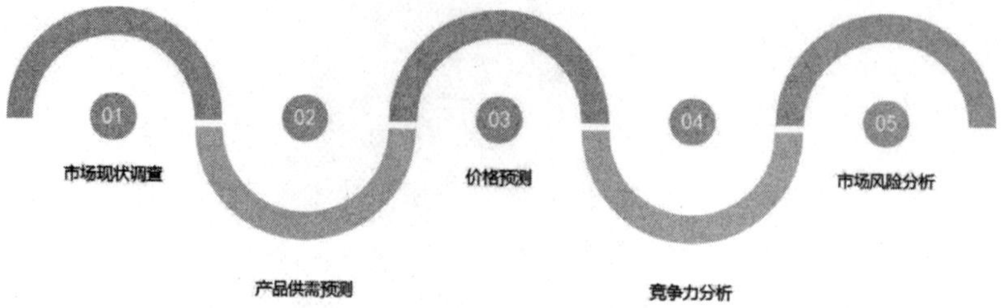

图 3-4

（1）市场现状调查；
（2）产品供应预测；
（3）价格预测；
（4）竞争力分析；
（5）市场风险分析。

3.建设规模与产品方案

（1）建设规模与产品方案的构成；
（2）建设规模与产品方案的比选；
（3）推荐的建设规模与产品方案；
（4）技术改造项目与原有设施利用情况。

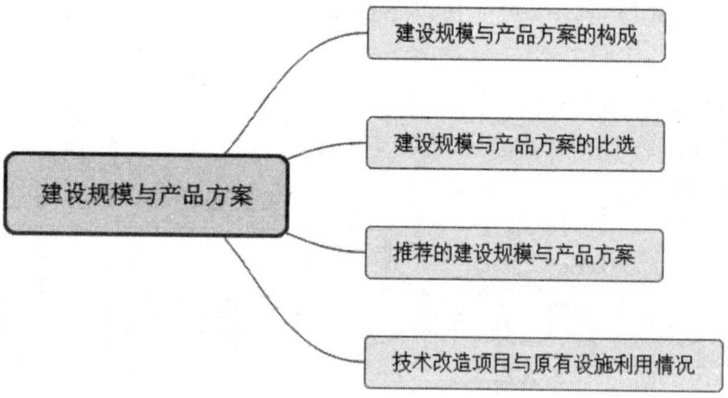

图 3-5

4.场址选择

（1）场址现状；
（2）场址方案比选；
（3）推荐的场址方案；
（4）技术改造项目现有场址的利用情况。

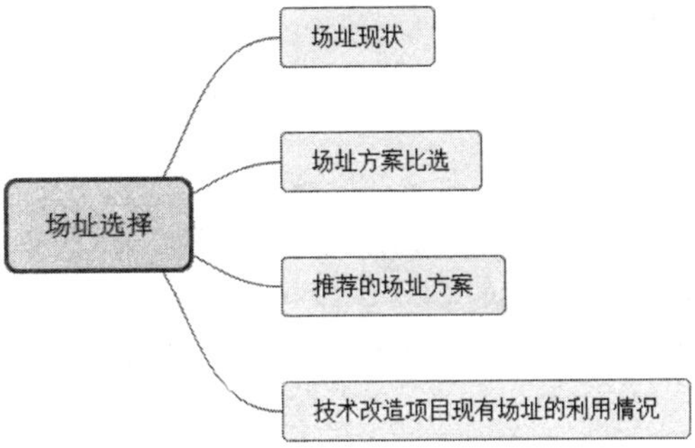

图 3-6

5.技术方案、设备方案和工程方案

（1）技术方案选择；

（2）主要设备方案选择；

（3）工程方案选择；

（4）技术改造项目改造前后的比较。

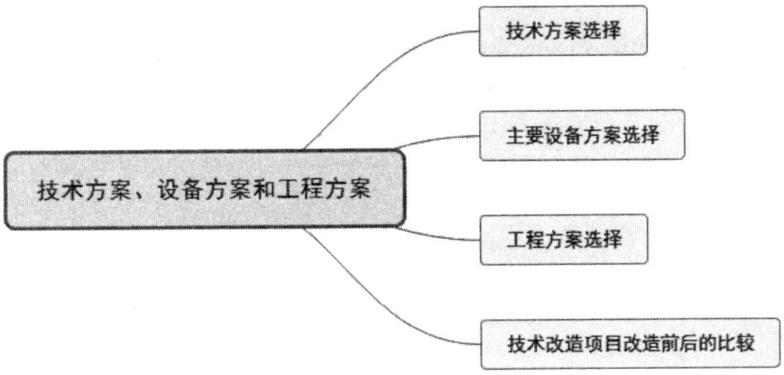

图 3-7

6.原材料燃料供应

（1）主要原材料供应方案；

（2）燃料供应方案

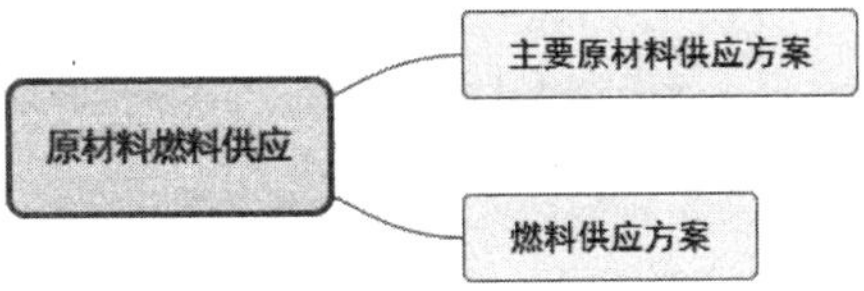

图 3-8

7.总图运输与公用辅助工程

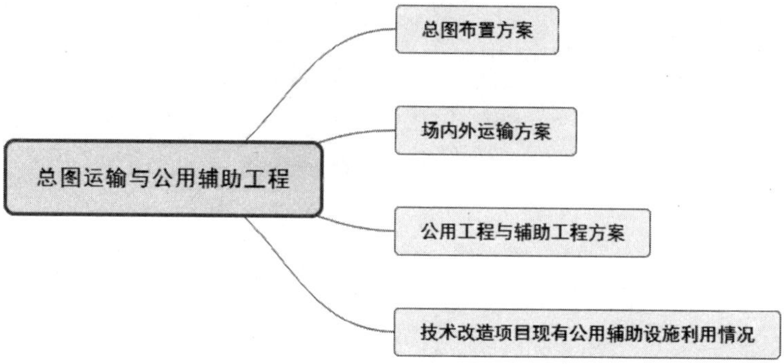

图 3-9

8.节能措施

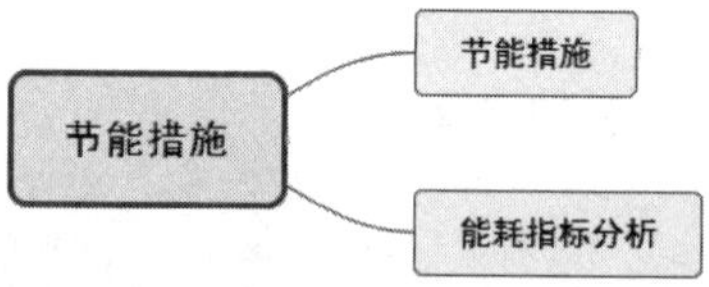

图 3-10

9.节水措施

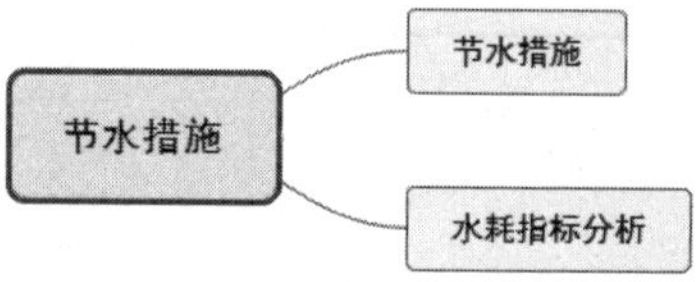

图 3-11

10.环境影响评价

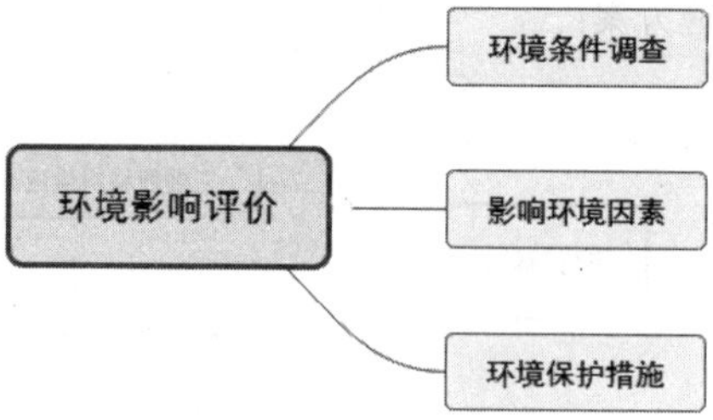

图 3-12

11.劳动安全卫生与消防

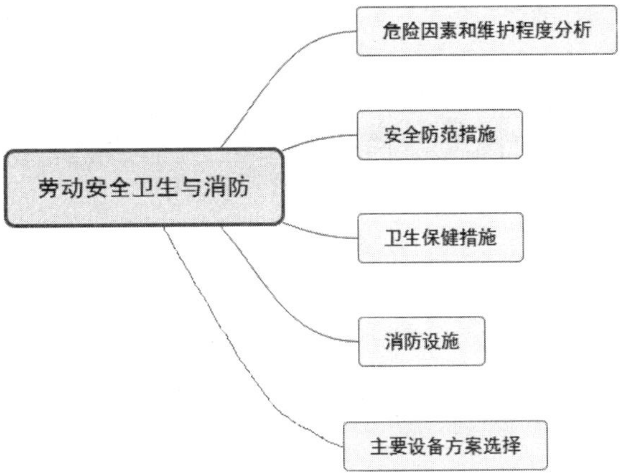

图 3-13

12.组织机构人力资源配置

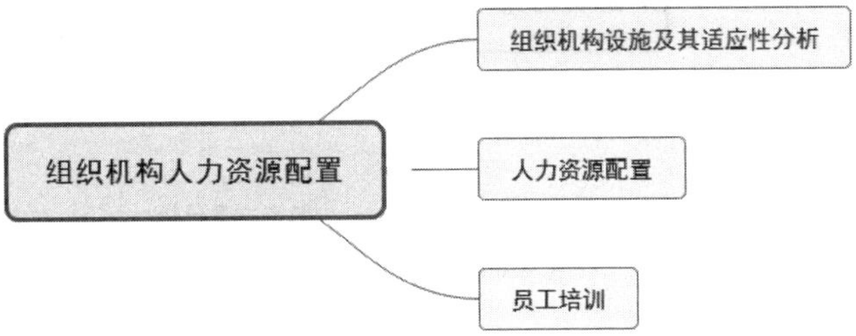

图 3-14

13.项目实施进度

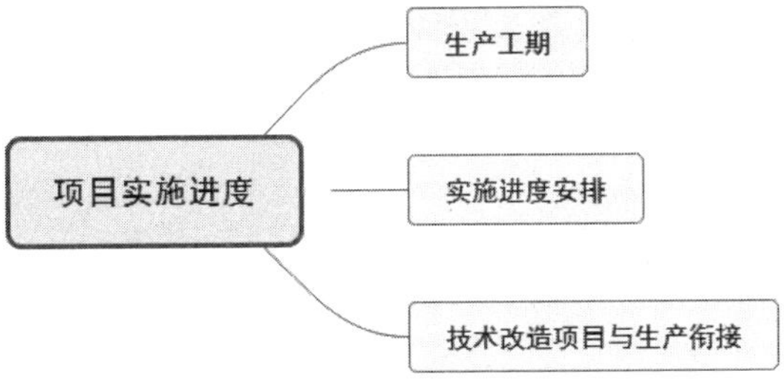

图 3-15

14.投资估算

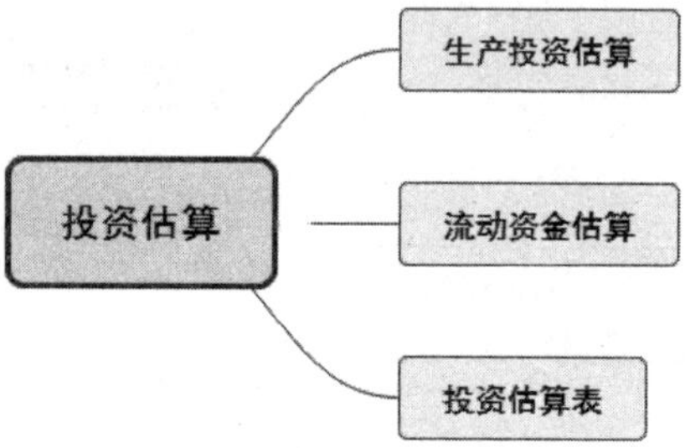

图 3-16

15.融资方案

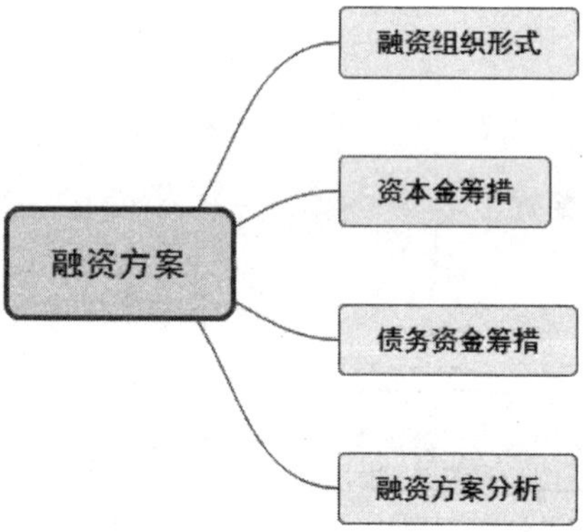

图 3-17

16.财务评价

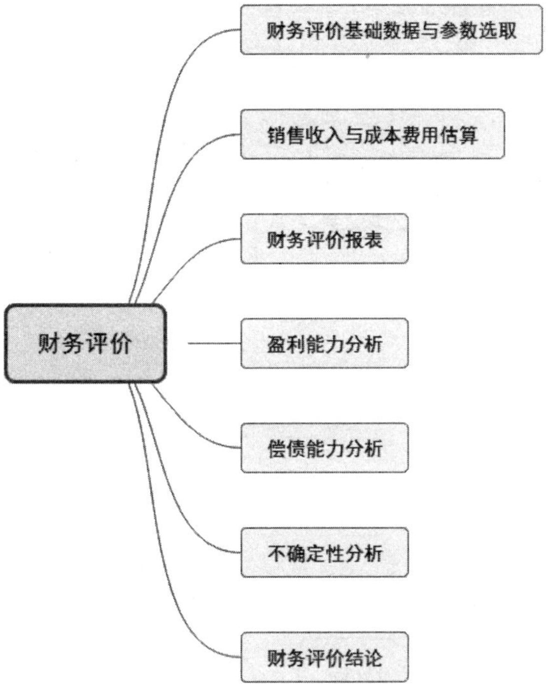

图 3-18

17.国民经济评价

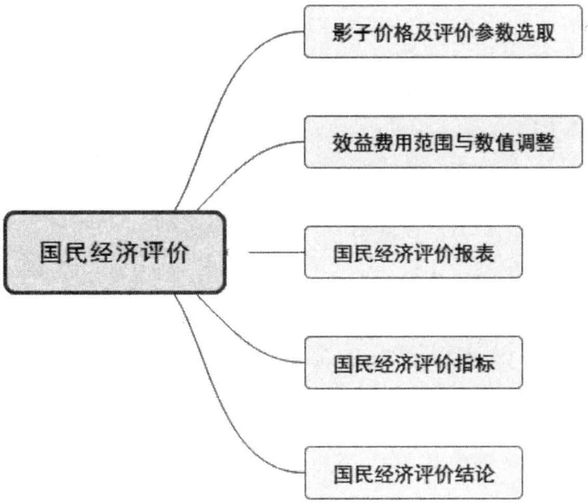

图 3-19

18.社会评价

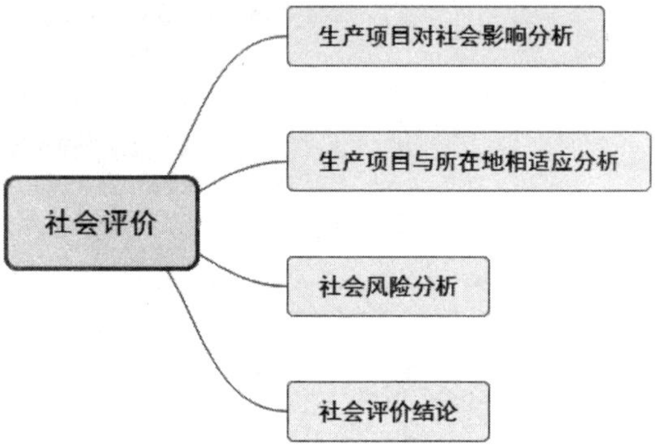

图 3-20

19.风险分析

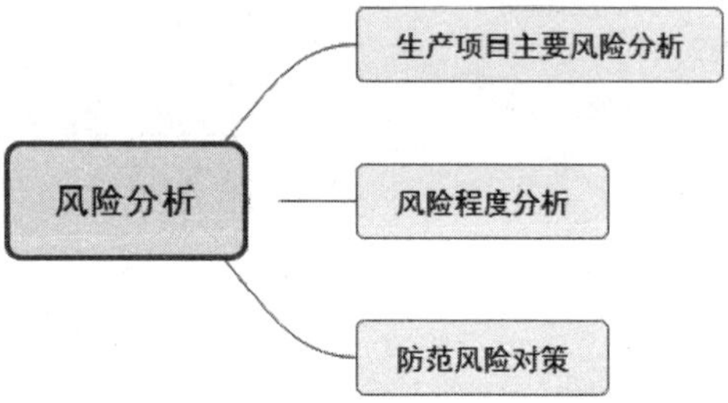

图 3-21

20.研究结论与建议

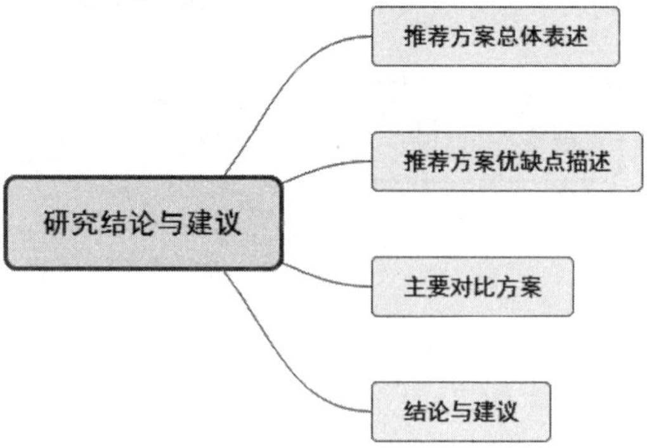

图 3-22

（五）机械制造企业项目可行性研究报告深度要求

1.机械制造企业项目可行性研究报告应能充分反映项目可行性研究工作的成果，内容齐全，结论明确，数据准确，论据充分，满足决策者定方案定项目要求。

2.机械制造企业项目可行性研究报告选用主要设备的规格、参数应能满足预订货的要求，引进技术没备的资料应能满足合同谈判的要求。

3.机械制造企业项目可行性研究报告中的重大技术、经济方案，应有两个以上方案的比选。

4.机械制造企业项目可行性研究报告中确定的主要工程技术数据，应能满足项目初步设计的要求。

5.机械制造企业项目可行性研究报告构造的融资方案，应能满足银行等金融部门信贷决策的需要。

6.机械制造企业项目可行性研究报告中应反映在可行性研究过程中出现的某些方案的重大分歧及未被采纳的理由，以供委托单位与投资者权衡利弊，进行决策。

7.机械制造企业项目可行性研究报告应附有评估、决策（审批）所必需的合同、协议、意向书、政府批件等。

（六）机械制造企业项目可行性研究报告编制单位及人员资质要求

图 3-23

可行性研究报告的质量取决于编制单位的资质和编写人员的素质。承担可行性研究报告编写单位和人员，应符合下列要求：

1.机械制造企业项目可行性研究报告编制单位应具有经国家有关部门审批登记的资质等级证明。

2.编制单位应具有承担编制可行性研究报告的能力和经验。

3.可行性研究人员应具有所从事专业的中级以上职称，并具有相关的知识技能和工作经历。

4.机械制造企业项目可行性研究报告编制单位及人员，应坚持独立、公正、科学、可靠的原则，实事求是，对提供的可行性研究报告质量负完全责任。

（七）机械制造企业项目可行性研究报告文本格式

1.机械制造企业项目可行性研究报告文本排序

（1）封面，项目名称、研究阶段、编制单位、出版年月、并加盖编制单位印章；

（2）封一，编制单位资格证书。如工程咨询资质证书、工程设计证书；

（3）封二，编制单位的项目负责人、技术管理负责人、法人代表名单；

（4）封三，编制人、校核人、审核人、审定人名单；

（5）目录；

（6）正文；

（7）附图、附表、附件；

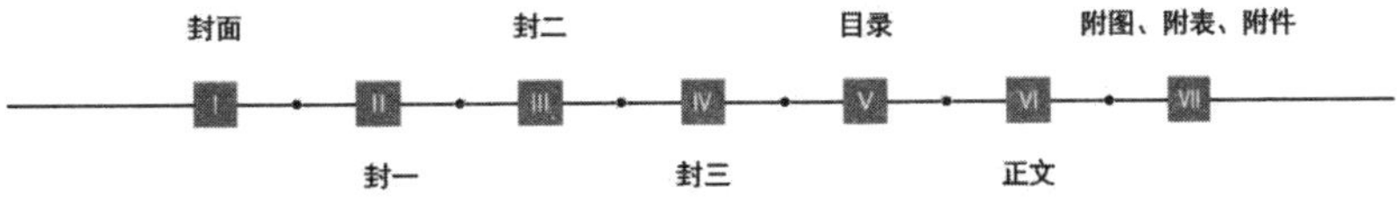

图 3-24

2.机械制造企业项目可行性研究报告文本的外形尺寸统一为 A4（210mmx297mm）。

四、机械制造企业项目经济评价

机械制造企业项目经济评价是对工程项目的经济合理性进行计算、分析、论证，并提出结论性意见的全过程，是工程项目可行性研究工作的一项重要内容，也是最终可行性研究报告的一个重要组成部分。

（一）机械制造企业机械制造企业项目经济评价的概念

目的是根据国民经济长远规划和地区、部门（或行业）规划的要求，结合产品需求预测和工程技术研究，通过计算、分析、论证和多方案比较，提出全面的评价报告，为方案决策和编制设计任务书提供可靠的依据。

（二）机械制造企业机械制造企业项目经济评价的内容

工程项目的经济评价包括企业经济评价和国民经济评价。前者是从企业的角度进行企业盈利分析，后者是从整个国民经济的角度进行国家盈利分析，根据项目对企业和对国家的贡献情况，确定项目的可行性。对涉及整个国民经济的重大项目和严重影响国计民生的项目，对稀缺资源开发和利用的项目，对涉及产品或原料、燃料进出口或代替进出口的项目，以及产品和原料价格明显不合理的项目等，除进行企业经济评价外，必须进行详细的国民经济评价。当两者有矛盾时，项目的取舍将取决于国民经济评价。

（三）机械制造企业机械制造企业项目经济评价的指标和计算方法

企业经济评价是机械制造企业项目经济评价的主要组成部分。它从企业角度按现行价格及企业基准收益率进行计算、分析及评价工程项目的投资经济效果，一般采用企业内部收益率及投资回收期作为主要评价指标。

五、机械制造企业项目社会评价

机械制造企业产品研发项目的成功是企业赖以生存和发展的关键，高水平的项目管理是辅助企业提供产品研发项目成功率的重要途径。为了保证这一途径的高效性，就迫使企业不断地对产品研发项目的管理工作进行系统全面的分析评价，以便企业准确定位出自身项目管理的实际水平以及项目管理中的亮点部分和欠缺之处，促使企业的项目管理改进做到有的放矢，从而达到不断提高企业项目管理水平的目的。如何准确地度量出机械制造企业项目社会评价，是机械制造企业目前需要解决的问题。

（一）机械制造企业项目社会评价的概念

机械制造企业项目社会评价是指分析投资项目对实现社会目标方面的贡献的一种方法。社会目标包括经济增长目标和收入的公平分配等。经济增长是指国民收入的增长。机械制造企业项目社会评价以经济增长为目标，即是追求国民收入的最大化。收入的公平分配是指项目所产生的国民收入在时间和空间上实现合理的分配。时间上的分配是指在现在和将来之间的分配，即在目前消费和积累再投资之间的分配；空间上的分配是指在各收入阶层和各地区之间的分配。

机械制造企业项目社会评价旨在系统调查和预测拟建项目的建设、运营产生的社会影响与社会效益，分析项目所在地区的社会环境对项目的适应性和可接受程度，通过分析项目涉及的各种社会因素，评价项目的社会可行性，提出项目与当地社会协调关系，规避社会风险，促进项目顺利实施，保持社会稳定的方案。

（二）机械制造企业项目社会评价的内容

进行机械制造企业项目社会评价有利于国民经济发展目标与社会发展目标协调一致，防止单纯追求项目的财务效益；有利于项目与所在地区利益协调一致，减少社会矛盾和纠纷，防止可能产生不利的社会影响和后果，促进社会稳定；有利于避免或减少项目建设和运营的社会风险，提高投资效益。

（三）机械制造企业项目社会评价主要内容

1.社会影响分析

项目的社会影响分析旨在分析预测项目可能产生的正面影响（通常称为社会效益）和负面影响。

2.互适性分析

主要是分析预测项目能否为当地的社会环境、人文条件所接纳，以及当地政府、居民支持项目存在于发展的程度，考察项目与当地社会环境的相互适合关系。

3.社会风险分析

对可能影响项目的各种社会因素进行识别和排序，选择影响面大、持续时间长，并容易导致较大矛盾的社会因素进行预测，分析可能出现这种风险的社会环境和条件。

六、机械制造企业项目环境影响评价

环境是指影响人类生存和发展的各种天然的和经过人工改造的自然因素的总体，包括大气、水、海洋、土地、矿藏、森林、草原、野生生物、自然遗迹、人文遗迹、自然保护区、风景名胜区、城市和乡村等。环境有自然环境和社会环境之分。自然环境是社会环境的基础，社会环境又是自然环境的发展。

（一）机械制造企业项目机械制造企业项目环境影响评价的特性

1.整体性与区域性

（1）整体性是各环境要素或环境各组成部分之间因有其相互确定的数量与空间位置并以特定的相互作用而构成具有特定结构和功能的系统。对待环境问题不能用孤立的观点机械制造企业项目环境影响评价时不能以单因素的影响作为评价的依据。

（2）区域性是环境因地理位置的不同或空间范围的差异会有不同的特性。研究环境问题必须注意其区域差异造成的差别和特殊。

2.变动性与稳定性

（1）变动性是在自然的、人为的，或两者共同的作用下。环境内部结构和外在状态始终处于不断变化之中。

（2）稳定性是环境系统具有一定的自我调节功能的特性。环境组成越复杂，承受干扰的限度越大，稳定性越强。

3.资源性与价值性

资源性是环境为人类生存和发展提供了必需的资源存在和发展的空间、必需的物质和能量。物质性方面包括空气资源、生物资源、矿产资源、淡水资源、海洋资源、土地资源、森林资源等。非物质性方面包括美好的景观、广阔的空间等。

价值性是环境具有资源性，也就具有价值性。环境对于人类及人类社会的发展具有不可估量的价值。人类社会的发展。必须以环境为依托环境的破坏必然导致发展受阻，而良好的环境条件是社会经济良好发展的必要条件。

（二）机械制造企业项目机械制造企业项目环境影响评价的过程

机械制造企业项目环境影响评价是指对拟议中的建设项目、区域开发计划和国家政策实施后可能对环境产生的影响后果进行的系统性识别、预测和评估。机械制造企业项目环境影响评价的根本目的是鼓励在规划和决策中考虑环境因素，最终达到更具环境相容性的人类活动。

机械制造企业项目环境影响评价的过程包括一系列的步骤，这些步骤按顺序进行。在实际工作中，机械制造企业项目环境影响评价的工作过程可以不同，而且各步骤的顺序也可变化。

一种理想的机械制造企业项目环境影响评价过程，应该能够满足以下条件：

1.基本上适应所有可能对环境造成显著影响的项目，并能够对所有可能的显著影响做出识别和评估；

2.对各种替代方案（包括项目不建设或地区不开发的情况）、管理技术、减缓措施进行比较；

3.生成清楚的环境影响报告书（EIS），以使专家和非专家都能了解可能影响的特征及其重要性；

4.包括广泛的公众参与和严格的行政审查程序；

5.及时、清晰的结论，以便为决策提供信息。

机械制造企业项目环境影响评价分：环境质量评价、环境影响预测与评价、环境影响后评价

机械制造企业项目环境影响评价的功能：判断功能、预测功能、选择功能与导向功能。

七、机械制造企业项目综合评价

机械制造企业项目综合评价，对技术方案在经济计算和效果评价的基础上进行的全面论证。通常采用多目标决策方法，如评分法、指数法和综合评价方法，主要是综述项目实施方案的国民经济效果。

（一）机械制造企业项目综合评价的内容

1.综述项目研究过程中重大方案的选择和推荐意见；

2.综述项目实施方案的企业经济效果；

3.综述项目实施方案的国民经济效果；

4.综述不确定性因素对项目经济效果的影响及风险程度；

5.综述项目非经济各方面效果；

6.项目评价中存在的问题及建议。

（二）机械制造企业项目综合评价的影响

机械制造企业项目综合评价中关于政治、国防、社会、技术、经济、环境生态和自然资源七个方面效果，应根据项目特点及具体情况确定分析内容，一般包括：

1.对提高人民物质文化生活水平及社会福利的影响；

2.提高产品质量对用户的影响；

3.对节约及合理利用国家资源（如土地、矿产等）的影响；

4.对节约能源的影响；

5.对节约劳力或提供就业机会的影响；

6.对环境保护和生态平衡的影响；

7.对发展地区经济或部门经济的影响；

8.对减少进口、节约外汇和增加出口、创造外汇的影响；

9.对提高国家、地区和部门科学技术水平的影响；

10.对远景发展的影响；对国防和工业布局的影响；对政治的影响等。

（三）机械制造企业项目综合评价的方法

通常采用多目标决策方法，如评分法、指数法和综合评价方法。

1.评分法

评分法是对评价项目按照规定的标准等级和计分规则评定分数，以此作为评价和优选的

根据。

基本程序是：选定评价项目；制订评价标准、对各评价项目进行评分；归纳汇总、得出结论。综合评价法有加法、乘法、加乘混合法、除法和最小二乘法。

2.指数法

利用综合指数的计算形式，定量的对某现象进行综合评价的方法。

3.综合评价方法

建立在专家评价法基础上，根据评价目的及评价对象的特征选定必要的评价指标，逐个指标订出等级，每个等级的标准用分值表示，然后以恰当的方式确定各评价指标的权数，并选定累积总分的方案以及综合评价等级的总分值范围，以此为准则，对评级对象进行分析和评价，以决定优劣取舍的综合评价方法。

第三节　机械制造企业项目评估与决策

机械制造企业项目评估与决策是专门为人们在进行各种项目或事情的论证与评估中所使用的原理、程序、方法和工具的总称。

一、机械制造企业项目评估

机械制造企业项目评估就是在项目实施活动过程中所开展的一系列分析与评价活动。

（一）机械制造企业项目评估的概念和分类

项目评估，简单地说就是对项目的审查和估价。

1.机械制造企业项目评估的概念

机械制造企业项目评估就是由建设项目主管部门或贷款机构依据国家、行业和部门的有关政策、规划、法规及参数，对上报的建设项目可行性研究报告进行全面的审查和估价，即对拟建中的建设项目的必要性、可行性、合理性及效益、费用进行的再评价过程。

2.机械制造企业项目评估的分类

（1）工程项目评估

通常意义的机械制造企业项目评估，指的是项目审批单位在审批项目前对拟建项目可行性研究所做的再分析、再评估。

（2）贷款项目评估

贷款银行对项目单位的资信情况、项目建设的必要性、技术的合理性、财务效益和国民经济效益进行分析评价。

（3）项目后评价

项目后评价是指对已经完成的项目（或规划）的目的、执行过程、效益、作用和影响所进行的系统、客观的分析，它是对已经完成的项目进行分析和价值评定的一种活动。项目后评价通过对项目的实施过程、结果及其影响进行调查研究和全面系统回顾，与项目决策时确定的目标以及技术、经济、环境、社会指标进行对比，确定项目预期的目标是否达到，项目或规划是否合理有效，项目的主要效益指标是否实现；通过分析评价找出成败的原因，总结经验教训；并通过及时、有效的信息反馈，为提高未来新项目的决策水平和管理水平提供基础；同时，后评价也可为项目实施运营中出现的问题提出改进建议，从而达到提高投资效益的目的。

（二）机械制造企业项目评估的原则、依据和主要内容

项目是人类社会特有的一种为创造特定的产品和服务而开展的一次性努力。机械制造企业项目评估的原则、依据和主要内容包括：

1.机械制造企业项目评估的原则

（1）考察因素的系统性

（2）实施方案的最优性

（3）选择指标的统一性

（4）选择数据的正确性

（5）分析方法的科学性

2.机械制造企业项目评估的依据

在现阶段，可作为项目评估主要依据的有：

（1）国家制订和颁布的经济发展战略、产业政策及投资政策；

（2）项目所在地区域的经济发展规划和城市建设规划；

（3）项目所在地的区域经济性质资源：地形、地质、水文、气象及基础设施等基础资料；

（4）有关部门颁布的工程技术标准和环境保护标准；

（5）有关部门制订和颁布的项目评估规范及参数；

（6）原国家计委和建设部发布的《建设项目经济评价方法与参数》；

（7）项目可行性研究报告和规划方案；

（8）各有关部门的批复文件，如项目建议书、项目可行性研究报告的批复；

（9）投资协议、合同和章程等；

（10）其他有关信息资料。

3.机械制造企业项目评估的主要内容

项目评估内容，项目评估的工作范围主要包括：

（1）企业和项目概况评估。依据对企业和项目的调查资料，结合可行性研究报告进行。可以初步明确拟建项目的背景和目的以及建设条件是否具备，为进一步全面分析做准备。

（2）市场及规模评估。对可行性研究报告中的市场调查和预测进行审查分析，并根据产品销路及原材料、能源供应情况，结合生产规模经济等反复比较，评估项目规模。

（3）技术和设计评估。通过可行性研究报告有关内容的审查分析，明确拟建项目技术的先进性和可行性。

（4）基本数据的预测和分析。测定项目的总投资和分年投资，预测投产后各年的生产成本、销售收入和利润，以及还本付息等数据，为经济效益分析提供资料。

（5）企业经济效益评估。从企业财务角度判断拟建项目是否可行。

（6）国民经济效益评估。从国民经济角度判断拟建项目是否可行。

（7）总评估。综合以上六个方面的审查分析，对拟建项目建设的必要性以及技术上、财务上、经济上的可行性和存在问题做出总评价，提出是否可行的结论意见，作为项目决策的重要依据。

（三）生产项目评估的程序

项目评估程序是对投资项目进行评估时所采取的步骤和工作顺序。

1.建立评估小组。小型项目的评估工作，一般可指定专人负责。大中型项目则应组建专门的评估小组，要有经济师、工程师、会计师等专业人员参加，并指定其中一人担任项目评估负责人。

2.制订评估计划。一般要包括评估目的、评估方法、评估进度等。

3.开展调查研究。通过调查研究将可行性研究报告中的有关基础数据资料加以核实、分

析研究、汇总归类，以供审查分析和编制各种图表之用。

4.审查分析。按照项目评估的内容和要求，进行全面审查分析，得出数据，加以综合判断。要尊重核实的各种资料，要从长远观点预测各因素之间的相互依存关系以及其变化对项目所产生的影响。

5.编写评估报告。根据审查分析和评估结果，编写评估报告，提出对项目的评估结论。

（四）生产项目评估的作用和意义

对机械制造企业项目进行咨询评估是落实科学发展观的具体实践，其作用归纳起来主要有以下几点：

1.提高投资项目决策水平咨询评估的主要目的之一是为项目投资决策提供依据。

按照“谁投资、谁决策、谁收益、谁承担风险”的原则，决策一旦失误，将追究责任，并承担风险。因此，投资决策水平是项目成功与否的重要前提。通过评估，对业主、选址、规模、方案、土地、环保、资金等各个环节加以深化研究，从而提高投资部门对项目决策的科学化水平，为投资管理部门审批项目提供决策参考。

2.提高投资效益一般的生产投资项目所用的资金为国家或地方财政的资金，从根本上说是纳税人的钱，所以涉及到社会公众的切身利益，更容易受到社会各界的关注。因此，投资项目一定要具有严格的审批制度。项目评估是项目审批环节的重要组成部分，核心目的就是为了管好用好纳税人的钱，提高财政性投资资金的使用效益，避免决策失误带来的损失。

3.提高项目前期工作效率

按照现行的投资项目审批程序，前期工作要经过项目建议书、可行性研究报告、初步设计等环节，而在任何环节出现问题，都会造成后面工作的被动，进而影响到整个项目的进度。如果项目概算超过投资估算的10%以上，则该可行性研究报告应当重新报批。这就要求调研阶段的投资估算要比较准确，否则就要返工，这样不仅会延长项目前期的工作周期，也在一定程度上造成人力、物力资源的浪费。而通过项目评估，在项目建议书、可行性研究报告等阶段就核实投资等相关内容，避免重复的返工，从而大大提高项目前期工作的效率。项目评估是一项严谨且技术性很强的系统性工作。评估的主要任务是根据其内部规律确定项目的价值、质量和可行性。这种规律性通常反映在市场供求预测、建设方案和生产建设条件以及财务与经济评价等方面。它要求在可行性研究的基础上，从企业、国家或全社会的角度对拟建项目的计划和方案进行全面的技术、经济论证与评价。这种论证和评价力求客观准确地将与项目执行有关的资源、技术、市场、财务、经济、社会等方面的基本数据资料与实况进行完整的汇集与评价，以便决策层做出实事求是的、科学的决策。因此，项目评估是一次对投资项目进行科学的审查，它强调从长远和客观的角度对可行性研究进行论证并做出最后的决策。

项目评估的作用还体现在：它是政府、金融机构或生产单位等投资主体进行项目投资决策的重要基础与依据；是保证重点项目及大中型企业技术改造项目投资决策成功的关键措施；是提高投资项目经济效益的重要手段；也是控制经济规模、落实宏观调控的措施之一；还是促进投资体制改革走向决策科学化、民主化管理的有力措施。作为一个咨询评估机构，通过机械制造企业项目的评估，对项目的建设规模、工艺流程、投资估算等主要内容进行优化，使项目的规模更加合理，投资更加准确，用地更加节省，环保更加得力，从而可以取得良好的评估效果。

二、机械制造企业项目决策

（一）项目的目标与投资决策的任务

投资决策是任务："三定"，定项目、定建设方案、定建设时序。

表 3-4

项目目标	宏观目标	对国家、地区、部门或行业的积极影响	
	具体	效益目标	经济、社会、环境效益
		规模目标	建设规模
		功能目标	项目功能定位
		市场目标	目标市场及市场占有份额

（二）项目决策程序与责任

项目决策程序分为八类：审批制、核准制、备案制、PPP、投资补助和贴息项目、国外贷款项目、外商投资项目、境外投资项目。

决策责任：政府投资主管部门、项目（法人）单位、咨询机构、政府职能部门、金融机构。

（三）项目前期策划的任务

1.分析必要性，符合市场需求的产品（服务）方案和建设规模；

2.分析可能性，项目运营发展所必须的条件；

3.比较方案；

4.估算投资和费用，计算盈利能力和偿债能力；

5.从经济、社会、资源及环境角度，分析外部影响；

6.分析风险，提出防范和降低风险的措施；

7.归纳总结，提出实现程度，判别项目建设的必要性和技术经济的可行性；

8.提出建议。

（四）项目策划的组织与质量保证

策划的组织：确定工作任务，组建工作小组，制订工作计划，调查收集资料，方案策划比选，方案分析评价，编写论证报告，修改完善报告。

质量保证：项目经理责任制，成果质量评审制（内部评审、外部评审），成果质量评价标准

（五）工程咨询产业创新升级

构建智库，拓展新业态，全过程服务，方法创新，互联网+，国际化。

三、机械制造企业项目启动

机械制造企业项目存在及运作于比其自身概念大得多的环境之中，所以项目的成功很重要，赖于项目在萌芽阶段的定义。而这个阶段往往取决于很多重要的因素（政治政策、法律法规、商业环境、组织运营、人际影响等）而进行缜密的论证后得出项目的目标（可行的）。

也就是说，项目启动是一个过程，它始于某个触发条件（招标、上级命令、商业机会等等），结束于在项目目标的渐进明细（量化）。

（一）机械制造企业项目发起

让项目的当事人、关系人充分认识：让项目的当事人、关系人充分认识项目建设的必要性，并承担起自己相应的义务。项目建设的必要性，并承担起自己相应的义务。发起人通常将项目委托给承约商实施。发起人通常将项目委托给承约商实施。

1.阶段工作

项目发起阶段是技术引进的实质性和决定性阶段，这期间主要需完成如下工作：

（1）正确选题。在对大的环境和企业自身条件充分认识分析后，根据国家方针政策和本企业生产技术发展的需要，确定引进项目。在确定引进项目的同时，考虑的重心应是引进能成为企业核心能力的技术项目，着眼于企业长远的发展优势。

（2）制订引进方案。进行可行性研究，在对技术引进项目进行可行性论证时，必须避免把项目的“可行性”变成“可批性”或把创新变成了盲动。在此基础上，确定引进内容、确定引进对象的选择方式、选择引进对象、确定投资计划安排以及引进后的消化、吸收、投产工作。

（3）询价谈判。包括对外联系询价、出国考察和商务谈判。

（4）签订合同。包括具体合同条款的起草、谈判及签字。

2.优化

许多公司在项目发起的应用上表现卓越。雷迪国际公司依靠各单个项目发起人授权他们的项目经理来决策，通用汽车公司倾向于由委员会发起，陆路公司和乔伊丝凯尔／胡曼纳公司则证实了对单个主管经理发起人和委员会发起人的发起培训均至关重要。

在优秀公司中，发起人的角色并不是监督项目经理，而是确保实现客户和公司的最大利益。然而，正如以下两个实例揭示的那样，主管经理的决策很少能让所有人都满意。

富兰克林工程公司（化名）拥有开发高质量创新产品的良好声誉。遗憾的是，该公司为它的声誉付出了高昂的代价：大笔的研发预算。在由研发部门发起的项目中，实现产品的完全商品化和收回研究费用的不到15%。

公司高级经理决定实施一项政策，要求所有研发项目发起人定期地对他们的项目进行成本效益分析。当一个项目的成本效益比不能达到该政策所规定的标准时，考虑到整个公司的利益，该项目就会被取消。

开始，研发人员并不乐意看到他们的项目被取消，但他们很快意识到早点取消项目比向一个很可能失败的项目投入大笔资金要好得多。最终，项目经理和小组成员达成一致：在不成功的项目上浪费资源毫无意义，应该将资源用在更成功的项目上。不到两年时间，该组织发现自己完成了更多项目，具有更高的成功率，却没有增加预算。

另外一个例子是加利福尼亚的一个设计和生产计算机设备的公司，我们就称该公司为设计方案公司（Design Solutions）吧。其研发小组和设计小组充满了天才，他们相信能够完成几乎不可能完成的工作并且有一些真的成功了。这两个强大的小组非常看不起项目经理并且憎恨进度表，因为他们认为这些进度表限制了他们的创造性。

1997 年 6 月，公司向市场推出了两种完全没有竞争的新款产品：实际上，公司本来打算在 1996 年底推出这两种产品。推迟上市的原因是：由于项目小组想越过规范要求而不是仅仅满足要求，因而项目就延迟了。

为了帮助公司今后避免类似的延迟，公司决定向每个研发项目派出主管经理发起人以确保项目小组在今后严格遵守规范。一些小组成员试图以能做得更好为借口推迟项目的完成，这时发起人威胁要开除他们，他们最终屈服了。

这两个事例的教训非常清楚。主管经理发起实际上可以提高现行的项目管理系统，以更好地服务于公司和客户的利益。

（二）机械制造企业项目的核准和立项

对于大型项目通常需要得到有关部门的核准后承约商才可以启动。到有关部门的核准后承约商才可以启动。

1.机械制造企业项目的核准

（1）项目核准机关主要根据以下条件对项目进行审核：

（2）项目申报单位凭项目核准机关的核准文件，依法办理城市规划、土地使用、资源利用、安全生产、人防、生产许可、设备进口和减免税确认等手续。

（3）项目核准文件有效期为 2 年，自发布之日起计算。项目在核准文件有效期内未开工建设的，项目单位应在核准文件有效期期满 30 日前向原项目核准机关申请延期，原项目核准机关应在核准文件有效期期满前做出是否准予延期的决定。准予延期的最长期限不得超过一年。项目在有效期内未开工建设，且未提出延期申请的，原项目核准文件自动失效，不得再作为办理有关手续的依据。

（4）经项目核准机关核准的项目，如生产规模、主要生产内容、产品技术方案、生产地点等发生变化，应及时以书面形式向原项目核准机关进行报告。原项目核准机关应根据项目调整的具体情况，出具书面确认意见或重新办理核准手续。

（5）对应向政府申报核准而未申报的项目，或者虽然申报但未经同意的项目，国土资源、城市规划、环保、安全生产监管等部门不得办理相关手续，金融机构不得发放贷款。

2.机械制造企业项目的立项

立项是机械制造企业项目领域的通用词汇。特指机械制造企业项目项目已经获得政府投资计划主管机关的行政许可（原称立项批文），是项目前期工作的一部分，又称项目可行性研究报告批复。

项目管理分为审批、核准、备案三种，其中：审批又分为项目建议书审批、可行性研究报告审批和初步设计审批。立项就是政府投资主管部门已批准了项目的可行性研究报告。

项目前期工作一般包括项目建议书、可行性研究等，完成可行性研究，标志着前期工作正式完成，并进入施工准备阶段。另外，需要注意的是，初步设计不是前期工作，其为施工准备阶段，后即可进入施工图设计和招投标阶段。

由于投资主体、投资的行业、投资规模、项目性质（盈利与非盈利等）的差异，政府有着不同的项目报批规定。按照前述要素将投资项目划分为禁止类、限制类、许可类和鼓励类等四类。除禁止类不允许生产外，其余的分别执行审批制、核准制和备案制。其立项审批所处的阶段、要求提交报批的资料、报批前应先行取得的其他行政许可各有不同。

（三）机械制造企业项目启动

就是组建项目团队，并开始执行项目具体工作。

1.启动标志

项目正式开始有两个明确的标志。一是任命项目经理、建立项目管理班子，二是下达项目许可证书。项目经理的选择和核心项目组的组建是项目启动的关键环节，强有力的领导是优秀项目管理的必要组成部分。项目经理必须领导项目成员，处理好与关键项目干系人的关系，理解项目的商业需求，准备可行的项目计划。

2.主要内容

项目启动是指成功启动一个项目的过程，项目启动最主要的目的是为了获得对项目的授权。项目启动意味着开始定义一个项目的所有参数，以及开始计划针对项目的目标和最终成果的各种管理行为：项目启动过程也是由项目团队和项目利益相关者共同参与的一个过程，在这个阶段的主要任务包括：

（1）制订项目的目标；

（2）项目的合理性说明，具体解释为什么开展本项目是解决问题或者是满足某种需求的最佳方案：

（3）项目范围的初步说明；

（4）确定项目的可交付成果；

（5）预计项目的持续时间及所需要的资源；

（6）确定高层管理者在项目中的角色和义务；

本章小结

本章综合介绍了机械制造企业项目前期论证与决策，包括机械制造企业项目市场需求调查分析、机械制造企业项目可行性研究与论证、机械制造企业项目评估与决策等知识。

练习与思考

1.影响机械制造企业项目市场需求的因素有哪些？

2.机械制造企业项目可行性研究报告的程序是什么？

3.机械制造企业项目评估内容有哪些？

案例思考

以辽宁省盘锦市为例。随着辽滨沿海经济带迅速发展以及辽宁省“五点一线”一系列配套改革政策的出台，作为邻接辽滨船舶产业基地的荣兴农场已逐步成为投资客商的首先之地。荣兴农场地处盘锦市大洼县南端，区位优越、交通便利、环境优美，是外来投资者的理想之地。伴随辽滨经济区良性发展的需要，全面协调完善产业链结构，机械加工业突显出其重要地位。大洼县荣强建筑工程有限公司项目的成立，填补了荣兴农场机械行业的空白，起到增加荣兴区域的经济效益和社会效益的作用。

那么，如何描述该项目的必要性和可行性？

第四章　机械制造企业项目计划与范围管理

第一节　机械制造企业项目计划管理

机械制造企业计划管理是项目的主计划或称为总体计划，它确定了执行、监控和结束项目的方式和方法。项目计划管理以项目管理为核心，及时分析项目可能产生的风险，更好地规避项目的风险，提高项目的投资收益率。

一、机械制造企业项目计划与计划管理

企业的生产计划是企业生产管理的依据，它对企业的生产任务做出统筹安排，规定着企业在计划期内产品生产的品种、质量、数量和进度等指标，是企业在计划期内完成生产目标的行动纲领，是企业编制其他计划的重要依据，是提高企业经济效益的重要环节。要使企业有较强的竞争能力和应变能力，且使企业的生产与市场需求相适应并能引导和开发潜在的市场需求，就必须加强企业的机械制造企业项目计划管理。

（一）机械制造企业项目计划管理的特点

市场经济条件下，机械制造企业项目计划管理的特点主要是：

1.具有“价值型”的特点

在由计划经济体制向市场经济体制转变以后，企业生产的目的也发生了变化，即由发展生产保障供给，转变为发展生产满足需求。随着经济的飞速发展，市场需求也在日益不断地向更高层次发展，不断地对企业的产品提出更高的要求。这就需要我们根据市场需求，不断地调整好产品结构，保证产品质量，增加适销对路产品的生产，增加品种生产，以使企业立于不败之地。

2.具有“宏观性”和“战略性”的特点

在市场经济条件下，满足市场需求，追求利润最大化固然非常重要，但也不能忽视企业的长期利益和社会总体利益及环境保护等问题，要把企业的综合经济效益放在一个重要位置，不能盲目崇拜市场，要结合生产、环保、人力、物力、财力的实际情况，制订出生产计划指标。

（二）机械制造企业项目计划管理的作用

生产计划对合理均衡地组织生产，提高企业经济效益有着极其重要的作用。具体说有如下几点：

1.生产计划是日常生产活动的依据，可使企业各生产环节和全体员工统一、协调动作，充分利用人力和设备，使企业各环节有组织地、系统地进行。

2.可使企业均衡的、有节奏的组织生产。均衡稳定的生产，是提高劳动生产率，保证产品质量，降低产品成本，保证安全生产的重要手段。组织均衡生产是生产计划的原则和任务，各生产环节只有按作业计划组织生产，才能使生产均衡地进行，同时编制生产计划也可以综合反映企业的技术和管理水平。

3.生产计划是联系供、产、销、运等日常工作和日常生产技术准备工作的纽带，通过它可以把企业日常生产经营活动组织起来。

4.生产计划是组织企业生产活动不断平衡的手段。企业在生产活动过程中，各部门、各

生产环节之间会经常出现新的情况、新的矛盾，即经常会打破原来建立起来的相对平衡关系。生产计划是短期计划，它可以根据这些新情况、新矛盾和新问题来安排生产环节的任务，建立起新的相对平衡关系，保证生产的顺利进行。

生产计划工作的基本任务是，通过生产计划的编制和实施，以及在计划实施过程中对生产技术的控制挖潜和充分利用企业资源，全面完成生产经营任务，并实现企业的均衡生产。

（三）机械制造企业项目计划管理的要点

经济体制改革的深入和现代企业制度的建立，对机械制造企业项目计划管理提出了更高要求。只有充分发挥机械制造企业项目计划管理的职能，才能有效地促进企业生产经营工作。在实际工作中，应着重抓好如下几项工作：

1.根据市场与计划的互补性，实现两者的有机结合

市场有助于合理配置资源，并能给经济发展以有力的刺激和推动。因为在市场竞争的条件下，企业只有锐意改革，降低成本，改善质量，增加产量，开发新技术新产品，才能在市场竞争中立于不败之地。但市场也有其弱点，它比较注重短期和局部利益，忽视长期和总体利益，而计划在一定程度上可以弥补市场的弱点。因为计划具有事前调节的主动性，它比较注重短期利益与长期利益的结合，还能迅速将现有资源用于短线产品的生产。但计划也有消极作用，如计划工作人员和决策者若素质不高、掌握的资料不全、市场信息不灵，就会使制订出的计划不切实际甚至出现错误。这就需要充分研究市场，把计划的作用与市场调节的作用有机结合起来，充分发挥市场可以及时提供信息，而不花费很大开支的优势，实现两者的有机结合，促进企业稳定发展。

2.进一步加强生产的科学管理

领导层进行的科学决策，需要通过生产来实现。因此生产的科学管理是提高企业效益的核心。要采取科学的生产计划与控制方法，使生产单位中原材料、技术设备以及人力资源达到合理配置，使生产系统中物流和能力均达到平衡。要积极借鉴一些先进的机械制造企业项目计划管理模式，逐步建立起真正适合本企业的生产计划与控制方法，进行科学的生产管理。

3.针对市场经营的特点，充分发挥综合平衡的作用

首先，要在客观条件许可范围内充分发挥主观能动性，积极协调好各方面客观因素，对综合平衡中出现的薄弱环节，要积极开展挖潜创新，使生产计划建立在可靠的基础上。其次，对在计划执行过程中出现的新问题、新的不平衡，要及时采取应变措施，不断解决新问题，不可急功近利、盲目冒进，要量力而行，统筹安排，使计划具有科学性。对产量指标、设备能力的估计要留有一定的余地，使安排的计划有一定弹性，以适应客观条件的变化，考虑生产能力，要留有超产的余地。在供应和销售方面，要留有超产后原燃材料供应和产品销路保证的余地等。

4.生产计划考核力度应进一步加强，列入生产计划的指标都要加以考核，同时应该体现在经济责任制的考核中，这样才能体现计划的严肃性，真正使机械制造企业项目计划管理落到实处。

5.生产计划的统计分析要充分利用现代化手段，加快分析速度，提高分析的广度和深度，以进一步提高生产计划的科学性，发挥生产计划在企业生产中的巨大指导作用。

二、机械制造企业项目计划编制

机械制造企业项目是根据项目本身特点，按照科学程序和方法制订计划的过程。具体可分为定义产品、确定任务、开发优先秩序图表、分配时间等步骤。常用工具是工作分解结构图、线性责任图及项目行动计划表三种。遵循的原则包括：目的性、系统性、动态性、职能性、完整性、相对稳定性。用于制订项目计划的方法主要为计划评审技术、甘特图、关键路

线法和里程碑系统。

（一）机械制造企业项目计划编制的依据

在机械制造企业项目计划编制过程中，需要输入的相关性文件很多，主要有以下依据：

1.相关的计划，如工作分解结构；

2.历史资料，如估算数据库、过去项目绩效的记录；

3.组织政策，即与项目相关的正式的和非正式的组织政策：

4.制约因素，即影响项目绩效的那些限制因素；

5.假设条件，即因项目存在着未知因素而建立的假设。

（二）机械制造企业项目计划编制的内容

在机械制造企业项目计划编制过程中，所提供的输出文件也很多，它们都是项目执行工作的依据，其中，最主要的计划文件有：

1.范围计划，其确定了项目所有必要的工作和活动的范围，在明确了机械制造企业项目的制约因素和假设条件的基础上，进一步明确了机械制造企业项目目标和主要可交付成果。机械制造企业项目的范围计划是将来项目执行的重要文件基础。

2.工作计划，其说明了应如何组织实施项目，研究怎样用尽可能少的资源获得最佳的效益。具体包括工作细则、工作检查及相应的措施。工作计划中最主要的工作就是项目工作分解和排序，制订出项目工作分解结构图，同时分析各工作单元之间的相互依赖关系。

3.人员管理计划，其说明了项目团队成员应该承担的各项工作任务以及各项工作之间的关系，同时制订出机械制造企业项目成员工作绩效的考核指标和方法及人员激励机制。人员管理计划通常是自上而下地进行编制，然后再自下而上地进行修改，由项目经理与项目团队成员商讨并确定。

4.资源供应计划，其明确了机械制造企业项目实施所需要的各种机器设备、能源燃料，原材料的供应及采购安排——此计划要确定所需物资的名称、质量技术标准和数量：确定物资的投入时间和设计、制造，验收时间；确定项目组织需要从外部采购的设备和物资的信息，包括所需设备和物资的名称和数量的清单，获得的时间，设备的设计、制造和验收时间，设备的进货来源等。

5.进度报告计划，其主要包括进度计划和状态报告计划。进度计划是表明项目中各项工作的开展顺序、开始及完成时间以及相互关系的计划，此计划需要在明确项目工作分解结构图中各项工作和活动的依赖关系后，而对每项工作和活动的延时做出合理估计，并安排项目执行日程，确定项目执行进度的衡量标准和调整措施，状态报告计划规定了描述项目当前进展情况的状态报告的内容、形式以及报告时间等。

6.成本计划，其确定了完成项日所需要的成本和费用，并结合进度安排，获得描述成本一时间关系的项目费用基准，并以费用基准作为度量和监控项目执行过程费用支出的主要依据和标准，从而以最低的成本达到项目目标。

7.质量计划，其是为了达到客户的期望而确定的项目质量目标、质量标准和质量方针，以及实现该目标的实施和管理过程。

8.变更控制计划，其规定了当机械制造企业项目发生偏差时，处理机械制造企业项目变更的步骤、程序，确定了实施变更的具体准则，但是项目发生的偏差性质未必完全相同，在一定的程度和范围内，是可以接受的，这时只需采取一定的纠偏措施；当超出了一定的范围之后，就可能是计划不当造成的，这时便需要按照变更控制计划规定的标准，步骤、准则对计划进行变更。

9.文件控制计划，是指对机械制造企业项目文件进行管理和维护的计划，它保证了机械制造企业项目成员能够及时、准确地获得所需文件。

10.风险应对计划，其主要是对项目中可能发生的各种不确定因素进行充分的估计，并为某些意外情况制订应急的行动方案。

11. 支持计划，即对机械制造企业项目管理的一些支持手段，包括软件支持计划、培训支持计划和行政支持计划：软件支持计划是指使用自动化工具处理项目资料的计划：培训支持计划是对机械制造企业项目团队成员进行培训的计划；行政支持计划是为机械制造企业项目主管和职能经理配备支持单位的计划。

第二节　机械制造企业项目范围管理

一、机械制造企业项目范围与范围管理

机械制造企业项目范围管理，实质上是指一种功能管理，它是对机械制造企业项目所要完成的工作范围进行管理和控制的过程和活动。

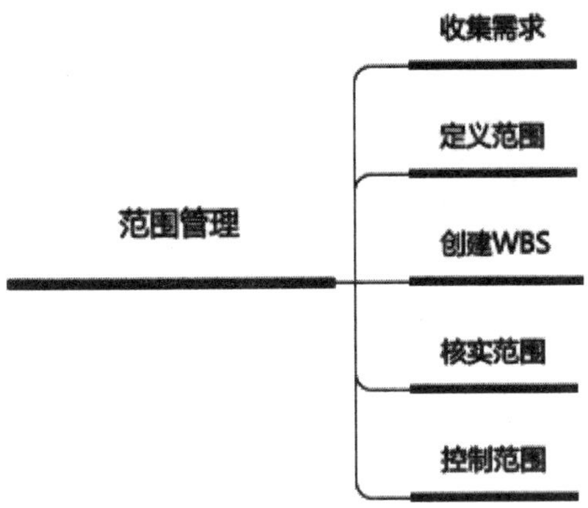

图 4-1　机械制造企业项目范围示意图

（一）为什么要管范围

项目范围不好控制，项目的范围会经常变化，所以很多人经常会抱怨"计划赶不上变化"。在实际工作中常会见到公司的产品还处于研发中，但是市场、用户、资源等各个因素都时时发生变化，甚至会出现产品上市后，产品现用户与当初设立的目标用户不同，这些因素的变化都会导致项目定位、需求、方向等要素变化。当然，项目管理不只是单纯告诉你"计划赶不上变化"这回事。

那么是不是不做计划，就不会出现"计划赶不上变化"的局面？

明白的人都清楚越是计划赶不上变化的情况下，越是要加强计划的制订，应当认清楚不做计划风险越大。那么做计划的前提基础，要先提明确项目范围，项目过程中哪些活该干，哪些不该干。如果从一开始连项目中什么该做什么不该做都搞不清楚，那么这个项目做成功的概率是非常小的。

所以项目范围管理的重要性，是在于我们在给我们的工作内容圈定范围，以保证我们的工作人员与项目相关的人，都在做这个范围内的事情，保证相关人员都在做范围内的事情，避免干了半天都在做不关项目的活，既浪费大家时间，还浪费公司资源。

项目管理的特点是目标导向非常强的一种管理模式，它本来就是临时性，就是为了短期临时去完成一个目标，只有当我们把所有的关注和资源全新投入到这个目标相关事情上面才能最快最好地完成这个目标，不要去做与目标无关的其他事情。

（二）收集需求

那么需求是从哪里来的？

常见的需求来源：

1.公司内部（老板/其他部门）

2.产品经理（策划/挖掘）

3.外部（用户/客户）

在实际工作中，根据项目章程和项目干系人的分析，我们会发现老板、相关监管部门，以及不同的职能部门的需求占大部分。

所以在收集需求过程中我们需要去收集所有干系人的需求，然后从这些需求里面其分析哪些需求是可行的哪些需求是不可行的，这是圈定项目范围的第一步。

常用的收集需求方式，定性到定量的一个过程：

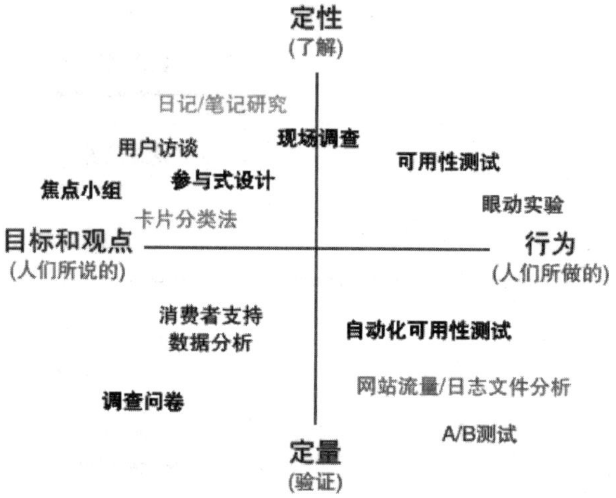

图 4-2　定性到定量的过程

二、界定机械制造企业项目范围

当把需求收集工作做好后，接下来就要去定义机械制造企业项目范围，定义机械制造企业项目范围是为了保证什么该做什么不该做。

定义范围的时候，需要对收集来的需求进行分析，哪些需求是该做、能做，哪些不能做或者后期在做，白纸黑字地记录下来，我们知道需求并不能证明最后工作量，其实需求解决的问题是我们最后要交付哪些东西。跟所有干系人确定需求列表后，就能很好地定义机械制造企业项目范围哪些工作该做，哪些工作不该做。

在定义机械制造企业项目范围过程中，要先把交付的产品弄清楚。

（一）产品结构—— 产品分解

要把整个产品拆分成子产品，每个子产品要完成哪些工作。定义产品的话相对于定义每个子产品，所以要列出产品清单。通常产品清单会由不同模块组成，产品清单并没有唯一的模板。如下图，对汽车的分解。

图 4-3　汽车结构设计

对于一个机械制造企业项目，更要定义清楚范围，讲清楚产品产出与交付是什么。

产出一个系统具体是指什么？如 CRM 系统，那什么叫 CRM 系统，系统背后是一个集合。

当把 CRM 系统交付进行分解，可能会有软件、硬件、用户说明书、培训课件教程。不同企业的 CRM 系统还会出现不一样，有的里面有销售运营报表、有的有用户清单等。所以每个点都能逐层进行分解，才不会落东西。实际中，我曾经遇到过，运营活动快上线了，才说没有预热；产品上线了，才发现缺少产品日志等等。

所以前期的产品分解，分解得越清晰，越不会落下东西。因此一开始如果不能定义好要交付的产品，后期会造成很大麻烦。

有了机械制造企业项目分解后，要与定义一份机械制造企业项目范围说明书：

1.机械制造企业项目范围描述（我们要交付哪些产品）；

2.产品验收标准（验收标准与验收人）；

3.机械制造企业项目可交付成果；

4.机械制造企业项目的除外责任（有哪些情况下，某些东西做错不负责任，如有些假设条件出现不可控的情况，负责人不担责）；

5.机械制造企业项目制约因素。

制约因素是受制于既定行为或不行为的状态、特性或感觉。可以是来自机械制造企业项目内部或外部的，会影响机械制造企业项目或过程绩效的限制因素。制约因素是已经客观存在的，往往对机械制造企业项目的范围、成本、进度、时间、资源等方面起限制与约束作用。

例如，施加于机械制造企业项目进度的、会影响进度活动时间安排的任何限制或约束的，都属于进度制约因素，一般表现为固定的强制日期。如果机械制造企业项目是根据合同实施的，那么合同条款通常也是制约因素。

就像我国汽车售后市场规模已接近 9676 亿元，但是与整车市场的快速成长不相配，还在一定程度上制约了中国汽车行业的发展，制约因素如下：市场整体质量不高、市场集中度不高、服务水平较低、行业统计数据不到位，同时外资企业扩张较快。这就是机械制造企业项目制约因素。

（二）机械制造企业项目假设条件

是一个将来概念，就是事情还没有发生，到底会出现什么情况谁都不知道。但是在机械制造企业项目管理中，你要对你现在的机械制造企业项目做出假设，假设会出现什么事情影响你的机械制造企业项目，然后提前做出准备，减低不必要的损失。就比如一个户外活动定在周六，结果周六出现暴风雨天气，那么其实在机械制造企业项目开展前就要准备好顶棚之类的东西。

三、创建工作分解结构

（一）创建工作分解结构——WBS。

我们在定义范围的时候，前期理清要交付的东西，然后明白我们需要干什么活，通过工作分解方式去了解我们要干什么活。

分解结构 WBS，不止是项目管理，在其他领域都可以使用，当大家发现一件事非常难干、不知道怎么做的时候，往往是因为大家将杂乱无章并且把无关的事情与核心工作揉在一起而导致事情难做。当大家没有理清工作顺序、思路时候，它把原来叫一个活进行分开分开，越分解对工作内容越清楚，当把工作分解到一定大小的时候，就能将工作落实到负责这工作的人身上。通过拆分成不同层面、不同颗粒度，我们就能更好地把工作管理起来。所以不用分解结构工作，是很难将项目管理起来的。

（二）什么是 WBS？

1.面向可交付成果的对项目工作的层次化分解。

2.定义项目整个范围，范围内的颗粒度越细越好，这样的话不会再产生超出范围外的需求。

3.将项目工作分解为较小的，易于管理的多项工作。管理的难度通常取决于要管理这个工作的复杂程度，拆成越小，越好管理。好比一个人管理一大堆事和一个人管理一两件事，后者肯定是比较好管理。

4.每分解下一层代表对项目更详细地定义。

分解得越细，对项目越了解。就像对某个需求，进行逐层分析，才能想到很多涉及到该需求的其他功能没有想到。所以分解得越细，越能帮我们再次去分析用户需求对实现需求的理解。

（三）常见分解维度

按阶段分解：先把项目工作按照生命周期划分成不同的阶段，再分解每个阶段要做的事情。

如打算迭代一款社交产品 V4.0 版本的开发工作，收集需求阶段＞详细设计阶段＞构建开发阶段＞整合措施阶段。每个阶段下，都有需要完成的工作。好处：可以看到哪些交付物是属于这个阶段该完成的，有利于阶段性的管控。

按成果分解：他的第一层不是以阶段维度，而是不同类型的交付物。然后为了完成某类交付物，我需要去完成哪些分解后的交付物。如我们去分解产品兼容设备，我们可以划分基础兼容设备、特殊兼容设备，细化层次的兼容设备。好处：保证了我们不会落下交付物，应为我们第一层分解的就是交付物类型。

（四）工作包

当进行 WBS 时候，我们把所有东西都分解到最底层的时候，会形成一种概念——工作包，也叫工作细目。

定义工作包的目的，是为了找到合适的人去承担完成这个工作包这一部分的职责。

什么时候称为分到底了，我们可以监控进度、估算成本和资源，那就可以打包成为一个工作包。并找到一个合适的人与承担的时候，那么这个东西就可以称为一个工作包。

（五）WBS 分解

1.WBS 分解——最基本原则

（1）100%划分原则，项目中所有工作都要进行 WBS 划分，所有项目工作都在 WBS 中提现，如后期发现有遗漏，那就没有100%划分了，就算超出项目范围外。

（2）分解到工作包水平的时候，必须要有人去承担职责，由责任人来自己决定完成工作所需要的资源等。

（3）每一层的分解不能只有一个，常见一个分解成多个才算分解，一个分解一个并不算分解。

（4）要描述合格交付物的状态，特别是产品工作包后，要清楚描述工作包的状态，让责任人能清晰理解工作包的状态。

2.WBS——最佳实践性质的原则

（1）基于可交付物和期望的状态（期望的状态指：开发阶段的状态、测试阶段的状态……）来进行分解。

（2）重点描述产出而不是动作。产出指 WBS 分解出来的每一要素最好是名词，不是动作。当我们进行 WBS 分解时候，每一层分解出来的要素都要是名词，如合同、说明书、合同的上传功能、合同审批的功能；动作：创建合同上传功能，创建合同审批的功能，创建一个业务流程的描述。为什么要重视产出，应为我们做项目重点要的是输出物，而不是动作，动作是输出物的过程，如打印照片，照片是输出物，打印是动作。有些项目经理分解出来大量的动作，如分析 XX 需求、开发 XX 软件等等，所有动作都在，但是把交付物都落下了。我们做项目重要的是动作后能得出产出。所以对于 WBS 分解也是一样，WBS 我们定义的是一个范围，如果我们定义的是一个个产出物，那么其实我们定义的目标是当我们得到某个产出才算完成。

（3）每层分解不要超过 9 个，超过 9 个难以控制，建议 3～7 个。

（4）每个要素只能指定一个负责人，尤其是在我们国家，指定给多个人那基本就是没制订人。由负责人去分配给一些配合人员。一担落到几个人身上，几个人都会觉得不是自己的事情。

（5）每层级别尽量做到 100%分解完，再分解下一层，常见的错误分解完一层后，抓住一个点深入分解下去，接着再分解其他层，这样容易出现，一条线分解完后，再分解另一条线同层级的维度会出现不同。

（六）WBS 表达形式-层次结构图和锯齿列表

1.式表达：非常直观，让大家一下就能看出层次之间关系，但是占地大。

2.形列表方式：通常不直观，但是能在一张纸里面显示出来。

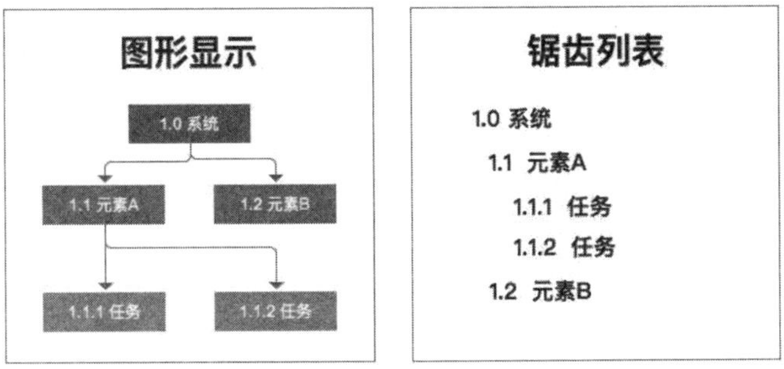

图 4-4

（七）WBS 词典

通过 WBS 把主要的交付和工作都理清时候，还需要建立 WBS 词典，WBS 词典是对每一个工作分解结构要素的工作和技术文件做详细说明，文档表格根据自己所需制订。

表 4-1　WBS 表格

03WBS表														
一、项目基本情况														
项目名称				T 客户考察公司				项目编号				T0808		
制作人				张三				审核人				李四		
项目经理				张三				制作日期				2017/1/1		
二、工作分解结构（R-负责 responsible；As-辅助 assist；I-通知 informed；Ap-审批 to approve）														
分解代码	任务名称	包含活动	工时估算	人力资源	其他资源	费用估算	工期	张三	李四	王五	赵六	吴丹	刘峰	张芳
1.1	邀请客户	提交邀请函给客户	0.5	2			1	I	AP	R	I	I	I	I
1.2		安排行程	2	3			2	R	AP	AS	I	I	I	AS
1.3		与客户确认行程安排	0.5	1			1	I	AP	R	I	I	I	I
2.1	落实资源	安排我司高层接待资源	1	2			1	R	AP	AS	I	I	I	I
2.2		安排各部门座谈人员	2	6			2	AP	I	I	AS	AS	R	I
2.3		确定总部可参观场所	0.5	4			1	AP	I	I	AS	AS	R	I

通常 WBS 词典里需要有 11 个内容：

1.解代码

一个项目的 WBS 可能分解出成千上百的项不同任务，这时候如果不编码会造成混乱。同时编码也能帮助我们标识每个分解出来的任务关系。

2.工作描述

分解出来的工作描述，如做某个功能的开发，这个开发主要实现什么功能，包括开发语言是什么、负不负责测试等。

3.负责组织

每个分解出来的任务指派给相关负责人与负责部门。

4.里程碑清单

标识几个关键的里程碑，这样我们才能知道任务进行到什么阶段，进展是快还是慢。

5.进度活动

进度需要有一个描述。

6.所需资源

所需要有哪些资源。

7.成本估算

时间成本、开发成本、金钱成本等。

8.质量要求

什么程度算完成，测试到什么程度算通过等。

9.验收标准

每个工作完成后，谁去验收、用什么方式去验收。

10.参考文献

有些活动需要参考不同文档，需要写出参考哪些文档。

11.合同信息

有些项目需要外包，还需要签署相关合同。

通过 WBS 分解后的任务活动，如果没有这些注解和解释，很容易产生各种注解和误会，不同的人对活动的注解理解是不一样的，所以产出 WBS 词典，保证每个人对注解的理解是一致的。

第三节　机械制造企业项目合同管理

一、机械制造企业项目合同与合同管理

合同是一种契约，是当事人之间依法确定、变更、终止民事权利义务关系的协议。建设工程合同是承包人进行工程建设，发包人支付价款的合同，是机械制造企业项目管理的主要内容，它是我国建筑业发展和科学管理的重要环节，是工程承发包双方实现市场交易的重要方式和依据，是提高工程建设社会效益和经济效益的法律保障和重要工具。

（一）合同在机械制造企业项目管理中的地位和作用

1.合同是机械制造企业项目管理的核心

在市场经济条件下，市场的运作需要合同。任何机械制造企业项目的实施，都是通过签订一系列的承发包合同来实现的。可以说，离开合同，就没有工程质量，也没有对进度与费用的管理，更谈不上采购、人力资源、沟通、范围、风险及综合管理。另一方面，合同的成立必须以市场为前提，没有市场谈不上合同。对市场来说，建设合同管理的重要性和必要性在于：实现建筑企业对市场的承诺，体现建筑企业的诚信，提升建筑企业的品牌和形象，使企业更牢固地立足市场，实现可持续发展。对建筑企业来说，合同管理的重要性和必要性在于：一方面使建筑企业的生产经营与市场接轨，满足市场的需要，提高建筑企业适应市场和参与市场竞争的能力；另一方面使建筑企业在履约过程中维护自身的合法权益，提高企业经济效益。由此可见，合同始终是机械制造企业项目管理的核心。

2.建设工程合同是承发包双方履行义务、享有权利的法律基础

为保证机械制造企业项目的顺利实施，通过明确承发包双方的职责、权利和义务，可以合理分摊承发包双方的责任风险，建设工程合同通常界定了承发包双方基本的权利义务关系。合同中明确约定的各项权利和义务是承发包双方的最高行为准则，是双方履行义务、享有权利的法律基础。

3.合同是处理机械制造企业项目实施过程中各种争执和纠纷的法律依据

在合同履行过程中，业主与承包商之间、不同承包商之间、承包商与分包商之间以及业主与材料供应商之间不可避免地产生各种争执与纠纷。而调解处理这些争执和纠纷的主要尺度和依据应是承发包双方在合同中事先做出的各种约定和承诺。所以，合同是处理机械制造企业项目实施过程中各种争执和纠纷的法律依据。

（二）机械制造企业项目生产阶段的合同管理

项目合同管理是指从项目合同签订后，至项目完工验收止。根据合同责任制及相关的合同管理规程对合同风险进行预测，并对合同执行的实际情况进行跟踪、对比、纠偏，进行合同变更、索赔管理，来保证合同目标的实现。

1.合同分析及交底

机械制造企业合同履行前应对合同内容、风险、重点或关键性问题，做出说明和提示，并向各职能部门人员交底，落实合同的目标，依据合同指导工程实施和项目管理工作。合同分析的重点或关键性问题是：承包人的主要合同义务；承包范围；合同价款或报酬数量、计算方法和支付条件；工期要求和顺延条件；合同变更方式、程序和责任；工程交工验收方法；争议解决方法等。

2.合同履行管理

（1）进度管理

按进度计划生产，收集非承包商原因引起的暂停生产、工期延误、发包人要求提前竣工的资料，做好工期及费用索赔。

（2）质量安全管理

按质量安全要求生产，材料及设备验收的资料，发包人提高质量标准对工期费用影响的资料投资/成本管理，按合同范围保质保量生产，保证计量支付得以正常进行，并对变更索赔进行处理。

二、机械制造企业项目责任划分

（一）机械制造企业项目责任划分的方法

项目负责制实际上是在项目管理上的责任制，即根据项目确定好项目负责人，项目负责人对项目的调研论证、立项、筹措资金、建设实施、生产经营、贷款偿还及资产的保值增值实行全过程、全权负责。

责任制的关键是建立健全领导负责制。项目负责人确定之后，在申报项目可行性研究报告时，应同时提出项目负责人及项目领导班子的组建方案，明确项目负责人的责任：即确保资金的正确投向，合理使用；确保建设工程质量，缩短建设工期；确保投资回收和按期归还贷款。同时，要给项目负责人以相应的权力：参与项目决策权，项目负责人有权组织工程设计、生产队伍和设备材料采购的招标工作，评选和确定投、中标单位。资金使用权和人事任免录用权。确定生产经营计划、企业内部机构设置、劳动定员定额方案和工资福利方案等经营决策权。

规定了职、权、责以后，要按照责任制的要求，对项目负责人在履行职责过程中表现的德、能、勤、绩进行认真考核，奖惩兑现。

（二）机械制造企业项目责任划分的管理规范

1.现场销售主管的产生

每上一个新项目之前，每一位销售员可就本项目的定位、策划、销售方式、销售员的管理提出自己的意见和建议，公司就提出的意见和建议择优选取项目主管。项目主管非终身制，并且实行考核制度，充分体现竞争、平等。

2.现场销售主管待遇

每一位项目确定了现场销售主管后，其基本工资可由原来的销售员工资调升到部门业务主管，享受现场主管津贴，另可享受销售提成。

3.现场销售主管职责

（1）严格遵守公司的规章制度，检查销售员每天的工作情况，组织现场销售工作，发现纠正销售过程中存在的不足，激发销售员销售激情，保证销售员以饱满的热情投入工作，对现场销售工作的组织、人员的管理负有责任。

（2）实行目标管理制，每一位现场销售主管上岗前需向销售经理提交一份项目销售方案及管理草案，销售经理以此并根据项目实际情况制订出本项目的销售目标，并经公司批准，作为本次对现场销售主管的考核标准（如因公司原因调整销售计划，按调整后的销售计划执行考核）。

（3）现场销售主管可根据销售经理的安排参加项目前期的准备工作，包括项目定位、项目命名、项目市调、销售政策、销售口径、销售价格等和销售过程中与广告、策划中心衔接工作。

（4）现场销售主管要根据公司的管理制度对销售员进行严格的管理，拥有对违反公司规章制度的销售员提出处罚建议的权力。

（5）妥善处理好现场的日常事务，不能处理的及时上报。

（6）将每天的销售情况（客户访谈记录、电话接听记录，回访客户记录）总结后上报销售经理，并完成每天的销售日记。

（7）安排销售员轮流值班和轮休，每周一报表报销售经理，如有变动，应提前一天通知销售经理。

（8）掌握销售进度，提出销售策略。

（9）现场销售主管绝不允许将本公司的业务转给其他公司，若确实因特殊原因需和其他公司合作，可向销售经理上报，由销售经理上报公司并由公司负责签订相关合同。

（10）维持售房处的正常销售秩序，维护售房处的整洁，接受销售经理的监督与管理。

4.项目主管奖惩

（1）若在考核期内未能达到销售经理和本人既定的目标，销售经理有权撤销该现场主管并另外选取主管。

（2）项目封盘以后，若完成公司制订的总销售任务，则以该项目总销售额的万分之二奖励现场主管。

（3）项目销售提前完成，将会作为下一个项目现场主管或销售经理的优先候选人。

（4）项目结束后，现场主管的一切权力即告终止，其工资待遇即降为销售员同级（优秀项目主管除外）。

（5）在项目进行过程中，如现场主管违反公司规章制度，视其情节轻重，可给予警告、降级、停职、开除等处分，如给公司造成名誉及经济损失，应承担相应的法律及经济责任。

（6）一个月本现场销售部销售人员违纪事件超过三次（以处罚单为准），给予该现场主管销售部内部通报批评，并处以100元罚款，一个月内本销售组销售人员违纪事件超过六件，全公司通报批评。自动解除现场主管职务，并处以300元处罚。

（7）销售部如未完成当月销售任务，销售部当月销售提成中项目系数降一档以示处罚。

本章小结

本章综合介绍了机械制造企业项目计划与范围管理，包括机械制造企业项目计划管理、机械制造企业项目范围管理、机械制造企业项目合同管理等知识。

练习与思考

1.机械制造企业项目计划编制的流程有哪些？

2.如何界定机械制造企业项目范围？

3.机械制造企业项目合同管理的作用有哪些？

案例思考

机械制造企业项目范围少了，客户不同意也不会满意，直接影响到项目的验收和交付，所以要去不断地核实范围，做到范围100%地实现了，不要多做也不要少做，想必大家都很熟悉一个成语故事：画蛇添足。这个故事形象地告诉我们，多做了那一点，客户很生气，后果很严重！

几乎所有的项目经理都曾遇到过客户要求增加范围的情况，而其中有些我们肯定在没增加项目预算的情况下执行了客户的要求。正如之前所说的，可能单纯执行客户的那额外一点的要求不会增加多少成本，但是你评估过这一点带来的潜在风险吗？另外有些情况是，开始你觉得这额外的一点不会增加多少成本，于是答应了客户，可等你做着做着就会发现，它竟然是个无底洞，甚至影响到了项目原始范围的交付！

所以，范围无小事，谨慎地对待一切范围变更。要如何合适与控制机械制造企业项目范围，项目才会成功呢？

第五章　机械制造企业项目过程与进度管理

第一节　机械制造企业项目作业过程

一、机械制造企业项目作业过程概念

机械制造企业项目作业过程是指工作事项的活动流向顺序。机械制造企业项目作业过程包括实际工作过程中的工作环节、步骤和程序。机械制造企业项目作业过程中的组织系统中各项工作之间的逻辑关系，是一种动态关系。在一个机械制造项目实施过程中，其管理工作、信息处理，以及设计工作、物资采购和生产都属于机械制造企业项目作业过程的一部分。全面了解机械制造企业项目作业过程，要用机械制造企业项目作业过程图来完成。

（一）机械制造企业项目作业的三要素

1.任务流向：指明任务的传递方向和次序。

2.任务交接：指明任务交接标准与过程。

3.推动力量：指明流程内在协调与控制机制。

（二）机械制造企业项目作业的组织

管理和规划机械制造企业项目作业过程，需要机械制造企业项目作业过程组织来完成。

1.概述

机械制造企业项目作业过程组织可反映一个组织系统中各项工作之间的逻辑关系，是一种动态关系。在一个建设工程项目实施过程中，其管理工作的流程、信息处理的流程，以及设计工作、物资采购和生产的流程组织都属于机械制造企业项目作业过程组织的范畴。

2.分类

（1）管理机械制造企业项目作业过程组织：投资、进度控制，合同管理流程，设计变更等。

（2）信息处理机械制造企业项目作业过程组织，如月度报告的数据处理。

（3）物质流程组织：钢结构深化设计机械制造企业项目作业过程、外立面生产机械制造企业项目作业过程。

注意：设计变更和设计机械制造企业项目作业过程的性质不同。

二、机械制造企业工程项目作业过程

任何一种产品或服务都必须经过一定的作业流程才能生产出来，但所生产的产品或服务的性质不同，需要采用的作业流程的类型也各不一样。我们可以将生产作业流程按生产的连续程度和批量大小划分为如下四类：

（一）单件生产

单件生产的基本特点是，所生产产品的品种多，每种产品的产量单一或很少，除个别品种不定期重复生产外，其他品种一般只生产一次。单件生产系统每次制造的产品（或每次完成的项目、每次提供的服务）都是可以单独区分开的，彼此之间相似性很小，产品标准化程

度很低。艺术家的作品就是典型的单一产品制造的例子。工厂生产的产品虽然不会像艺术品那样独一无二，但诸如兵舰船篷的建造，大型发电设备、重型机械和专用设备的制造，自动化生产线的安装，摩天大楼的建设等，都接近于生产一件单一的产品。与这种技术复杂的大件产品或“项目”生产相似，其他按顾客要求制作的小件产品，如定制服装和宣传广告，或者按顾客要求进行的汽车、家电、设备修理业务和医疗保健服务等，其每次的任务都不一样，工作的步骤和内容也各异。由于许多任务在一次完成后便不再重复，有的虽然要重复，但属不定期的，所以，单件生产的稳定性和专业化程度很低，通常只能采用通用构设备和工业装备，并要求工人具有较高的激素水平和广泛的生产知识，以适应多品种生产的需要。

单一产品生产系统是高度劳动密集型的，作业活动通常按同性质的工艺阶段来予以阻止。如，美国在二战期间以很快的速度建造船舶，争取了海战的主动权，在很大程度上就是采用了这种分阶段组织形式。这就是把工作划分为若干性质相同的阶段，按每一阶段的特殊要求召集所需的技术工人组成小组，并对工作人员进行系统的训练，使之能胜任该阶段的全部工作。由于进行了工作的专业化分工，工作人员虽然不是名副其实的造船能手，但依靠他们掌握的阶段技术和相互间的协作配合，使得造船，任务得以顺利完成。而且因为工厂能排出工作流程进度表，从而使造船周期大大缩短。从这个例子可以看出，单一产品生产系统的组织与传统的手艺行业的组织有着根本的不同。在手艺行业中，一个木匠干全部的木匠活。与之对比，现代的单一产品生产企业已基本上不再是按手艺技术而是按阶段技术来组织各项工作，尤其是那些技术复杂的工作。

（二）成批生产

成批生产系统每次生产一定数量的产品，批与批之间可以在品种上进行变换，故生产的重复性和稳定性较单件生产系统强。成批生产除了像单件生产那样，按生产阶段或“工艺专业化”原则组织外，还可以将产量较大、劳动量大的工作对象，包括产品、部件或同种零件，按“对象专业化”原则进行组织。成批生产系统可根据生产批量的大小和工艺难易程度，在部分生产系统内采用自动化、半自动化设备，专用设备和专用工艺装备，从而提高生产的机械化与自动化程度。成批生产按照生产的产量规模和重复程度，可分为小批生产、中批生产和大批生产三种类型。其中，中批生产是典型的成批生产，集中地反映了成批生产的性质和特点；小批生产接近于单件生产，但有一定的生产重复性，有一定的批量，因而部分地反映了成批生产的特点；大批生产与其他成批生产相比，具有产量较大、品种变化较少、生产稳定性和重复程度都较高等特点，因此，接近大量生产。属于成批生产的企业有机床厂、起重机厂、中小型电机厂、食品加工厂以及报刊杂志社等。以罐头生产为例，一家工厂可以加工若干种水果，这一批处理菠萝，另一批处理荔枝，再一批处理鸭梨或苹果。所有这些的制作可能都经过一个洗净、筛选、去皮、切片、调制和装罐的过程。尽管生产过程是相似的，但由于不同批次之间需要对设备进行清洗和调整，这既耗费时间和成本，也给生产进度安排增加了难度，因此，成批生产企业能处理的品种多样性总是有限的，其产品的标难化程度介于单件生产和大量生产之间。

（三）大量生产

大量生产类型的特点是，产品产量大而品种少，经常重复生产一种或少数几种类似的产品，生产的稳定性高，生产过程机械化、自动化水平也比较高，可采用高效率的专用设备和专用工艺装备，对工人的技术水平要求不高，但对操作熟练程度要求高。大量生产一般按照“对象专业化”原则加以组织，并经常采取装配线、流水生产线或自动生产线的组织形式。典型的大量生产例子如轴承厂、电子设备制造厂、家用电器生产厂和汽车厂等。

如前所述，大量生产与成批生产，就像单件生产与小批生产一样，相互间的区分界限并不那么明确，它们的生产组织在许多方面也很相似。所以，实际工作中常将间断性生产的类型划分为单件小批生产、成批生产和大批量生产三种。

对于大批量生产，按照其产品品种变化的程度，可以进一步划分为固定大批量生产和弹性大批量生产。我们知道，在单件小批生产中，其产品是专门化的，但工具和材料却都是标准化的。大批量生产除了工具、材料标准化以外，其组成产品的零件也是标准化的，而且通常由标准化的零件组装成为标准化、统一的最终产品。如最早采用装配线作业的福特汽车公司，所生产的T型汽车在品种、规格、型号、式样和颜色上都力求一致，以“无差别”的大量生产来降低产品成本。这种生产方法其实早在亨利•福特发明装配线之前就产生，如美国在1812年为其步兵制造来复枪就是一种固定大批量生产，要求制造出来的兵器完全相同，能使用同样的弹药，运用同样的擦枪技术，零件也是通用的，便于维修与更换。也许受这些知名的工业生产例子的影响，许多人都认为，大批量生产只能采取这种产品统一的固定化生产方式。

（四）连续生产

连续生产的最显著特点是，生产系统以化学式的方法长时间昼夜不停、持续不断地生产一种或少数几种产品，且其产品往往是由生产流程设计事先决定的。例如，一家炼油厂从投入原油开始到最终生产出用于各种不同用途的几种产品，整个生产流程是连续的，无法分成几个阶段或部分，且只能生产原来设计提炼的石油制品，并按原定的配比方案进行提炼。如果想得到新的提炼品或对各种提炼品比例做出重大调整，那就要改建炼油厂。这说明连续生产的流程是极为固定的，尽管其形成的最终产品可能有若干种，但都是与流程设计高度结合在一起的。其他如化肥厂、制糖厂、制药厂、乎板玻璃厂和牛奶加工厂等，其基本生产系统也都属于连续生产类型。

连续生产要求有一定的产量规模，产品的标准化程度高，生产系统属高度资本密集型，机械化、自动化水平高，资本投资大，流程设计时需要有极高的技术，且对市场的发展有准确的判断。连续生产系统无法在其生产过程中对生产量做适量调整，只有在市场需求出现大幅度变化时，通过新建或关闭生产线，才能使产量发生跳跃式的增减。同样，也只有通过改变和设计新的生产流程，才会有新产品生产出来。可以认为，连续生产是一种技术最进步，但极为缺乏弹性的生产方式。

第二节　机械制造企业项目进度计划

一、机械制造企业项目进度计划概念

机械制造企业项目进度计划是生产组织设计的关键内容，是控制工程生产进度和工程生产期限等各项生产活动的依据，进度计划是否合理，直接影响生产速度、成本和质量。因此，生产组织设计的一切工作都要以生产进度为中心来安排。

（一）机械制造企业项目进度计划的作用和任务

机械制造企业项目进度计划是生产组织设计的中心内容，它要保证建设工程按合同规定的期限交付使用。生产中的其他工作必须围绕并适应机械制造企业项目进度计划的要求安排生产。

（二）机械制造企业项目进度计划

最广为接受的生产进度记录形式是每日生产报告，它由驻地项目代表，或者如果生效的话，由承包商的质量控制代表逐日填写，即使在生产现场的某天并未开工，也应该这么做。这种报告通常会被制成多份复印件或者直接在复写纸上打印以生成必需的多份复印件。

作为工程进度记录，制作每日报告很有必要。它与工程监理人员的日志相结合，保证了两种类型的独立文档记录。在这种方式下，只限于在日志中加以记录的专有信息越多，在每

日生产进度报告中的生产进度就越真实，因为它反映的信息更广泛更完整。

（三）机械制造企业项目进度计划的种类

机械制造企业项目进度计划的种类和生产组织设计相适应，分为总进度计划和单位工程机械制造企业项目进度计划。生产总进度计划包括建设项目（企业、住宅区等）的机械制造企业项目进度计划和生产准备阶段的进度计划。它按生产工艺和建设要求，确定投产建筑群的主要和辅助的建筑物与构筑物的生产顺序、相互衔接和开竣工时间，以及生产准备工程的顺序和工期。单位工程机械制造企业项目进度计划是总进度计划有关项目生产进度的具体化，一般土建工程的生产组织设计还考虑了专业和安装工程的生产时间。

二、机械制造企业项目进度计划依据

（一）机械制造企业项目进度计划的编制原理依据

机械制造企业项目进度计划的编制原则是：从实际出发，注意生产的连续性和均衡性；按合同规定的工期要求，做到好中求快，提高竣工率；讲求综合经济效果。

机械制造企业项目进度计划的编制是按流水作业原理的网络计划方法进行的。流水作业是在分工协作和大批量生产的基础上形成的一种科学的生产组织方法。这样既保证了各生产队组工作的连续性，又使后一道工序能提前插入生产，充分利用了空间，又争取了时间，缩短了工期，使生产能快速而稳定地进行。利用网络计划方法编制机械制造企业项目进度计划则可将整个生产进程联系起来，形成一个有机的整体，反映出各项工作（工程或工序）的工艺联系和组织联系，能为管理人员提供各种有用的管理信息。

（二）机械制造企业项目进度计划的编制步骤

1.划分生产过程；

2.计算工作量；

3.确定劳动量和机械台班数量；

4.确定各生产过程的持续生产时间（天或周）；

5.编制机械制造企业项目进度计划的初始方案；

6.检查和调整机械制造企业项目进度计划初始方案。

三、机械制造企业项目进度计划方法

（一）机械制造企业项目进度计划方法

当今社会存在着各种不同的机械制造企业项目进度计划方法，在此，选择了以下三种主要的具有代表性的方法。

1.甘特图

又称横道图，由 HenryL.Gantt 在 1917 年提出的，是以他的名字命名的管理图表，这被认为是管理工作上的一次重大的革命。甘特图主要表明工作计划中各“事件”之间在时间上的相互关系，强调成本和时间在计划和控制中的重要性和作用。由于甘特图简单、直观，较多用于小型机械制造企业项目管理。但是在大型机械制造企业项目中，甘特图也是高层管理层了解全局进度和基层进度时有用的工具。

2.里程碑计划

它是一个目标计划，即表明为了达到特定的里程碑，去完成一系列的活动。里程碑计划通过创建里程碑和检验各里程碑的到达情况，来控制机械制造企业项目工作的进展和保证总目标的实现。里程碑计划一般分为管理级和活动级。里程碑的建立必须连带交付物，而这交付物必须让客户确认。里程碑计划的特点是制订时间较短，所需费用较低。

表 5-1　里程碑图

里程碑事件	一月十五日	二月二十日	五月三十日	七月一日
产品定义完成	♦			
源程序编码开始		♦		
子系统测试开始			♦	
系统联调测试完成				♦

3.网络计划技术

网络计划主要有关键线路法和计划评审方法。CPM 对各个工作加以分析，得出总的日期和关键线路，主要目的就是确认机械制造企业项目中的关键工作，保证机械制造企业项目可以如期完成。PECT 是一种双代号非确定型网络分析方法。PERT 需要工作的三个时间评估，最短时间即乐观时间，最长时间即悲观时间、最可能时间，计算期时间。它更多地应用于研究与开发机械制造企业项目，特别是过程复杂、花费时间费用较多、不可预知因素较多的，或者从未做过的新机械制造企业项目。

（二）机械制造企业项目进度计划方法的具体选择

在选择机械制造企业项目进度计划的方法时，需要考虑的因素主要有以下几项：机械制造企业项目的规模不同(很明显，小型机械制造企业项目应该采用比较简单的进度计划方法，反之则反)；机械制造企业项目的复杂程度不同（需要强调的是，规模和复杂程度不一定成正比。例如，修建一条长公路，规模虽然巨大，但是工程比较简单；但是如果研制一个精密的电子仪器，规模很小，却需要许多专业理论知识和复杂的研究步骤）；对机械制造企业项目细节掌握的程度机械制造企业项目的紧急性，有无相应的技术力量和机器设备，客户的要求，预算等。进度计划形式的选择直接影响到生产计划的有效性，机械制造企业项目进度形式主要有甘特图计划、网络计划等。因此，编制合适的进度计划，需要综合考虑以上各种因素。

四、机械制造企业项目进度计划成果

计划要起到应有的效应，就必须采取措施，使之得以顺利实施，实施主要有组织措施、技术措施、经济措施、管理措施。组织措施包括落实各层次的控制人员、具体任务和工作责任；建立进度控制的组织系统，确定事前控制、事中控制、事后控制、协调会议、集体决策等进度控制工作制度；监测计划的执行情况，分析与控制计划执行情况等。经济措施包括实现项目进度计划的资金保证措施，资源供应及时的措施，实施激励机制。技术措施包括采取加快项目进度的技术方法。管理措施包括加强合同管理、信息管理、沟通管理、资料管理等综合管理，协调参与项目的各有关单位、部门和人员之间的利益关系，使之有利于项目进展。

第三节　机械制造企业项目进度优化

一、机械制造企业项目进度优化概念

项目是指在总体上符合具有预定的目标；具有时间、资本、人力和其他限制条件；具有专门的组织等要求的唯一性的任务（计划）。机械制造项目管理作为管理科学的一个重要分支，正日益引起各个国家建设者的广泛重视，它是一种运用系统科学原理对工程建设项目进行计划、组织和控制的系统管理方法。

目前机械制造市场竞争激烈，企业众多，国营、私营并存，存在着恶意竞争，因而机械制造企业、项目经理部在工程建设中的工期压力往往是很大的，也就是说为了按合同工期完成生产任务，考虑生产重点往往是工期如何保证，对于成本也只是在投标时简单地估算一下报价和工程结束后进行一下收支对比，而且由于各种原因工程结算的滞后和拖欠款等，使得工程结束也很难及时做出准确的成本分析。因而对于质量、成本的控制往往停留在口号上，无合适的方法、手段制订详细的能指导生产的质量、成本计划并在生产过程中进行控制的。

而在机械制造管理中，进度控制一般有如下步骤：项目描述；项目分解；工作描述；工作责任分配表制订；工作先后关系确定；绘制网络图；工作时间估计；进度安排。我们会按照不同的机械制造的特点，如项目的规模大小、项目的复杂程度、项目的紧急性、对项目细节掌握的程度、总进度是否由一两项关键事项所决定、有无相应的技术力量和设备等要素，来选用进度管理的方法，如关键日期法、甘特图法、关键路线法、计划评审技术。

在制订了进度计划，以及采取一些方法来控制进度后，事实上，对于进度的优化也是非常关键的。在机械制造实施实践中，项目管理人员需要根据生产合同满足工期和质量要求，同时又要满足企业成本控制要求。在市场激烈竞争中由于业主要求尽快见到产出效益，因而所签订的工期除很短之外，往往附上项目延期罚款的条款，且在实际项目建设中，由于事前估计的偏差项目的内部或外部环境的变化，通常很难保证规定的项目目标全按计划实现，常常会出现对原定目标值的正负偏差，这就需要项目管理人员根据实际情况充分考虑质量、成本后采取有效的措施进行纠偏。

二、机械制造企业项目进度优化依据

机械制造企业项目进度优化大多依据工程契约、成本、品质、资源等方面的需求，在项目进行过程中持续地加以科学的改进、调整，一直到项目完工验收且交付运用截止。从这可以知道，进度管理是项目管控的主要组成部分。项目进度管理指的是项目的目标、建设时间、投入资金和品质有效融合的总体，另外还包含项目实体、资源的科学配备。经过检查方案实施状况，剖析导致进度方案产生差异的因素，对影响要素加以剖析和评定，且整体使用多种方式，采用科学的改进举措，在均衡投资、质量的同时，把生产时间管控在恰当范畴，且持续加以健全，以提早达成项目目标。

三、机械制造企业项目进度优化方法

（一）时间优化

初始网络计划图的关键路线长度，如果小于或大于规定的完工期限，应对网络图进行调整，即对网络图进行时间优化。当关键路线的长度小于规定的工期时，意味着各工序的机动时间还可以增加，它可用来增加某些关键工序的延续时间，从而可使资源需要量的峰值降低，并减少单位时间资源需要的强度，以降低工程费用。

比较常见的情况是关键路线的长度大于规定的期限，所以时间优化的主要方向是缩短处于关键路线上各工序的完工时间，其主要措施有：

1.采取组织措施增加关键工序的人力、物力投入。如改一班作业为二班或三班作业，改单机作业为多机作业，采取适当的技术组织措施、提高效率。

2.采用新设备、新工艺，提高效率。

3.在关键工序上采用平行作业和交叉作业。

4.在非关键路线的一些有机动时间的工序中挖潜，从其中抽出一些人力、物力支援关键工序，这样既可使关键工序提前完工，又不会影响本工序的按时完工。在缩短关键路线的总工期时，非关键路线可能上升为关键路线。所以在调整时也要注意非关键路线的时差，注意是否有新的关键路线出现。

在采取各种措施缩短工期的过程中，可能出现几种都满足规定工期的不同方案，这时应通过技术经济比较来选优。如果采取各种措施后，新得到的工期仍然大于规定的期限，则应报请上级有关机构，要求合理地改动规定的期限，并根据实际情况提出关于合理工期的建议。

（二）时间—资源优化

在进行初始网络图的时间优化时，往往是从完成项目所需要的资源不受限制这一条件出发的。但实践中的项目很多都不能满足这一条件：

不受人力、设备、动力、材料、资金等条件限制的大型项目是不存在的，很多情况下由于资源不能满足“峰值”的需要而不得不使某些工序推迟；

初始工序流线图所需要的各种资源在时间上的分布往往极不均匀，因而给项目的进行造成困难，并增加成本，所以要对网络图进行时间——资源优化。

优化的方法是利用非关键工序上的单时差，延长某些工序的操作时间，或在其单时差范围内前后移动其开工和完工时间，使其劳动力的需要量连续、均衡。另外，也可采用横道网络图方法经“削峰补谷”法平衡资源。

（三）时间—成本优化

实施任何一个项目都要注意经济效果，既要使项目在规定的期限内完成，又要使其成本最低，这就是时间成本——优化问题。

一般来说，完成整个项目的总费用是由直接费用和间接费用两部分组成的。通常为了使工期比正常工期缩短，总要采取一些技术上或组织上的措施，如采用新技术、新工艺，增加设备和人员等。所以当工期比正常工期缩短时，其直接费用是要增加的，而间接费用却随着工期的缩短而减少。

在研究缩短哪些工序的工期最有利时，应选择那些既能缩短总工期又不使直接费用增加太多的工序，因此，所选择的最有利工序首先是关键工序，其次是选择那些线性增长系数 e 值最小的工序，这样可使直接费用增加最少。项目的总费用是由直接费用和间接费用两个部分组成的，因此要求最优工期，还必须考虑间接费用，通常间接费用和工期成正比增加，即成线性关系。

四、机械制造企业项目进度优化结果

一个项目往往是由若干个相对独立的任务链条组成的，各链条之间的协作配合直接关系到整个项目的进度，利用系统、网络化的管理方法及项目管理软件进度猫的配合，可以优化整个项目的进度计划。

（一）公司与各供应商的项目进度统一，将保证项目的进度

大多数企业对企业内部的项目团队有较强的管理，很难保证外协企业的项目进度，这就需要企业在与供应商谈判时就强化他们的进度意识，将项目的进度写进合同，或作为附件与合同具有同等效用。

（二）监控关键环节，实现动态平衡

项目的进度管理并不是一个静态的过程，项目的实施与项目的计划也是互动的，在项目进度的管理过程中，需要不断调度、协调，保证项目的均衡发展，实现项目整体的动态平衡。

（三）明确每个成员的责任

对于项目中相对独立的任务组采用任务划分的方式，设立子项目，即定任务、定人员、

定目标，进一步明确责任，确保关键任务的进度。

第四节　机械制造企业项目进度控制

一、机械制造企业项目进度控制概念

项目是一个特殊的将会被完成的有限任务，它是在一定时间范围内，满足一系列特定目标的多项相关工作的总称。进度控制管理是采用科学合理的方法确定进度目标，编制进度计划和资源供应计划，进行进度控制，在与各要素相互协调的基础上，实现工期目标。但是由于进度计划实施过程中虽然目标明确，而资源有限，不确定因素较多，干扰因素较多，这些因素有客观的、主观的，由于主客观条件的不断变化，计划也随之改变，因此，在项目生产过程中必须不断掌握计划的实施状况，并把实际情况与计划相互对比分析，必要时采取相应有效措施，使项目进度可以按预定的目标进行，来确保目标的实现。进度控制管理是动态的、全过程的管理，其主要方法是规划、控制、协调。

项目进度计划控制，是在项目进度计划制订之后，在项目实施过程中，针对项目进展情况进行检验、比对、分析、调整，以确保项目进度计划总体目标得以实现的过程，即在实施过程中经常检查实际进度是否按照计划要求顺利进行，对出现的偏差分析缘由，采取纠正措施或调整、修改原计划，直至竣工，交付使用。

二、机械制造企业项目进度控制依据

（一）动态控制原理

即项目进度控制是一个动态的控制过程，不断循环的过程，随着项目的开始，工程项目进度管理就开始了，但是实际进度和计划进度往往会有偏差，有偏差了就要进行调整，调整之后在以后的发展中又会出现新的偏差，又要不断循环调整。

（二）系统原理

无论是控制对象，还是控制主体；无论是进度计划，还是控制活动，都是一个完整的系统，进度控制实际上就是用系统的理论和方法解决系统的问题。

（三）封闭循环原理

项目进度控制的全过程是一种循环性的活动，它的活动内容有编制计划、实施计划、检查、比较分析、确定调整措施、修改计划，形成了一个封闭的循环系统。

（四）信息原理

项目进度控制要有信息为依据。首先，项目进度计划的相关信息自上而下传递给项目实施的相关人员；其次，项目实施的实际情况自下而上反馈给相关部门和人员，这样才能保证项目的准确实施。所以，建立信息系统来进行信息的传递和反馈是很有必要的。

（五）弹性原理

项目的工期一般很长，所以就会掺杂许多不确定因素，这就要求计划的编制人在制订计划的时候留有一定的弹性。

（六）网络计划技术原理

网络计划技术不仅可以用来编制进度计划，而且可以用于计划的优化、管理和控制。

三、机械制造企业项目进度控制方法

（一）制订进度计划

项目进度计划是生产项目中各个单位工程或各个分项工程的生产顺序、开工和竣工时间以及相互衔接关系的计划。项目投标时虽然已按照招标文件的要求编制了初步进度的计划。但在中标后，还应该按照现场生产的具体的条件和合同中的工期等具体要求编制出更为翔实的进度计划。

（二）进度计划的实施

要保证实现材料、人力和设备等资源的最优配置，生产过程中要及时检查、发现和记录影响进度的问题，努力找出问题发生的原因，根据其发生的原因采取相应的组织和技术措施，以便做好剩余工程的进度计划，保证项目各项工作按照计划要求进行。

（三）生产进度检查

项目进度检查与计划实施往往同时进行。生产进度计划的检查是进度控制中最关键的一步，它是将实际进度与计划进度进行比对，找出存在的偏差，采取相应的措施来进行调整，以保证工期目标的顺利实现。偏差一般通过与网络计划和横道图计划进行比较来确定。

（四）计划进度的调整

在进度控制中，一般是利用网络计划的方法来对项目计划进行纠偏，当发现实际进度与计划进度出现不相符时，改变关键路线上工作执行的时间，对非关键路线上的工作资源进行重新的配置，以保证最合理的资源配置，进而保证工期目标的顺利实现。

四、机械制造企业项目进度控制结果

（一）实施措施

计划要起到应有的效应，就必须采取措施，使之得以顺利实施，实施主要有组织措施、技术措施、经济措施、管理措施。

组织措施包括落实各层次的控制人员、具体任务和工作责任；建立进度控制的组织系统，确定事前控制、事中控制、事后控制、协调会议、集体决策等进度控制工作制度；监测计划的执行情况，分析与控制计划执行情况等。

经济措施包括实现项目进度计划的资金保证措施，资源供应及时的措施，实施激励机制。

技术措施包括采取加快项目进度的技术方法。管理措施包括加强合同管理、信息管理、沟通管理、资料管理等综合管理，协调参与项目的各有关单位、部门和人员之间的利益关系，使之有利于项目进展。

（二）动态监测

项目实施过程中要对生产进展状态进行观测，掌握进展动态，对项目进展状态的观测通常采用日常观测和定期观测方法。日常观测法是指随着项目的进展，不断观测记录每一项工作的实际开始时间、实际完成时间、实际进展时间、实际消耗的资源、目前状况等内容，以此作为进度控制的依据。定期观测是指每隔一定时间对项目进度计划执行情况进行一次较为全面的观测、检查；检查各工作之间逻辑关系的变化，检查各工作的进度和关键线路的变化情况，以便更好地发掘潜力，调整或优化资源。

（三）比较更新

进度控制的核心就是将项目的实际进度与计划进度进行不断分析比较，不断进行进度计划的更新。进度分析比较的方法主要采用横道图比较法，就是将在项目进展中通过观测、检查、搜集到的信息，经整理后直接用横道图并列标于原计划的横道线一起，进行直观比较，通过分析比较，分析进度偏差的影响，找出原因，以保证工期不变、保证质量安全和所耗费用最少为目标，制订对策，指定专人负责落实，并对项目进度计划进行适当调整更新。调整更新主要是关键工作的调整、非关键工作的调整、改变某些工作的逻辑关系、重新编制计划、资源调整等。

本章小结

本章综合介绍了机械制造企业项目过程与进度管理，包括机械制造企业项目作业过程、机械制造企业项目进度计划、机械制造企业项目进度优化、机械制造企业项目进度控制等知识点。

练习与思考

1.机械制造企业项目进度计划的依据是什么？
2.机械制造企业项目进度优化的依据是什么？
3.机械制造企业项目进度控制的依据是什么？

案例思考

上海振华重工（集团）股份有限公司（ZPMC）是重型装备制造行业的知名企业，为国有控股 A、B 股上市公司，控股方为世界 500 强之一的中国交通建设股份有限公司。公司自从 1992 年成立以来，经过迅速发展，目前产品已经遍布全世界 83 个国家和地区的 200 多个港口，是世界第一的港口起重机供应商，全球市场占有率长期保持在 70%以上，产品席卷欧美等发达国家的港口，在振华重工成立以前一直垄断着港机市场的欧美及日韩等列强在近些年振华重工的崛起后，都相继退出了这个市场，甚至如韩国的三星重工等制造企业直接找振华重工为他们生产重型装备。

在振华重工（原振华港机）成立之初，整个公司只有十来人，每年的项目也只有一两个，一个项目的进度基本要执行一年多，由于全公司人员分工明确，资源配置等能够得到充分的利用，公司所有成员也全面投入项目的进度管理中去，包括经营、管理、设计、生产、运输、财务等一系列工作，与用户也有积极的联络及有效的沟通，因此项目的进度基本能得到有效控制。

然而随着公司的迅速成长与发展，公司的队伍也迅速壮大，从只有十来人的公司一跃成为将近 45 000 人的大型企业，公司每年的项目也从一两个迅速扩展成一年上百甚至几百个。由于在短短 20 年时间的迅速扩充，公司各部门各层面的管理能力开始参差不齐，公司规模化后纷繁复杂的职能部门也让许多人摸不清方向，致使出现工作效率降低、项目进度频繁出现延误等情况。那么，如何对企业提出了一个合理有效的解决方案，其主要内容有哪些？

第六章　机械制造企业项目成本与效益管理

第一节　机械制造企业项目成本估算与预算

一、机械制造企业项目成本与成本管理

机械制造企业项目成本管理是指机械制造企业生产经营过程中各项成本核算、成本分析、成本决策和成本控制等一系列科学管理行为的总称。成本管理一般包括成本预测、成本决策、成本计划、成本核算、成本控制、成本分析、成本考核等职能。

（一）机械制造企业项目成本的概念

所谓成本是指在企业的生产经营过程中，为了达到预期的经济目的而付出的可以计量的并以货币形式表现的各种付出的经济资源的付出。而所谓机械制造企业项目成本，是指为了达到机械制造企业项目的目标，而发生的所有机械制造企业项目资源的全生命周期的各种付出。机械制造企业项目成本的特征有如下几个方面：

1.目的性

机械制造企业项目成本的支出只是各机械制造企业项目相关资源为了达到机械制造企业项目目的而在机械制造企业项目实施过程中的各种消耗，具有明确的目的性。

2.综合性

机械制造企业项目成本是机械制造企业项目经营管理水平的综合反映。

3.可计量性

机械制造企业项目成本一般情况下是以货币形式表现的，并可以计量的机械制造企业项目在实施过程中发生的总费用。

4. 相关性

机械制造企业项目的成本支出与机械制造企业项目的经营活动息息相关，与机械制造企业项目无关的支出不会构成该机械制造企业项目的成本。机械制造企业项目成本根据标准的不同有不同的分类。根据成本控制的不同标准，例如根据成本与产品生产的关系，可以划分为产品成本和期间成本等。

（二）机械制造企业项目成本管理的概念及内容

1.机械制造企业项目成本管理的概念

机械制造企业项目成本管理是指用各种科学的方法，在企业的生产经营过程中，以所有的支出为对象，进行的各种记录、分析、预测等行为的总和。机械制造企业项目管理的目的是在限制的资源条件下为实现机械制造企业项目目标而发生的支出进行最小化的处理，归根结底是效益最大化。机械制造企业项目成本管理的主要方法有很多种，包括成本考核、成本估算、成本控制、成本分析等方面，成本管理无处不在，只要发生经营活动的区域均存在，它贯穿于整个机械制造企业项目的生命周期中，是在为了完成机械制造企业项目的目标而进行的，对整个机械制造企业项目实施过程中的经济活动的支出进行管控的活动。它的最终目的是在完成既定的机械制造企业项目目标的前提下，以最小的投入换取最大的效益。现代的机械制造企业项目成本管理的目标已经不再像传统的机械制造企业项目成本目标那样以节约为目的了，更全面的全生命周期的管理目标是当前的新形势。

2.机械制造企业项目成本管理的原则

机械制造企业项目成本管理的原则有：

（1）责权利相统一的原则。机械制造企业项目成本管理的责任在于完成既定的目标，在这个前提下，需要给予相应的权利，并赋予一定的奖惩办法，以激发全员成本管理动力，提高机械制造企业项目利润水平。

（2）点面结合的原则。机械制造企业项目成本管理需要抓住主要矛盾，突出重点，这样不会有太大闪失，但是同样需要兼顾机械制造企业项目成本管理中的每一个环节，不留死角。

（3）全员参与，以人为本的原则。机械制造企业项目成本管理不是一两个人的事情，而且涉及到经营过程中的每个环节，跨越整个生命周期，所以必须全员有责，共同参与机械制造企业项目的成本管理。

（4）科学化管理的原则。机械制造企业项目成本管理要规范化、精细化和个性化，应将自然科学、人文科学中的相关理论、技术以及方法运用到其中。规范化的目的在于在总结成功经验的基础上做到同一方向，促进发展；精细化主要指的是在机械制造企业项目管理中要注重细节，立足专业，科学计量；个性化则要遵循提倡创造性的原则。

（5）制度化管理的原则。在机械制造企业项目成本管理过程中，企业必须建立明确的机械制造企业项目成本管理制度，针对机械制造企业项目实施过程中所发生的各种消耗要建立明确的机械制造企业项目目标成本责任制度。

3.机械制造企业项目成本管理的内容

（1）机械制造企业项目资源的规划

主要是指机械制造企业项目资源的确定和计划。资源涉及到环境、材料、人力、机械设备的等，以为完成机械制造企业项目的目标为目的所耗费的。其次，需要确定资源的种类数量及投放时间，据此制订相应的资源计划。

（2）机械制造企业项目成本的估算

估算是对机械制造企业项目需要支出的大体估计，它的依据是资源计划及价格信息。机械制造企业项目成本估算是从费用角度对机械制造企业项目的一个规划，它的关键的核心任务是确定各项费用是多少，内容包括人力资源、材料等直接费用以及间接费用。机械制造企业项目成本的估算是机械制造企业项目成本的预算基础。它的方法主要有计算机工具辅助法、自下而上估算法、ＷＢＳ全面详细估算法、专家判断法、因素估算法、自上而下估算法、参数估算法等。鉴于机械制造企业项目成本受到各种因素的影响，机械制造企业项目成本的估算在使用之前需要进行优化并进行调整。

（3）机械制造企业项目成本的预算

它是一项制订机械制造企业项目成本控制标准的机械制造企业项目管理工作，是比较细化的测算，是一项为了确定每个人物单元的实际目标而把控制订额分配到各项具体工作中去的管理行为。机械制造企业项目预算的结果是形成成本基准计划和成本定额。

（4）机械制造企业项目成本的控制

机械制造企业项目成本控制工作是一项综合管理工作，是机械制造企业项目实际成本的管理控制过程，前提是需要在机械制造企业项目的预算范围内，主要分事前、事中及事后控制三方面。按照具体的控制内容来看，主要包括：确保在费用预算计划中所有有关变更均被准确地记录，监视成本执行并查找与成本计划的偏差，核准后的变更要通知到机械制造企业项目相关人员。

（5）成本核算与分析

机械制造企业项目成本核算是指企业利用自身的核算系统对机械制造企业项目的生命周期中所发生的各项消耗进行分类、计量、计算、记录，并采用专业方法，进而反映出实际成本的过程。成本控制所需的所有结果均在核算的内容中反映，成本核算是成本控制效果的评价最基本的依据。机械制造企业项目成本分析是分析目标成本计划的执行情况，主要依据是历史数据、机械制造企业项目成本核算数据等，判断机械制造企业项目成本的执行情况，分析其中的原因或经验。机械制造企业项目成本分析常用的方法包括目标成本差异分析方法、专项成本分析方法、综合成本分析方法等。

二、机械制造企业项目资源需求计划

机械制造企业项目资源计划，是指通过分析和识别机械制造企业项目的资源需求，确定出机械制造企业项目需要投入的资源种类（包括人力、设备、材料、资金等）、机械制造企业项目资源投入的数量和机械制造企业项目资源投入的时间，从而制订出机械制造企业项目资源供应计划的机械制造企业项目成本管理活动。

（一）编制依据

机械制造企业项目资源计划编制的依据：

1.机械制造企业项目工作分解结构；

2.历史机械制造企业项目信息；

3.机械制造企业项目范围说明书；

4.机械制造企业项目资源描述；

5.机械制造企业项目组织的管理政策；

6.活动工期估算。

（二）编制方法

1.专家判断法

专家判断法指由机械制造企业项目成本管理专家根据经验和判断去确定和编制机械制造企业项目资源计划的方法。

2.统一定额法

统一定额法指使用国家或民间统一的标准定额和工程量计算规则去制订机械制造企业项目资源计划的方法。

3.资料统计法

资料统计法，即使用历史机械制造企业项目的统计数据资料，计算和确定机械制造企业项目资源计划的方法。

三、机械制造企业项目成本估算

（一）机械制造企业项目成本估算的概念和依据

1.机械制造企业项目成本估算的概念

它是对即将实施机械制造企业项目所需费用的一个大体估计，是机械制造企业项目计划中的一个非常重要组成部分。它是机械制造企业项目成本控制的前提。它的范围涉及机械制造企业项目的全方位及全过程。一般情况下，估算的内容可以以定额标准或历史数据为依据。它只是一个大体的估计，此外还需考虑机械制造企业项目自身的因素，包括外部宏观的机械制造企业项目相关文件、进度计划安排、经济环境、资源消耗率。

2.机械制造企业项目成本估算的依据

机械制造企业项目成本估算工作的依据主要有下面几项内容：

（1）机械制造企业项目范围说明书

它是在机械制造企业项目管理过程中的一个书面文件，里面的内容是否完整直接关系到机械制造企业项目是否完美。

机械制造企业项目范围说明书一般包括以下内容：技术规范机械制造企业项目、机械制造企业项目合理性说明、机械制造企业项目目标、可交付成果。

（2）机械制造企业项目工作结构分解

简称ＷＢＳ，跟因数分解是一个原理，逐级分解成若干个相对独立的工作单元，把工作单元再分解成一项项工作，直到分解不下去为止，以便于有效地组织机械制造企业项目。基本程序基本上是机械制造企业项目—任务—工作—日常活动。它的导向是可交付的成果，它定义机械制造企业项目的工作范围，分解级别越低则意味着越细致具体的工作。机械制造企业项目工作结构分解总是处于计划过程的中心，它是各种计划的重要前提。

（3）机械制造企业项目资源计划

机械制造企业项目资源计划中需要分析和辨别机械制造企业项目所需要的资源需求。

（4）机械制造企业项目历时估算

对机械制造企业项目完成所需时间的预计，对时间段的估算，在机械制造企业项目成本估算之前，简单的时间进度的制订很有必要。

（二）机械制造企业项目成本估算的方法

机械制造企业项目成本估算的方法非常多，比如自上而下估算法、参数估算法等。现就其中主要的几种估算方法进行简单介绍：

1.自上而下估算法

自上而下估算法也被称作类比估算法，是一种通过比照已完成的类似机械制造企业项目的实际成本，去估算出新机械制造企业项目成本的方法。自上而下估算法适合评估一些与历史机械制造企业项目在环境及应用领域和复杂度方面类似的机械制造企业项目。估算结果的精确度依赖于历史机械制造企业项目数据的完整性、行业发展的水平、准确度以及现行机械制造企业项目与类似机械制造企业项目的近似程度。

2.自下而上的估算方法

自下而上法是先分别估算机械制造企业项目每一组成部分的成本，这是在ＷＢＳ已经提交的前提下完成的，再将各末级单元估算综合起来得到整个机械制造企业项目的成本估算的一种方法。自下而上的估算方法有更详尽的基础，比其他方法稳定，还能培养责任感，精确度比较高，但是需依赖大量的人力，工作量非常大。

3.自上而下与自下而上相结合的估算方法

此种方法主要是先自下而上的依据该机械制造企业项目的某一个末级单元，进行详细的高精度的成本估算，然后再以该估算额为依据，自上而下测算同级别层次的其他单元的成本，最后根据各单元的估算额汇总成总成本，意即机械制造企业项目的估算额。此种方法比较适合于初步设计已经完成，机械制造企业项目目标已经确定的机械制造企业项目。从以上各种方法来看，没有哪一种估算方法具有绝对的优点，各种方法互有补充，因此，在实际的机械制造企业项目成本估算应用中，我们应该综合考虑各种估算方法，反复比较各种方法下的估算成果，并结合机械制造企业项目的实际情况，综合分析并衡量，以便做出更为准确的估算结果。

（三）机械制造企业项目成本估算的内容

机械制造企业项目成本估算的内容主要基于机械制造企业项目的工作结构分解，在生产行业的机械制造企业项目管理中，主要内容包括直接工程费、措施费、设备购置费、风险、税金、利息、管理费等。

1.直接工程费

是在建筑安装过程中直接消耗在机械制造企业项目上的各种活劳动和物化劳动，包含人工费、机械费、材料费和其他直接费以及现场经费。

2.措施费

措施费是指为实施并完成工程机械制造企业项目，消耗的机械制造企业项目实施前和实施过程中非机械制造企业项目实体的费用，由技术措施费和组织措施费组成。技术措施费包括设备进出场费、模板支架费、脚手架及排水降水费用。组织措施费包含安全、文明、环保、临时设施、二次搬运及夜间生产等费用。

3.设备购置费

设备购置费具体是指为生产机械制造企业项目所购置的能达到固定资产标准的各种设备、工具、器具的费用，包括为购置设备而发生的运输费、保险费、税金、保管费、手续费及利息等。

4.资金占用成本资金

占用成本主要指在机械制造企业项目的实施过程中以及前期的调研、后期的维护过程中所占用的并需要垫付的流动资金。根据流动资金的占用时间来定义，一般是指在 1 年内或者超过 1 年的机械制造企业项目周期内被耗用的或者可以变现的资产。

5.期间费用

是指在生产机械制造企业项目的生命周期内所发生的不能直接计入工程实体的，但是又因为工程机械制造企业项目而发生的，没有直接关系的成本支出，包括管理人员的工资、保险费、差旅费、工程保险、汇兑损失、办公费用、银行手续费、利息支出等。另外，投标中的期间费用还包括市场开发费用、上交二级公司的管理费用等。

四、机械制造企业项目成本预算

（一）项目成本预算概述

1.项目成本预算的概念

项目成本预算是根据工作分解结构及项目进度计划将资源计划落实到各个工作单元的一项管理工作，同时也是一项制订项目成本控制标准的项目管理工作，它是建立目标成本计划的一个过程。

2.项目成本预算的基本特征

它是对有限资源的一种计划分配。把有限的资源投入到实施过程中，以利益为主要出发点，促使现有的资源进行整合。它具有时间敏感性。项目成本预算应该是随着项目的情况变化而变化，是动态的，它的管理贯穿于整个项目管理过程。项目成本预算为项目成本控制提供了基础。项目成本项目管理在项目资源规划使用指标方面的基本标准。要实现最大的经济效益，企业应尽可能在规定时间内完成节约资源的前提。

3. 项目成本预算编制的原则

成本预算在编制时必须遵循以下方面：应具有适当的灵活性百分比。有必要保留一定的余地，使之能够适应各种变化并具有相应的灵活性。以项目的目标为出发点，充分考虑与实现这一目标相关的费用。项目进度越快，项目成本越高，时间价值的重要性越低，项目进展越慢，时间价值的重要性越大。

4.项目成本预算与估算的区别与联系

项目成本估算基于项目工作范围和资源条件等而进行的，以估计每项活动的持续时间和成本。项目成本预算根据工作分解结构和项目进度，将估计总成本分配到工作单元中去，是确定衡量项目成本预算执行情况的基准成本。

成本估算的精确程度以工作包为基础；成本预算输出的是成本基准计划亦即经过批准的成本预算；预算的制订是汇总所有工作单元的估算成本，建立成本标准的过程（核心是建立成本标准）。

项目成本估算是估算项目的总成本和相应的误差范围，而成本预算是分配给各项工作任务单元的项目的总成本；项目成本估算是一个项目的准备工作，以完成近似成本估算的工作，项目成本估算根据工作分解结构文档将整个项目的估计成本分配到活动和组件，以确定成本基础测量项目的实际执行情况。项目成本估算基于工作分解结构，资源状态，活动信息。项目成本估算基于成本估算，ＷＢＳ和项目进度计划。

（二）项目成本预算的依据和方法

项目成本预算是比较详细的，可进行成本控制操作的对项目成本进行的测算。作为项目成本管理的一部分，它的前提是项目成本估算，它是成本控制的依据，起到承上启下的作用。它的依据是项目成本估算、项目结构分解文件等。

1.项目成本预算的基础

（1）项目进度计划

项目进度计划表示对项目的开始到记录的时间文件，项目成本预算需要把各分项分配到项目进度计划的每一个时间段，为了避免不必要的时间浪费，项目进度计划主要是控制的时间要求，项目成本预算制订的前提必须是项目进度计划，只有这样才能基于每个活动单元对各预算进行时间分配。

（2）项目成本估算文件

项目成本估算文件是项目成本预算的起点，是项目成本估算的延伸和细化，以估算文件为基础。项目的工作结构分解文件。它是设立成本单元的基础性文件，根据项目工作结构分解，是在确认需要分配成本的所有活动的基础上形成的，进一步分析和确定项目工作和活动在成本估算中的合理性。

2.项目成本预算的方法

主要有参数模型、自上而下预算、计算机辅助预算、自下而上预算等，具体情况如下：参数模型方法。先分析项目的相关因素，并建立一个计算成本的数学模型。考虑到相关因素，重要性原则是坚持原则。自上而下预算。首先，项目成本的中上层管理者对项目的总成本进行初步估算，将这些估计结果传递到下层管理层。自下而上预算法，也称为ＢＯＭ方法。由基层管理人员或技术人员发起，逐级上报并汇总，最终由最高层级做出总预算。

第二节　机械制造企业项目成本优化

一、机械制造企业项目成本优化概念

一般而言，成本优化以项目生产质量满足用户要求为前提，通过计划、控制、协调等手段，确定项目生产质量成本各项主要费用的合理比例，采用组织、经济、技术及合同等管理措施，将项目成本控制于计划范畴内，实现对项目生产成本的优化，将项目生产质量成本总额降到最低。项目生产具有工期长、耗资大、要求高、条件艰苦的特点，项目成本优化是项目管理的不可或缺的环节，注重项目生产成本控制的各个阶段和最佳时机，实施成本优化的有效措施，将最大化地保障项目生产的经济效益。

二、机械制造企业项目成本优化方法

（一）转变管理观念，健全管理制度

伴随着经济的发展，企业之间的竞争越来越激烈，为了提升机械制造企业的整体竞争力，必须高度重视生产管理过程中的成本控制。首先，企业管理者应该转变职工管理观念，结合

企业发展的实际状况，以满足现代市场的需求为目标，分析和研究最新的成本管理方法。另外，企业还需要建立健全的成本管理制度，将成本管理工作渗透到机械制造的始终，将成本管理的职责细化到每个部门、每位职工手上，引导职工正确认识成本管理工作的重要性。

（二）降低材料成本，减少人工费用

降低材料成本，减少人工费用是强化机械制造企业生产管理中成本控制的重要手段。为了提高企业的经济效益，机械制造企业应该安排专业人员进行材料选购。选购人员应该在明确市场材料基本价格的前提下，多方面调查，选择最优的生产厂家。选购材料时，需要对材料的质量合格证书以及出厂证明进行检查，确保材料质量合格后签订购买合同。另外，企业还应该对人工成本进行控制，减少生产过程中人工成本的投入量，确保人工投入成本的实用性，优化企业的成本控制。

（三）改进产品设计，提高自动化水平

优化机械制造企业生产管理过程中的成本控制还需要企业改进产品设计。机械制造企业应该从生产工艺的优化着手，从企业发展的实际状况着手，提高生产工艺的同时，减少因生产浪费产生的成本投入。改进产品设计还需要企业结合现代科技改进产品生产设备，对生产工序进行调整，从而降低生产管理中的成本投入。另外，企业还应该提高机械自动化水平，综合运用信息化管理系统，从企业发展的实际状况出发，建立先进的管理模式，为机械制造企业生产管理中成本控制提供技术保障。

（四）强化现场控制，加强经济核算

现场控制是优化机械制造企业生产成本控制的重要手段。企业应该安排专业技术人员对生产现场进行有效管理，提高生产现场生产过程的质量。现场控制过程中如果发现问题及时采取应急措施，减少因生产错误产生的经济浪费。另外，企业还应该加强经济核算，重点关注生产过程中各种开销状况，要求各部门制订开销流程单，了解各部门费用支出的原因，减少因利益需求产生的成本投入。

第三节　机械制造企业项目成本控制

一、机械制造企业项目成本控制概念

为了机械制造企业项目成本在机械制造企业项目预算内得到控制，通过监测和检查机械制造企业项目成本并控制机械制造企业项目的实际成本。机械制造企业项目成本控制涉及三个方面：预控制、过程控制和事后控制。

二、机械制造企业项目成本控制依据

机械制造企业项目成本控制工作以以下几个方面为主要依据：

（一）项目成本管理计划

这是项目成本管理的非常重要的指导文件，涉及如何管理和控制项目成本。

（二）项目变更请求

对项目成本所做的任何更改，无论是谁做出，都必须在项目实施过程中批准。项目的变更可能会造成项目成本的计划外支出，不及时记录及索赔，会造成各种不必要的项目合同纠纷甚至亏损。

（三）项目成本实际完成报告

是项目成效的真实反映，是一种实际绩效评价报告。本报告通常给出项目成本预算金额，

差额金额和实际金额，是项目成本控制工作和跟踪依据，必须具有准确性、适用性、及时性等特点。

三、机械制造企业项目成本控制方法

（一）机械制造企业项目变更控制系统方法

指建立和使用项目成本控制方法的项目变更控制系统。它包括从建议的项目变更请求到更改获得审批的请求，直到整个过程控制的项目成本预算的最终修订。项目变更是项目计划的修订，如果初始项目计划有缺陷或有问题，则必须更改。有两种方法来解决项目更改的问题：一个是科学规避方法，努力正确地定义项目目标和计划，并在项目实施阶段进行项目审查和反馈。

（二）积极控制方法

做好预警分析，以便能做到事前控制，对各种项目变更进行有效的评估和优化。项目成本实际情况测量方法：实际成本，这是项目成本和综合控制方法持续时间的非常有价值的价值。这种方法的基本思想是帮助项目成本管理分析项目的成本和项目的持续时间，通过引入一个中间变量（挣值），给出项目的实际成本的信息。

（三）机械制造企业项目成本预测和补充计划方法

是基于已知项目信息和项目知识来估计未来成本的情况，人们可以通过项目绩效信息来预测。项目计划方法的额外成本是通过新的预算方法来有效控制项目成本，即在不可预见的情况下，项目经理可以使用应急计划来满足项目管理储备金。

四、机械制造企业项目成本控制结果

实际成本的发生情况反映了机械制造企业项目成本控制的结果，无非两种情况：成本节约或成本超支，但是最终目的是为了提高经济效益。衍生出来的控制结果会产生机械制造企业项目控制文件。

（一）机械制造企业项目成本估算更新

机械制造企业项目成本控制结果可以作为经验或教训的积累数据，为其他工作提供信息帮助。另一方面，它可以为机械制造企业项目的估算起到信息反馈作用，它能反映之前机械制造企业项目成本估算的准确性和合理性，促使机械制造企业项目原始成本估算的修订和更新，可用于下一个机械制造企业项目成本控制。

（二）机械制造企业项目成本预算文件更新

机械制造企业项目成本控制的结果可以反映很多问题，对于机械制造企业项目成本预算具有执行反馈的作用，两者相互影响，既能反映机械制造企业项目预算的准确性和合理性，还能促使机械制造企业项目成本预算文件的修订与更新。

（三）机械制造企业项目活动方法改进文件

其实通俗来讲这个文件就是措施次序改进的文件，由于机械制造企业项目成本控制结果所反映的信息，机械制造企业项目的执行者会根据信息反馈情况，将影响机械制造企业项目活动的行为或方法进行修正。机械制造企业项目成本预测：机械制造企业项目成本控制带来的是结果，无论好坏，均对后续的工作带来影响，根据已发生的事实数据可以预计机械制造企业项目成本未来的发展趋势，并相应地采取有利于成本控制的措施，为决策者提供决策依据，为机械制造企业项目提供规划建议。

（四）经验教训

从事后控制的角度来看，机械制造企业项目控制的结果可能会显示多种情况，给大家带来的或许是成功的经验，或许是失败的教训，无论哪一方面，都会为我们后续的工作带来对应的措施。

第四节　机械制造企业项目综合效益管理

一、机械制造企业项目综合效益管理概念

机械制造企业项目综合效益是机械制造企业项目各方面效益的有机组合。

按影响范围来分，有企业效益、国家或社会效益。按计量情况来分，有数量化效益与非数量化效益。

按其性质来分，有经济效益、技术效益与社会效益等。

综合效益是决定机械制造企业项目取舍与方案选择的主要依据。机械制造企业项目综合效益的大小，要通过综合评价才能加以鉴别。综合评价是在单项效益评价的基础上进行的。综合评价的目的就是要寻求一个具备投资条件的、技术上先进、经济上合理，能兼顾企业、国家和社会三者利益的综合效益最大的方案。

（一）综合评价的步骤

1.确定综合评价的总目标；

2.建立综合评价的指标体系；

3.确定各项指标的重要性等级；

4.计算各项指标的实现程度；

5.进行投资综合效益的定量分析。

为便于不同方案的比较，通常用一个数值来表示综合效益。这一数值可通过加权平均法求得。即以各指标的重要性等级为权数，与该指标实现程度评分值一一相乘，加总后所得的加权平均值即代表机械制造企业项目的综合效益。

（二）综合效益原则

是指企业在工艺创新时要注重经济效益、社会效益、生态环境效益和人的发展效益之综合。如果只追求经济效益而置生态环境或人的发展效益或社会效益于不顾，这个企业肯定是难以存在的。企业经营要以提高综合效益为目标，这也是一切经济工作和创新活动的出发点和立足点。因此，企业在工艺创新时要以尽量少的劳动消耗、物质消耗和无污染危害来实现新产品开发的目标与要求，以考虑综合效益的目标成本去控制工艺设计、产品制造、销售与服务各个环节。产品的质量不是越高越好，产品的价格也不是越低越好。质量与价格要适合用户的需要。一般来说，竞争力=质量÷价格。

二、机械制造企业项目综合效益管理依据

当前，随着社会的快速发展以及市场的不断变化，使得机械制造企业项目管理涌现出了诸多的问题，以往的项目管理方式已经无法适应现代社会的发展需求。所以，机械制造企业相关管理人员应深入市场研究，将项目管理贯彻落实到工程各环节，采用先进的管理模式以与不断变化的内部与外部环境相适应，进行资源的合理配置，加强机械制造企业项目管理，不断提升管理水平，增强市场核心竞争力，进而带动综合效益的提高。

三、机械制造企业项目综合效益管理方法

（一）进一步提高项目管理执行能力

要想提高项目管理执行能力，就必须对以下两方面的因素加以考虑：首先，适应外部环境；这里所说的外部环境指的是项目经理人所面临的客户环境。通常情况下，客户环境是不会发生多大变化的，所以，应结合客户环境实际特征，对项目管理的方式与方法予以必要的整改。其次，创设良好的内部环境；内部环境具体涵盖了机械制造企业的项目管理、组织级管理的结构、项目管理文化、激励考核、职责划分。创设良好的内部环境是提高项目管理能力的关键，加强以下两要素的建设：

1.方法与体系流程；其对于项目管理能力与项目管理绩效的提升至关重要。

2.组织与人员；构建与配备专业的组织及人员，将方法、体系、工具具有的优势充分地发挥。

（二）严格履行合同内容，实现业主需求

项目部门主要将机械制造企业和业主双方明确的建设合同作为工作顺利开展的核心依据，严格履行合同是项目部门经营管理活动所要落实的重点任务，同时还是确保合同效益全面实现的根本前提。合同履行初期，机械制造企业技经部门要事先做好合同效益评估工作，评估过程中应对工期、资金、费用以及市场变化等各项因素加以考虑，看其是否会对合同造成影响，同时，将评估报告当作机械制造企业和项目部门签订《工作目标责任书》的参考依据，和项目部门交流沟通后，制订科学的经营考核指标，其间深入调研每一年的执行效果，并进行适当的整改，以推动项目部门经营目标的全面实现。所明确的建设合同是受法律保护的，要求合同双方实际中必须严格执行；要想确保合同的有效履行，项目负责人就必须加强自身学习，对合同内容予以充分的研究，唯有如此，才能够清楚地知道自己的职责权限以及分工界限，充分掌握与了解项目经营管理，进而顺利开展相关策划与预想工作，树立科学的经营管理思路，在实际执行合同的同时做到得心应手、有的放矢。合同履行过程中，业主通常会提出较高的要求，有的更是超出了合同中规定的要求。而我们要做的是先满足合同要求，然后再满足业主们的高要求。加强沟通交流，主动将工程实际情况告知业主，比如，费用增加，由于雨雪原因导致生产困难、工期延长等，以得到业主们的理解，使其的要求能够降低在合同规定范围内。

（三）强化项目经营，提升效益

机械制造企业开展管理经营活动的主要目的在于不断提升经济效益，机械制造企业委托项目部门履行建设合同，也在机械制造企业管理经营活动范畴内，它的主要任务是实现效益最大化。另外，项目部门创造效益的能力以及成本控制的成效方面发挥着重要的作用，各项目部门效益的实现与机械制造企业综合效益的提升相挂钩。经营额的完成过程中存在着一系列的影响因素，比如政策性因素影响的项目停工、不可抗力等，所以，要求项目部门与项目班子应对这些因素予以高度的重视，为什么活干了拿不到钱，活干了得不到肯定，要找出存在的原因，不然，将会加大机械制造企业资金、运营等的难度。所以，项目部门必须立足于项目，严格履行建设合同，经常性地对经营活动予以分析，项目部门应以工程款的回收作为核心经营工作，从机械制造企业整体利益角度出发，处理好各项问题。项目部门的经营工作主要以机械制造企业下达的经济指标为指导，具体涵盖了：全年完成经营额、应收账款率、成本费用，其中在成本中，全年的工资总额、劳保费、招待费、差旅费等几方面属于控制的核心部分，项目部门应以机械制造企业下达的成本费用为前提，做好支出与成本的控制工作。

四、机械制造企业项目综合效益管理结果

机械制造企业项目管理在企业管理经营中占有核心地位，它的成败与否会直接影响到企业综合效益，所以，提高项目管理执行能力、严格履行合同内容、强化项目经营，这对于机械制造企业持续稳定发展以及综合效益的提升具有重要的现实意义。

本章小结

通过本课程的教学，旨在帮助学生了解机械制造企业项目成本与效益管理。掌握机械制造企业项目成本估算与预算、机械制造企业项目成本优化、机械制造企业项目成本控制、机械制造企业项目综合效益管理等知识，为学生进行机械制造企业项目的组织管理打下基础。

练习与思考

1.机械制造企业项目成本估算的依据是什么？
2.机械制造企业项目成本优化的方法有哪些？
3.机械制造企业项目成本控制依据是什么？

案例思考

某机械公司是一家大型的机械制造企业，从 2013 起，企业以每年 1000 多万的速度递增亏损，至 2016 年累计亏损 5000 多万，企业的流动资金非常短缺，财务部门在最困难的时候连 200 元的差费都报不出来，银行因企业的负债率太高，达 79%及亏损额巨大，而停止了贷款，职工工资经常被拖欠，最长的时候达 8 个月。职工们的工资不但未涨，还被拖欠，意见很大，中青年骨干流失较多。

针对公司面临的严峻形势，通过经营管理人才中心公开选拔，罗厂长走上了领导岗位，他一上任，就通过厂内电视台、厂报对公司面临的严峻形势进行大讨论，又多次召开管理人员大会及职工代表会议商讨对策，为缓解公司面临的困难，主要从苦练内功，强化成本控制入手。终于使公司进入良性轨道，该机械制造企业成本费用在控制上使用了哪些措施？

第七章　机械制造企业项目人力资源管理

第一节　机械制造企业项目人力资源管理概述

一、规划人力资源管理

人力资源规划也叫人力资源计划，是指为实施企业的发展战略，完成企业的生产经营目标，根据企业内外环境和条件的变化，通过对企业未来的人力资源的需要和供给状况的分析及估计，运用科学的方法进行组织设计，对人力资源的获取、配置、使用、保护等各个环节进行职能性策划，制订企业人力资源供需平衡计划，以确保组织在需要的时间和需要的岗位上，获得各种必需的人力资源，保证事（岗位）得其人、人尽其才，从而实现人力资源与其他资源的合理配置，有效激励、开发员工的规划。

（一）什么是人力资源规划

狭义：企业从战略规划和发展目标出发，根据其内外部环境的变化，预测企业未来发展对人力资源的需求，以及为满足这种需要所提供人力资源的活动过程。

广义：企业所有各类人力资源规划的总称。

按期限分：长期（五年以上）、短期（一年及以内）、介于两者的中期计划。

按内容分：战略发展规划、组织人事规划、制度建设规划、员工开发规划。

（二）人力资源规划的目的

1.规划人力发展

人力发展包括人力预测、人力增补及人员培训，这三者紧密联系，不可分割。人力资源规划一方面对目前人力现状予以分析，以了解人事动态；另一方面，对未来人力需求做一些预测，以便对企业人力的增减进行通盘考虑，再据以制订人员增补和培训计划。所以，人力资源规划是人力发展的基础。

2.促使人力资源的合理运用

只有少数企业其人力的配置完全符合理想的状况。在相当多的企业中，其中一些人的工作负荷过重，而另一些人则工作过于轻松；也许有一些人的能力有限，而另一些人则感到能力有余，未能充分利用。人力资源规划可改善人力分配的不平衡状况，进而谋求合理化，以使人力资源能配合组织的发展需要。

3.配合组织发展的需要

任何组织的特性，都是不断地追求生存和发展，而生存和发展的主要因素是人力资源的获得与运用。也就是如何适时、适量及适质地使组织获得所需的各类人力资源。由于现代科学技术日新月异，社会环境变化多端，如何针对这些多变的因素，配合组织发展目标，对人力资源恰当规划甚为重要。

4.降低用人成本

影响企业结构用人数目的因素很多，如业务、技术革新、机器设备、组织工作制度、工作人员的能力等。人力资源规划可对现有的人力结构做一些分析，并找出影响人力资源有效运用的瓶颈，使人力资源效能充分发挥，降低人力资源在成本中所占的比率。

（三）人力资源规划的作用

1.保证组织目标的完成

人力资源计划是实现组织战略的基础计划之一。制订人力资源计划的一个主要目的是确保组织完成发展战略。目前，大多数组织为了生存、发展及保持竞争优势都制订了独特的战略，经营战略与计划一旦确定后，那么下一步就是要有人去执行和完成，人力资源计划的首要目的就是有系统、有组织地规划人员的数量与结构，并通过职位设计、人员补充、教育培训和人员配置等方案，保证选派最佳人选完成预定目标。

2.适应环境变化的需要

人力资源计划有助于企业对市场经营环境、竞争、企业重组及新技术引进等做出相应的调整反应。现代企业是处于多变的环境之中，一方面，内部环境发生变化，如管理哲学的变化、新技术的开发和利用、生产与营销方式的改变等都将对组织人员的结构与数量等提出了新的要求；另一方面，外部环境的变化如人口规模的变化、教育程度的提高、社会及经济的发展、法律法规的颁布等也直接影响到组织对人员的需求，影响到员工的工作动机、工作热情及作业方式。人力资源计划的作用是让企业能更好地把握未来不确定的经营环境，适应内外环境的变化，及时调整人力资源的构成，保持竞争优势。

3.提高使用人力资源管理效率

人力资源计划有助于组织降低人员的使用成本。它帮助管理人员预测人力资源的短缺和冗余，在人员管理成本上去前，纠正人员供需的不平衡状态，减少人力资源的浪费或弥补人力资源的不足。良好的人力资源计划能充分发挥人员的知识、能力和技术，为每个员工提供公平竞争的机会；能客观地评价员工的业绩，极大地提高劳动积极性。通过人力资源计划，向员工提供适合个人的职业生涯发展计划，提高员工生活质量，开发员工的生产能力，最终提高组织对人力的使用效率。

（四）人力资源规划的编制流程

一个企业必须根据企业的整体发展战略目标和任务来制订其本身的人力资源计划。一般来说，一个企业组织的人力资源计划的编制要经过五个步骤，如图 7-1 所示。

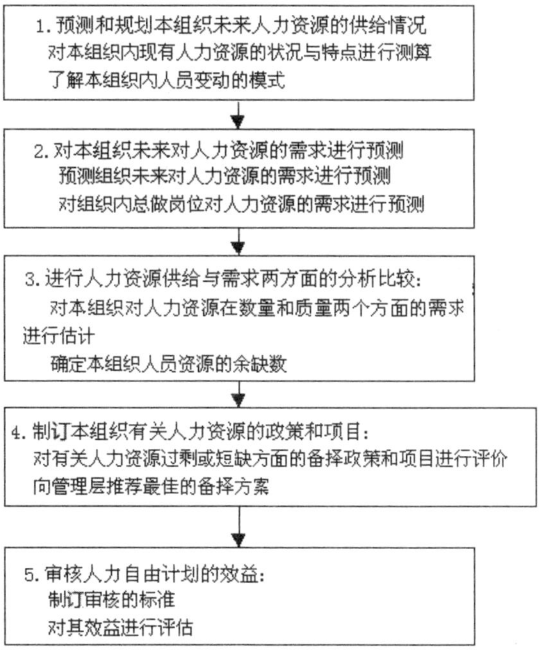

图 7-1　人力资源计划编制步骤示意图

1.预测和规划本组织未来人力资源的供给状况

通过对本组织内部现有各种人力资源的认真测算，并对照本组织在某一定时期内人员流动的情况，即可预测出本组织在未来某一时期里可能提供的各种人力资源状况。

（1）对本组织内现有的各种人力资源进行测算

包括各种人员的年龄、性别、工作简历和教育、技能等方面的资料；目前本组织内各个工作岗位所需要的知识和技能以及各个时期中人员变动的情况；雇员的潜力、个人发展目标以及工作兴趣爱好等方面的情况；有关职工技能，包括其技术、知识、受教育、经验、发明、创造以及发表的学术论文或所获专利等方面的信息资料。

（2）分析组织内人力资源流动的情况

一个企业组织中现有职工的流动就可能有这样几种情况：第一，滞留在原来的工作岗位上；第二，平行岗位的流动；第三，在组织内的提升或降职更动；第四，辞职或被开除出本组织（流出）；第五，退休、工伤或病故。

2.对人力资源的需求进行预测

经过第一步对本组织员工在未来某一时期内人力资源供给方面预测规划的基础上，接着就要根据组织的战略目标来预测本组织在未来某一时期对各种人力资源的需求，对人力资源需求的预测和规划可以根据时间的跨度而相应地采用不同的预测方法。

3.进行人力资源供需方面的分析比较

人力资源计划编制的第三步是把本组织人力资源需求的预测数与在同期内组织本身仍可供给的人力资源数进行对比分析。从比较分析中则可测算出对各类人员的所需数。在进行本企业组织在未来某一时期内可提供的人员和相应所需人员的对比分析时，不但可测算出某一时期内人员的短缺或过剩情况，还可以具体地了解到某一具体岗位上员工余缺的情况，从而可以测出需要具有哪一方面的知识、技术档次方面的人，这样就可有针对性地物色或培训，并为组织制订有关人力资源相应的政策和措施提供了依据。

（五）机械制造企业人力资源管理的变革

发展的形势下，制造企业也应当紧跟时代步伐，创新人力资源的管理模式，使其能够满足现代化工业的发展，尤其是要提升企业的管理水平，以提高企业的核心竞争力。

1.优化组织结构

在新时期，制造企业的外部竞争环境和内部工作模式都发生了很大的变化。但是多数制造企业仍是沿用传统的管理模式，显然这并不适合现代工业的改革。鉴于此，制作企业应当根据实际的经营状况和生产方式，在原有的组织结构基础上进行优化和调整，从而提升制造企业的内部人力资源管理水平，促进企业的长久发展。

我国一些大型的制造行业的人力资源管理的变革比较早，且也比较完善。例如，华为的人力资源组织机构成倒三角模式。据有关数据统计，在华为的人才机构中，研发和开发人员占 46%，市场营销服务人员占 33%，管理人员占 9%（包括后勤服务），生产人员只占 12%。虽然这只是大概的数据，但是足以表明华为比较重视科研机构。这也是由华为的经营体制所决定。在现代化市场下，智能手机的更新速度非常快，如果不重视新技术的研发，势必会影响华为的市场占有率。相比于大型的制造企业，中小型的制造企业更应该紧随其后，调整人力资源管理的机构，落实相关职能部门和部门职责，以保证企业内部每项工作都能够顺利开展。比如实现组织结构的扁平化，减少决策与管理层次，提高信息流、资金流的运转效率，从而达到全面提升运营效率的目的。另外，更重要的是组织结构扁平化有助于增强企业快速反应能力，这对于企业调整及时调整经营策略应对市场变化是非常重要的。总的来说，制造企业应当重视优化和调整组织机构，使其能够助力于制造企业的可持续发展。

2.完善人才管理机制

制造企业的人才管理应当包括选拔人才、培育人才、激励人才、留住人才四个方面。制造业具有劳动力密集、人力资源管理难度大的特点。因而，制造企业应当完善人力管理机制，增加高层管理人才的数量，并重视加强中层管理人员的培训，从而提升企业的人力资源管理水平。

（1）在人才选拔方面，制造企业应当因时制宜，根据企业的实际状况选择合适的人才。尤其是在经济全球化的背景下，制造企业更应当完善国际化的人才招聘制度。

（2）在人才培育方面，制造企业应当加强对人才的入职培训、企业文化培训等。另外，随着我国大学人才的增多，越来越多的制造企业开始重视直接从学校引入人才，在高校人才进入岗位前，制造企业应当加强学生的入职训练，以使学生能够适应高强度、快节奏的工作环境。而企业文化培训则是为了让员工始终以企业的发展为基本准则，这样能够有效提高制造企业的核心竞争力。

（3）在激励人才方面。制造企业应当制订完善、高效的激励制度，如高薪资制度、股份制度。只有高于同行业的就业水平的薪酬，才能吸引更多的高技能人才。同时拥有高技能的人才之后，制造企业才能够快速发展。人才激励的投入与产出是成正比的，虽然股权激励并不适合所有的制造企业，但是它仍是一种有效的激励制度。除此之外，还有一种内部创业激励制度，但是它只存在与华为内部，主要是鼓励员工成为华为的代理商。

（4）制造企业应当完善人才留用制度，以减少人才的流失。何况是工业革命的当下，人才已经成为诸多制造企业关注的焦点。制造企业应当利用面谈、留岗等方式来挽留人才，从而完善制造企业的人才资源管理模式。

3.推进人力资源管理的智能化

在现代化科技制度下，制造企业应当重视引进智能化、电子化的管理系统，减少人力资源管理的工作量，并提升人力资源管理的效率，从而提高制造企业的管理水平。例如，在2016年9月8日发布的用 Kronos Workforce Central 劳动力管理解决方案，是将与 People Soft 人力资源管理系统集成，提供集中考勤、基础排班、工时管理到薪资的自动化流程，来提高人力资源管理效率；提供基于产线或者班组等多维度的精细化工时数据，来提高生产管理者对于劳动力使用率和效率以及人工成本的可视性，更好地支持决策和持续改进。而且这一方案已经应用在智能手机品牌 vivo 的生产工厂中。这种解决方案能够帮助工厂建立自动化和精益化的劳动力管理平台，取代过去手工和半手工方式下的粗放管理，从而提升企业的管理效率。

由此可见，制造企业应当重视推进人力资源管理的智能化和现代化。

二、组建项目团队

（一）机械制造企业项目团队组建的依据

1.事业环境因素

机械制造企业项目团队成员可能来自于组织外部或内部，如果项目管理团队可对员工的聘用产生影响或指导，则应考虑下述各因素：

（1）可用性。哪些人员有时间？何时有时间？

（2）能力。他们具有什么能力？

（3）经验。他们是否从事过类似或相关的工作？表现如何？

（4）兴趣。他们是否愿意在这个项目中工作？

（5）费用。项目团队成员的报酬是多少？特别是当他们来自于组织外部时。

2.组织过程的无形资产

参与机械制造企业项目的一个或多个组织可能已有管理人员分派的政策、指导方针或程序。人力资源部门也可协助进行项目团队成员的招募、招聘或入职培训。

（3）角色和职责

角色和职责确定项目所需要的岗位、技能和能力。

（4）项目组织图

项目组织图以图形方式显示项目成员的构成及其相互关系。

（5）人员配备管理计划

人员配备管理计划和项目进度计划可界定每位项目团队成员需要工作的时间，以及有关项目团队组建所需的其他重要信息。

（二）组建团队的结果

1.机械制造企业项目人员分派到位

当恰当的人员已可靠地分派到指定岗位上时，机械制造企业项目的人员配备即告完成。相关文件包括项目团队名录，应分发给机械制造企业项目团队成员的备忘录。同时还应将团队成员的名字插入到项目管理计划其他部分中，例如，项目组织机构图和进度计划中。

2.资源可利用情况

资源可利用情况记录了机械制造企业项目团队每名成员在项目上可工作的时间。制订可靠的最终进度计划取决于较好地了解每个成员在时间安排上的冲突，包括休假时间和承诺给其他项目的时间。

3.人员配备管理计划（更新）

在由具体人员承担项目角色和职责后，因为人们很少能够完全符合规划的人员配备要求，因此可能需要对机械制造人员配备管理计划进行变更。改变机械制造人员配备管理计划的其他原因还包括晋升、退休、疾病、绩效问题和变化的工作负荷。

三、建设项目团队

（一）加强项目团队领导

组建一支基础广泛的团队是建立机械制造企业项目团队的前提，在组建机械制造企业项目团队时，除考虑机械制造人员的教育背景、工作经验外，还需考虑其兴趣爱好、个性特征以及年龄、性别的搭配，确保团队队员优势互补、人尽其才。

机械制造企业项目经理要为个人和团队设定明确而有感召力的目标，阐明实现机械制造项目目标的衡量标准，让每个成员明确理解他的工作职责、角色、应完成的工作及其质量标准。设立实施项目的行为规范及共同遵守的价值观，引导团队行为，鼓励与支持参与，接受不同的见解，珍视和理解差异，进行开放性的沟通并积极地倾听，充分授权，民主决策。营造以信任为基础的工作环境，尊重与关怀团队成员，视个人为团队的财富，强化个人服从组织、少数服从多数的团队精神。根据机械制造人员的不同发展阶段实施情境领导，正确地运用指导、教练、支持与授权四种领导形态，鼓励队员积极主动地分担项目经理的责任，创造性地完成任务以争取项目的成功。

（二）鼓舞项目团队士气

机械制造企业项目团队的士气依赖队员对机械制造项目工作的热情及意愿，为此，机械制造企业项目经理必须采取有效措施激发成员的工作热情与进一步发展的愿望，创造出信任、和谐而健康的工作氛围，让每个机械制造人员都知道，如果机械制造项目成功了，每个人都是赢家，个人的价值也得到了实现，否则便是双输，而且，任何人都没有比团队等更聪明、更有战斗力。鼓励机械制造人员相互协调、彼此帮助，开诚布公地表达自己的思想，设身处地地提供反馈来帮助自己和队员与项目一道成长。提倡与支持不断学习的气氛，使机械制造项目团队成员有成长和学习新技术的机会，能够获得职业和人生上的进步。庆祝团队达到的里程碑，肯定与赏识个人与团队的成功。

灵活多样而丰富多彩的机械制造项目团队建设活动，如组织机械制造项目队员周末聚会、室外拓展、团队旅游等，是培养和发展个人友谊、鼓舞团队士气的有效方式。另外，通过定期召开项目团队会议，也能充分讨论关于建设高效团队的有益话题，比如：作为一个项目团队，我们应该怎样工作？哪些因素防碍团队工作？如何克服？怎样改进才能使团队工作更有效等。

（三）提高项目团队效率

建设高效机械制造企业项目团队的最终目的是提高团队的工作效率，机械制造企业项目团队的工作效率依赖于团队的士气和合作共事的关系，依赖于成员的专业知识和掌握的技术，依赖于机械制造企业项目团队的业务目标和交付成果，依赖于依靠团队解决问题和制订决策的程度。高效项目团队必定能在领导、创新、质量、成本、服务、生产等方面取得竞争优势，必定能以最佳的资源组合和最低的投入取得最大的产出。加强团队领导，鼓舞团队士气，支持队员学习专业知识与技术，鼓励队员依照共同的价值观去达成目标，依靠团队的聪明才智和力量去制订项目计划、指导项目决策、平衡项目冲突、解决项目问题，是取得高效项目成果的必由之路。

四、管理项目团队

（一）项目团队的构成要素

1.机械制造企业项目团队的角色

对于机械制造企业项目经理来说，清楚地了解机械制造项目团队需要哪些角色是很重要的。

（1）机械制造企业项目经理

机械制造企业项目中的领导项目经理具有指挥项目工作、汇集所需技术、交付产品或服务的独特权力。其责任主要包括：

①向上级管理层汇报团队的进展，帮助管理层对团队和项目实施管理。

②愿意迎接新角色的挑战，并努力扮演好新的角色，接受培训、不断学习，增强自己扮演新角色的信心与能力。

③建立部门之间的交流渠道，建立团队与外界环境的联系，为团队的发展创造良好的环境；向团队传达和贯彻公司的政策及发展战略等，向团队成员传递信息、知识和技能；教导团队成员如何管理工作和评估工作结果；提高团队成员的自我激励与自我约束能力；鼓励团队成员提出不同的看法，鼓励团队寻找更新更好的方法；帮助团队解决困难和问题，帮助团队设置对客户的目标；支持团队为达到目标而采取的行动；激励团队化的行为；在团队发生冲突时充当裁判员，有效地解决冲突；规范团队的行为；建立团队氛围，纠正行为偏差，指导形成团队文化；关心团队成员，倾听、收集、采纳团队成员的想法与建议。

项目经理是作为成功的专业人士而担任此职务的，知道如何管理时间和物资，如何处理棘手的问题。他们是优秀的“办事员”，但同时还应该学会如何领导别人。

（2）机械制造企业项目计划人员

机械制造企业项目计划要求从业人员具有计划的知识和能力，能够制订和推行连贯一致的项目计划。必须掌握有关计划的概念和原理，具有良好的沟通能力，以确保计划能够传达正确的信息。

一些人认为机械制造企业项目计划人员的工作主要是安排进度计划。事实上，一个合格的计划人员必须能够收集信息，汇总成报告，描述需要完成的工作和如何完成该项工作。这就包括了项目计划工作的所有要素，如工作范围陈述、风险计划、质量计划及采购计划等。

项目团队成员必须具备支持项目的计划和执行过程的知识、技能及能力。这些重要能力将在项目的文件、必要条件的传达和进展情况评估中有所体现。

（3）机械制造企业项目控制人员

机械制造企业项目控制人员，是指通过跟踪和收集信息保持项目工作的现状和进程的人员。这一职位对于项目的准时完成、向高层管理者和客户汇报项目进程来说是很关键的。通常，项目控制人员为项目经理或领导汇集信息。

机械制造企业项目控制人员收集并分析信息，以确定信息的有效性，然后将其汇编成报告，经过汇编的信息就成为了有关项目进程情况的文件。项目团队收集的信息是否准确有效，一般由项目控制人员来检查。

（4）机械制造企业项目团队普通成员

这些成员是机械制造企业项目团队中非常重要的一环，他们的职责主要有：

①帮助机械制造团队建立共同目标，并为团队目标的实现尽心尽力。

②帮助保持扩大机械制造团队共同努力的成果；维护机械制造企业项目团队的团结，保护团队的荣誉；保守团队的机密；在团队会议开始前做好准备，准时参加团队会议，并积极参与讨论，针对团队的问题发表自己的观点，提出相应的解决办法；努力促进团队达成共识；接受并支持团队的一致决定；争取保质、保量、按时或超标完成团队分给自己的任务；努力改进团队的工作绩效；与其他队员密切协作；随时向其他项目成员提供帮助；必要时，愿意做“分外”工作，以保证机械制造团队目标的实现；需要时，为机械制造团队的利益挺身而出。

（5）机械制造企业项目专家

机械制造企业项目专家的职责有：作为某一专题的专家，应就团队在机械制造企业项目工作过程中碰到的有关专业性问题提出自己的看法与建议，这需要其充分地掌握相关信息资料并发挥自己的专业知识与技能；加强学习，在理论和实践的基础上不断提高自己的专业能力；加强与其他领域的专家之间的切磋，努力拓宽自己的视野；在解决机械制造团队碰到的难题时，既要充分运用自己的专业技能，又不能存有专业偏见，应当一切以提高机械制造团队整体绩效和促进团队发展为目标。

（二）项目团队的行为准则

每一机械制造团队都须有自己的行为准则，机械制造企业项目经理最好以书面的形式制订出有益于团队的行为规范，并向全体成员宣布，以此来鼓励有益的行为、纠正有害的行为，并帮助机械制造成员了解什么是所期望的行为，从而提高机械制造团队自我管理、自我控制的能力，促进机械制造团队的成长，使其早日步入规范期。团队的行为准则应在成立之初就制订出来，一旦被确立就不应轻易更改，否则会引起混乱和不安。行为准则将会成为机械制造团队文化的基础，但随着团队的成长和环境的变化，通常需要对最初的行为准则进行定期的修改。制订和修改行为准则都需要团队全体成员的共同参与，并最终得到全体队员的接受、遵守与维护。同时，团队最好要指定专人来监督机械制造团队行为准则的遵守情况。

（三）确定人员的职责和目标

在机械制造团队中，无论需要做好哪个人的工作，最初的切入点都需要让他们知道自己为什么与项目息息相关，不可分割，需要让他们明白应该为机械制造企业项目做出哪些工作。项目经理应让项目团队中所有人员都需要知道：

1.自己需要承担什么职责，需要完成哪些任务。

要清楚而明确地对这些问题做出回答。而要做到这点，只是列出每个人需要完成的任务并不是最好的做法，而应该对团队成员需要实现的目标做出清楚界定。

2.确定机械制造企业项目中谁有权安排工作，确定项目成员需要与谁合作，为谁服务。

3.确定机械制造企业项目成员需要与谁交往、与谁合作，以实现他们的既定任务。

4.机械制造企业项目成员应该在项目上投入多少时间。（应该确保项目成员能够保证在项目参与的持续期内和具体的参与时间留出充足的时间。)

5.确定机械制造团队成员任务完成与否的衡量标准。

6.要清楚知道机械制造企业项目成员被选入团队的原因。机械制造企业项目成员之所以被选入团队，是因为他们是适合项目工作的唯一人选，但应尽量不要把这一理由告诉他们，因为这样很难对他们产生激励作用。

对机械制造企业项目来说，分派任务、确定目标是一项相对繁重的工作，这也是项目经理最为重要的任务之一。

机械制造企业项目经理应该尽力平衡好详细的职责分派和赋予一定自由度之间的关系。要预见到可能发生的事情，是很难做到的，这样一来，就无法制订出一套完美的计划，把所有需要完成的任务一一包含在内。一些新的、未曾计划到的工作任务总会接连出现，需要及时予以解决。因此，可以把职责分派看作一个项目流程，一旦发现需要开展新活动，项目经理就直接把这些活动安排给各个项目成员。要解决好这一问题，一方面，可以在编写职责说明时对此类事项做出规定；另一方面，也可以事先对项目成员的内心期望做出相应的管理和调整，让他们知道，随着项目的进展，项目成员的职责也会相应地得到扩充。

机械制造企业项目经理分派好职责后，还需要检查一下有没有遗漏和重叠，因为一项任务需要由一个人或是一个团队来负责，如果不进行检查，项目经理就难以确保这项任务能够得以实现。责任不清、职责不明，会造成时间的浪费，造成管理费用的浪费，并大大增加项目失败的风险。对机械制造企业项目来说，确保每项任务有一个人或一个团队负责，是成功的一个重要因素。

第二节　机械制造企业项目经理

一、机械制造企业项目经理的主要职责

机械制造企业项目经理是一个项目团队的核心人物，他的能力、素质和工作绩效直接关系项目的成败。项目管理的主要责任是由机械制造企业项目经理承担的，机械制造企业项目经理的根本职责是确保项目的全部工作在项目预算的范围内，按时、优质地完成，从而使项目业主/客户满意。机械制造企业项目经理在整个项目管理中处于核心地位，根据其在项目管理中的作用，可将其所承担的主要角色和职责概括如下：

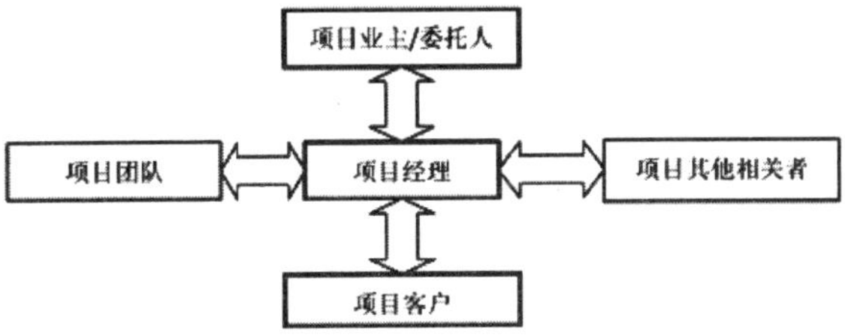

图 7-2　项目经理与项目相关利益者关系示意图

（一）项目团队的领导者和决策人

机械制造企业项目经理是项目团队的最高领导，是项目管理工作的决策制订者。机械制造企业项目经理在项目实现过程中，要确定项目及各项目阶段的目标、范围、任务，要规定各项工作的要求，这些都属于项目决策的工作，所以机械制造企业项目经理是项目团队的决

策者。机械制造企业项目经理在带领项目团队完成项目任务和工作的过程中还必须承担领导者的角色。在项目管理中，有很多情况需要机械制造企业项目经理身先士卒地带领项目团队去“冲杀”，带领团队成员去“攻克堡垒”。在另外一些情况下，机械制造企业项目经理要指导项目团队按照正确的方向和方法去完成项目工作，此时机械制造企业项目经理需要“坐阵指挥”，需要通过积极授权使下属能够根据指导去完成任务。机械制造企业项目经理的领导职责主要是充分运用自己的职权和个人权力去影响他人，为实现项目的目标而服务。

（二）项目的计划者和分析师

机械制造企业项目经理也是一个项目的主要计划者和分析师。任何项目都有一系列的计划工作，既有集成计划工作也有各种专项计划工作，因为一个项目的各项活动和任务都需要通过计划工作去做出安排。虽然每个项目团队都有自己的计划管理人员，但是机械制造企业项目经理是项目计划的主要制订者，而项目计划管理人员只是项目计划决策的辅助者，因为一个项目的计划最后还是要由机械制造企业项目经理进行审查和批准，然后才能实施和执行，所以机械制造企业项目经理是一个项目的计划者。同时，在项目的计划和安排过程中，机械制造企业项目经理必须全面地分析项目或项目阶段所处的外部环境和所具有的内部条件，深入地分析这些环境与条件可能带来的机遇和威胁，深入地分析和估算所需的各种资源，综合地分析所面临的各种风险，以及应对这些风险的措施。同样，尽管有项目管理人员或专家去做项目分析的一些具体工作，但是机械制造企业项目经理承担着通过分析得出正确结论的最终职责，所以机械制造企业项目经理又扮演着项目分析师的角色。

（三）项目的组织者与合作者

机械制造企业项目经理同时又是一个项目的组织者与合作者。作为项目的组织者机械制造企业项目经理要组织项目团队、设计项目团队的组织结构、分配项目团队成员角色、安排项目管理人员的管理职责、自上而下地进行授权、进行项目团队人员的配备、分派各种项目管理任务、组织和协调团队成员的工作等，这些都属于项目组织管理方面的工作，所以说机械制造企业项目经理还是一个项目团队的组织者。同时，机械制造企业项目经理在整个项目的实现过程中还要扮演合作者的角色，他要与项目团队的全体成员和所有的项目相关利益者进行合作。项目管理是一种基于团队作业的管理，而不是一种基于部门作业的管理，而在基于团队作业的管理中，任何人都是以合作者的身份出现的，项目成员以各自不同的专业特长互补合作，共同协力完成任务；机械制造企业项目经理也不例外，也需要以合作者的身份出现，尤其是在与项目业主/客户的合作中更是如此，所以机械制造企业项目经理又是项目团队中的合作者之一。

（四）项目的控制者和评价者

机械制造企业项目经理的角色还包括项目的控制者和评价者。作为项目的控制者，机械制造企业项目经理需要全面、及时地控制项目的全过程，他要根据项目的目标和项目业主/客户的要求与期望制订出项目各项工作的管理控制标准，组织项目管理人员去对照标准度量项目的实际绩效，对照标准分析和确定项目实际工作中所出现的各种偏差，并决定采取何种措施去纠正已出现的各种偏差，这些都是机械制造企业项目经理作为项目控制者这一角色，在项目的实现过程中所要做的工作。与此同时，机械制造企业项目经理还需要扮演项目评价者的角色，他要从一个评价者的角度出发，客观地衡量和评价一个项目的工期进度、项目质量和项目成本与预算的实际完成情况，并及时评价和判断各种偏差的性质及其对于项目的影响，评价和判断项目实现过程中出现的各种问题。尤其值得说明的是，机械制造企业项目经理还担负着评价各种项目变更的责任，不管是项目设计的变更还是项目实施的变更。

（五）项目利益的协调人和促进者

机械制造企业项目经理在项目相关利益者之间还扮演着项目利益协调人和促进者的角色。作为项目利益的协调人，机械制造企业项目经理处于全体项目相关利益者的中心位置，因为机械制造企业项目经理不但要协调项目业主和项目客户的利益，还要协调项目业主/客户与项目团队的利益，以及项目团队、项目业主/客户和项目其他利益相关者之间的各种利益关系。在协调这些项目相关利益者之间利益的同时，机械制造企业项目经理还需要通过自己的工作去努力促进和增加项目的总体利益，努力追求项目利益的最大化，从而使所有项目利益相关者都能够从项目中获得更大的利益，因此机械制造企业项目经理还承担着项目利益促进者的角色。

二、机械制造企业项目经理的能力要求

机械制造企业项目经理是项目组织的管理者，负责对项目的计划、组织、领导和控制等工作，因此，一个机械制造企业项目经理必须具备以下几方面的能力。

（一）领导能力

项目领导工作包括有效的沟通和有效的激励，要使项目团队成员齐心协力地工作，实现项目目标，必须进行有效的领导。

1．机械制造企业项目经理需要采取民主式的领导方式

对于机械制造企业项目经理而言，采用这种领导方式比主要依靠职权的独裁式或命令式的管理方式更为有效，这是因为项目组织是一个临时性的组织，且由各方面的专家组成，项目本身涉及面广，只有充分调动每位组员的积极性，在遇到问题的时候，与大家共同商量解决问题的方法，授予下属更大的工作自主权，才会实现有效的领导。

2．懂得激励成员的因素，并能设计出一种富于支持和鼓励的工作环境。机械制造企业项目经理可以通过鼓励全体项目组织成员的积极参与来创造出这样一个环境。

（1）使项目组织成员了解项目结果和利益的蓝图

如某一项目目标是对工厂进行全新设计，那么机械制造企业项目经理就应将这一目标生动地描绘出来，把实现这一项目目的的益处向大家解释清楚。如消除生产上的瓶颈问题，增加产量，减少库存等。这样，当大家都清楚通过自己的努力，可以达到美好结果时，就会更加热情地投入工作。

（2）授权

通过授权，使成员拥有实现自己工作目标的决策权力。如让成员拥有制订工作计划、决定如何完成任务、控制工作进程以及解决妨碍工作进展问题等方面的权力，这样的授权，能使每个人的工作内容更有挑战性，能够满足组织成员受尊重、实现自己价值等需求的满足。

（3）奖励

奖励是一种动机强化的手段，通过奖励对期望的行为具有激励作用，被认同或得到奖励的行为会重复发生，如项目组成员提前完成了一项重大任务或发明了一种可加快项目进程的工作方法，而受到奖励，这样会鼓励大家在未来的工作中保持和发扬这一良好作风。奖励的方式很多，如金钱、口头鼓励、表扬、赞赏、奖品等，应注意奖励的方式，只有能满足成员需求的奖励，才能起到激励作用。

①一种最简单有效的激励方式是对项目组中每位成员的工作表现出真诚的兴趣，当成员向你汇报他们的工作时，要全神贯注地听。然后，向他们提一些有关工作的问题，并用“谢谢”“干得不错”“很好”等语言来表达对他们付出的认同和赏识。

②在成员之间创造一种同志式的友谊与忠诚

项目工作应该充满乐趣，机械制造企业项目经理应从工作中获得乐趣，也应鼓励项目团队成员获得同样的乐趣，机械制造企业项目经理应信任每个成员，为大家提供有挑战性的工作。同时，通过不定期地举行一些聚餐、野餐或庆功会等方式为大家提供交流的机会，建立一种相互信任，充满乐趣又有远大前途的工作环境，创造一种同志式的友谊与忠诚。

（4）机械制造企业项目经理要言行一致，身体力行

要为组织成员树立榜样，如果希望成员为赶进度而加班，自己应该首先留下来而不是提前离开。

（二）人员开发能力

有效的机械制造企业项目经理会对项目成员进行训练和培养，使组织成员有机会增加自身价值，使每个人在项目结束时，都拥有比项目开始时更丰富的知识和竞争能力。

1.机械制造企业项目经理应创造一种学习环境，使员工能从他们所从事的工作中，从他们所经历或观察的情景中得到知识。如尽可能给成员分配全面的任务，使他们丰富知识。如一个没用过 Excel 的人去用 Excel 处理数据，这就能使他学会使用 Excel。或是让一个阅历不足的成员能跟经验丰富的成员一起工作，使新的成员从经验丰富的人那里学到更多的东西。

2.让他们参加正式的培训课程。

（三）沟通能力

一个机械制造企业项目经理，一定要是一个良好的沟通者，他需要与项目组织成员、承包商、项目业主以及相关的各方面进行沟通，只有通过有效的沟通，才能了解掌握各方面的情况，及时地发现潜在的问题，征求到改进工作的建议，协调各方面的关系。

沟通包括口头沟通和书面沟通。口头沟通是通过语言来传递信息，在项目早期，面对面的口头沟通对促进项目组织的团队建设、发展良好的工作关系和建立共同目标是特别重要的。机械制造企业项目经理也应主动拜访项目业主、公司上层管理者以及项目相关部门，了解他们各自的想法，争取建立良好的关系，也应经常与项目组成员进行口头沟通以增进了解。定期组织会议也是必不可少的，包括：

1.情况评审会——通报情况，找出问题；

2.解决问题会议——针对问题召开有关人员会议；

3.技术设计评审会——对提出的设计方案进行评审；

4.书面沟通是通过文字来传递信息。如，内部备忘录、信件、进度报告、项目总体报告等。

另外，优秀的机械制造企业项目经理会注意倾听项目业主表达的期望和要求，项目组成员的意见和关注所在，听比说获益更多。

第三节　机械制造企业项目团队的组建

一、机械制造企业项目团队的组建要求

（一）项目经理的组建要求

由于项目经理的角色和责任非常重要，那么选择项目经理就应该是管理层的职责。在公司里，通常会有一个委员会对项目经理的人选进行确定。

（二）核心项目团队成员的组建要求

核心项目团队成员的选择一般由项目经理负责，但是这种选择是很困难的。由于核心团队成员可能在多个项目中交叉分配，因此项目经理不可能把组织内在各个专业方面最出色的成员挑选在自己的核心团队里。一方面是因为这种提议很容易被有关经理拒绝，另一方面组织拥有大量的项目需要同时进行，专业人才的分配和使用要根据项目的优先级来统筹考虑，更何况项目的优先级和要求还是持续变化的。因此，项目经理在选择核心团队成员时，必须把团队的任务和活动进行适当分类，对于那些关键路径活动、高风险活动和高商业价值项目要选择高技术或高水平的专业成员来负责，对于非关键的活动和项目可以由相同专业的但经

验和能力稍微欠缺的成员负责，而对于那些非核心的活动和项目则尽量考虑外包，由合同团队成员完成。

（三）合同项目团队成员的组建要求

合同项目团队成员虽然不是组织的内部雇员，对项目团队控制团队规模有一定的积极意义，但是他们的出现也会给项目经理带来一系列问题。如合同项目团队成员只是在项目需要他们的特定技术的一段时间内才会被邀请加入项目团队，而合同团队成员的时间安排往往与此不一致，这就需要加以协调，保证其与相关活动的进度一致；在合同项目团队成员进入团队后，还需要加强他们的责任心以保证外包活动的工作质量；等等。

二、机械制造企业项目团队的组建过程

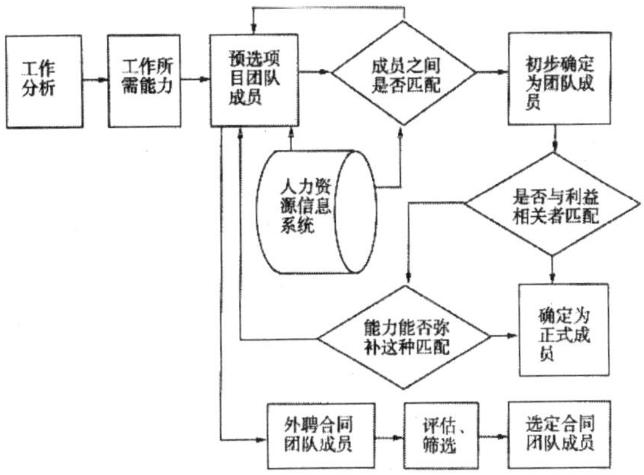

图 7-3　机械制造企业项目团队的组建过程

（一）工作分析

机械制造企业项目团队成员的选择流程是从工作分析开始的。工作分析就是将项目中的各项工作的内容、责任、性质及机械制造企业项目团队成员所应具备的条件予以研究和分析。工作分析的结果提供与工作本身的要求有关的信息，而工作要求又是编写工作说明书（工作的内容是什么）和工作规范（用什么样的人来从事这一工作）的基础。工作分析能够识别一个成员必须完成的任务，每项任务的完成需要哪些知识、技能和能力。要进行工作分析，可以使用工作分解结构（WBS）工具。工作分解结构是对工作的分级描述，这些工作是由“机械制造企业项目综述”（POS）确定的为完成项目而必须进行的各项工作。

（二）预选机械制造企业项目团队成员。

定义了完成机械制造企业项目所需要的知识、技能和能力之后，就要寻找哪些成员具备这些条件，这个过程叫作预选机械制造企业项目团队成员。预选项目团队成员首先要从组织人力资源管理信息系统中查询。每个组织都有自己的人力资源信息库，它包括员工的基本信息（姓名、年龄、籍贯、奖惩记录等）、成功的机械制造企业项目经历（曾经成功地进行了哪些项目、在其中承担了什么责任，以及机械制造企业项目的相关信息资料）、工作状态（正在承担何种机械制造企业项目、工作的饱和度如何，以及组织整体上员工的工作负荷情况）、价值取向（看重的东西，如企业形象、薪酬待遇以及能力提高的机会，及其优先次序）、人气/人格取向（人格类型及其行为特征）、团队角色取向（在团队中的角色倾向）、能力/知识取向（技能等级）等。如果组织的人力资源信息库中没有符合特定技术条件的员工或者机械制造企业项目团队想把一些非关键技术的活动外包，机械制造企业项目团队就需要考虑外聘

合同团队成员。这一步实际上是判断机械制造企业项目团队能否与机械制造企业项目特点相和谐。

（三）初步确定团队成员。

预选了机械制造企业项目团队成员之后，就要考察这些成员相互之间在人际关系方面是否和谐、在人格上是否匹配、在团队角色上是否相称。如果成员之间相互匹配、和谐，就将其初步确定为团队成员；否则，就重新选择机械制造企业项目团队成员。

（四）确定正式团队成员。

如果机械制造企业项目团队成员之间在人格、团队角色等方面融洽了，还要看这些成员与机械制造企业项目的利益相关者之间是否匹配。由于机械制造企业项目任务是机械制造企业项目团队与机械制造企业项目利益相关者共同完成的，没有利益相关者对机械制造企业项目的支持，就很难实现机械制造企业项目的目标，更不可能满足利益相关者的需求。如果这些成员能够与利益相关者匹配，就可以成为机械制造企业项目的正式团队成员。否则，还要看这些成员所具有的技能能否弥补这种不足。如果某成员的知识和技能水平确实很高，能够弥补与利益相关者在人际关系上的不和谐，也可以成为机械制造企业项目的正式团队成员；如果某成员所具有的技能不能弥补这种不和谐，就需要重新选择团队成员。

（五）选择合同团队成员。

对于合同团队成员的选择，机械制造企业项目经理要按照一定的程序来决策。首先，要明确所需要的技术类型、成员数量和具体的时间框架；其次，撰写工作说明书和工作规范，选择相关组织、部门或成员分发工作说明书和工作规范；再次，建立评估标准，评估并筛选符合条件的合同团队成员。评估通常采用评分表的形式，它包括一组有关主要特征和功能的问题，通过对每个问题进行加权，计算评分结果。最后，与合同团队成员签订合同。

第四节　机械制造企业项目团队发展的阶段

项目团队从组建到解散，是一个不断成长和变化的过程，一般可分为五个阶段：组建阶段、磨合阶段、规范阶段、成效阶段和解散阶段。在项目团队的各阶段，其团队特征也各不相同，如下表所示：

表 7-1　项目管理各阶段特征

组建阶段	磨合阶段	规范阶段	成效阶段	解散阶段
团队成员试图确定自己在团队内部的角色与位置	成员之间关系紧张 出现内部斗争 谋取权力控制 向领导者挑战	项目团队接受了工作环境 项目规程得以改进和规范化 凝聚力开始形成	相互理解 高效沟通 充分授权 密切配合 高团队绩效	项目目标基本完成 团队成员准备离开

一、组建阶段

在这一阶段，项目组成员刚刚开始在一起工作，总体上有积极的愿望，急于开始工作，但对自己的职责及其他成员的角色都不是很了解，他们会有很多疑问，并不断摸索以确定何种行为能够被接受。在这一阶段，项目经理需要进行团队的指导和构建工作。

应向项目组成员宣传项目目标，并为他们描绘未来的美好前景及项目成功所能带来的效益，公布项目的工作范围、质量标准、预算和进度计划的标准和限制，使每个成员对项目目标有全面深入的了解，建立起共同的愿景。

明确每个项目团队成员的角色、主要任务和要求，帮助他们更好地理解所承担的任务与项目团队成员共同讨论项目团队的组成、工作方式、管理方式、一些方针政策，以便取得一致意见，保证今后工作的顺利开展。

二、磨合阶段

这是团队内激烈冲突的阶段。随着工作的开展，各方面问题会逐渐暴露。成员们可能会发现，现实与理想不一致，任务繁重而且困难重重，成本或进度限制太过紧张，工作中可能与某个成员合作不愉快。这些都会导致冲突产生、士气低落。在这一阶段，项目经理需要利用这一时机，创造一个理解和支持的环境。

（一）允许成员表达不满或他们所关注的问题，接受及容忍成员的任何不满；

（二）做好导向工作，努力解决问题、矛盾；

（三）依靠团队成员共同解决问题，共同决策。

三、规范阶段

在这一阶段，团队将逐渐趋于规范。团队成员经过震荡阶段逐渐冷静下来，，开始表现出相互之间的理解、关心和友爱，亲密的团队关系开始形成，同时，团队开始表现出凝聚力。另外，团队成员通过一段时间的工作，开始熟悉工作程序和标准操作方法，对新制度也开始逐步熟悉和适应，新的行为规范得到确立并为团队成员所遵守。在这一阶段，项目经理应：

（一）尽量减少指导性工作，给予团队成员更多的支持和帮助；

（二）在确立团队规范的同时，要鼓励成员的个性发挥；

（三）培育团队文化，注重培养成员对团队的认同感、归属感，努力营造出相互协作、互相帮助、互相关爱、努力奉献的精神氛围。

四、成效阶段

在这一阶段，团队的结构完全功能化并得到认可，内部致力于从相互了解和理解到共同完成当前工作上。团队成员一方面积极工作，为实现项目目标而努力；另一方面，成员之间能够开放、坦诚及时地进行沟通，互相帮助，共同解决工作中遇到的困难和问题，创造出很高的工作效率和满意度。在这一阶段，项目经理工作的重点应是：

（一）授予团队成员更大的权力，尽量发挥成员的潜力；

（二）帮助团队执行项目计划，集中精力了解掌握有关成本、进度、工作范围的具体完成情况，以保证项目目标得以实现；

（三）做好对团队成员的培训工作，帮助他们获得职业上的成长和发展；

（四）对团队成员的工作绩效做出客观评价，并采取适当的方式给予激励。

第五节　高效项目团队的特征

高效团队是指发展目标清晰、完成任务前后对比效果显著增加，工作效率相对于一般团队更高。团队成员在有效的领导下相互信任、沟通良好、积极协同工作的团队。

一、明确的目标—— P（Purpose）

高绩效的团队拥有明确的目标，主要有四点：

（一）团队成员能够描述，并且献身于这个目标。

（二）目标十分明确，具有挑战性，符合 SMART 原则。

（三）实现目标的策略非常明确。

（四）面对目标，个人角色十分明确，或团队目标已分解成个人目标。

二、赋能授权—— E（Empowerment）

赋能授权指团队已从集权向分权的方向过渡，团队成员感觉个人拥有了某种能力，整个群体也拥有了某些能力。赋能授权体现在两个方面：

（一）团队在组织中地位提升，自我决定权也在提高，支配权很大。

（二）团队成员已经感觉到拥有了某些方面的支配权。

赋能授权给员工的时候，同时需要注意：

1.将合理的规则、程序和限制同时交给他；

2.成员有渠道获得必要的技能和资源，能知道该怎样在指定的范围内做事；

3.在政策和做法上能够支持团队的目标；

4.成员互相尊重，并且愿意帮助别人。

三、关系和沟通—— R（Relationand communication）

在关系和沟通方面，高绩效的团队表现出的特征是：

（一）成员肯公开而且诚实表达自己的想法，哪怕是负面的想法。

（二）成员会表示温情、了解与接受别人，相互间的关系更融洽。

（三）成员会积极主动地聆听别人的意见。

（四）不同的意见和观点会受到重视。

四、弹性—— F（Flexible）

团队成员能够自我调节，满足变化的需求，这就表现出一种弹性和灵活性。团队成员需要执行不同的决策和功能，当某一个角色不在的时候要求有人主动去补位，分担团队领导的责任和发展的责任。

五、最佳的生产力—— O（Optimalproductivity）

团队有了很好的生产力，产出很高，产品品质也已经达到了卓越，团队决策的效果也会很好，显然具有了明确问题的解决程序。这样的团队做任何一件事情或处理任何危机都有科学的程序。

六、认可和赞美—— R（Recognition）

当个人的贡献受到领导者和其他成员的认可和赞美时，团队成员会感觉到很骄傲；团队的成就涉及所有成员的认可，团队的成员觉得自己受到一种尊重，团队的贡献受到了组织的重视和认可。从个人到团队都受到一种认可，人们的士气就会提升。

七、士气—— M（Morale）

每个人都乐于作为团队中的一员，都很有信心，而且士气高昂。如果团队成员对于自己的工作都引以为荣，而且很满足时，团队的向心力就会很强，士气高昂。

第六节　跨职能团队和虚拟团队

一、跨职能团队

（一）跨职能团队的概念

跨职能团队是指把各种工作领域具有不同知识、技能的员工组合起来识别和解决共同的问题的团队。

（二）跨职能团队的内容

跨职能团队的成员通常来自几个部门，任务是解决需各个部门共同协作才能解决的问题。跨职能团队可能会设计与实施质量改进方案、开放新产品和技术、提高作业效率或把各个职能部门联系起来以增强产品创新、服务创新的能力。

二、虚拟团队

虚拟团队为机械制造企业项目团队成员的招募提供了新的可能性。虚拟团队可被定义为具有共同目标，并在完成角色任务过程中基本上或完全没有面对面工作的一组人员。

（一）虚拟团队的特点

1.它不具有法人资格，也没有固定的组织层次和内部管理系统，而是一种开放式的组织结构。参与单位提供各自的核心能力进行横向或纵向的合作，而不必通过固定的组织形式实现组织的功能。他们的合作关系是动态的。一旦目标实现、产品或机械制造企业项目生命期结束，虚拟组织自动解散或重新开始新一轮的组合运作过程。

2.虚拟团队中的成员可以遍布世界各地，彼此也许并不存在产权上的联系，完全突破了以内部组织制度为基础的传统的管理方法。它按照平等的原则组建，成员之间是平等合作的伙伴关系，在信任的基础上实现知识产权、技能和信息资源的共享。

3.团队成员的协调是通过信息和通信系统实现的。互联网技术、计算机技术以及电子商务技术等虚拟团队的技术平台，推动了虚拟团队的发展。

4.虚拟团队实现目标的方式是通过提供各自的核心能力和资源的优化配置，优势互补。在互联网上，通过竞争招标或自由选择等方式确定合作伙伴关系后，通过资源的整合利用和能力的互补，迅速形成各专业领域中的独特的竞争优势，以低成本和最快的速度对市场做出反应，完成单个企业难以承担的机械制造企业项目。

（二）虚拟团队的应用条件

1.用于高科技，需要大量知识和技能的机械制造企业项目。只有产品和服务的信息化和知识化才能发挥虚拟团队的优势，才能使各成员知识与能力的互补和共享的效益最高。

2.现代信息手段的使用。现代信息技术使得虚拟团队的各个成员可以以较低的成本、最快的速度实现跨地域伙伴之间的合作和协调，形成一个跨地域的虚拟化的机械制造企业项目过程。

3.人员素质的提高。人们必须自律、诚实和守信，从某种意义上说，相互信任是虚拟团队取得成功的关键，是组织顺利运行的基础。

4.虚拟团队的顺利运行需要组织成员在运行程序、管理规范、信息系统等方面协调统一，需要周密的程序、精确的预算和报告系统、有效的管理系统和规范化的管理；要求不同的组织成员之间实现过程和系统的集成，这对机械制造企业项目管理中信息技术的使用提出了更高的要求。

（三）虚拟团队存在的问题

1.虚拟团队的控制力较弱

在机械制造企业项目中有可能失去对信息、技术和一些外部资源的控制。传统的机械制造企业项目组织可以通过严格的层级制度对组织成员的行为、信息、资源和技术加以控制，工作中出现问题可以通过企业内部的组织机构协调、控制加以解决。虚拟团队建立在相互合作基础上，每个成员只能控制机械制造企业项目中的一小部分，如果某个环节或合作者出现问题会导致整个机械制造企业项目过程的断裂，导致机械制造企业项目失败。

2.通过信息技术无法获得的软信息容易使信息反馈失真、机械制造企业项目失控

3.与传统组织不同，虚拟团队的管理者需要花更多的时间在组织成员之间的协调与沟通上。在应如何评价虚拟团队的管理业绩、如何对管理者进行激励以及如何与其他组织成员共同工作从而提高组织整体效率等方面还存在许多问题。

本章小结

本章综合介绍了机械制造企业项目人力资源管理，包括机械制造企业项目人力资源管理概述，机械制造企业项目经理，机械制造企业项目团队的组建、机械制造企业项目团队发展的阶段、高效项目团队的特征、跨职能团队和虚拟团队等知识。

练习与思考

1.人力资源规划的内容有哪些？

2.企业对项目经理的能力有哪些要求？

3.什么是高效项目团队？

案例思考

A 项目特点是在某集团范围内属于投资额度较大、战略影响较大的一个项目，而且该项目受外部因素牵制较多，但又必须如期交付，所以该项目团队不但需要管理好项目本身，更需要具备很强的项目推动力度。该项目团队从项目经理到各子系统成员，均是相关专业专家，做到了质量严格把关、工艺严格把关，严格遵照项目相关管理规定，避免了因质量问题产生不达标或返工的现象。但是还有很重要的一点就是高层的参与，这样可以调动一切资源，尽力消除外部因素对项目的负面影响，为项目的如期交付提供了强有力的支持。该项目终在大家的关注下如期保质保量交付。

案例思考：实例中的企业的高层对人力资源做了哪些规划，才能促使项目顺利完成？

第八章　机械制造企业项目质量管理

第一节　机械制造企业项目质量与质量管理

机械制造企业项目涉及到国家和社会的方方面面，只有科学咨询、精心设计、优良生产，才能生产出质量合格的项目，实现投资者的期望。

一、项目质量的概念

机械制造企业项目质量，通常指产品的质量，广义的还包括工作的质量。机械制造产品质量是指产品的使用价值及其属性；而工作质量则是产品质量的保证，它反映了与产品质量直接有关的工作对产品质量的保证程度。

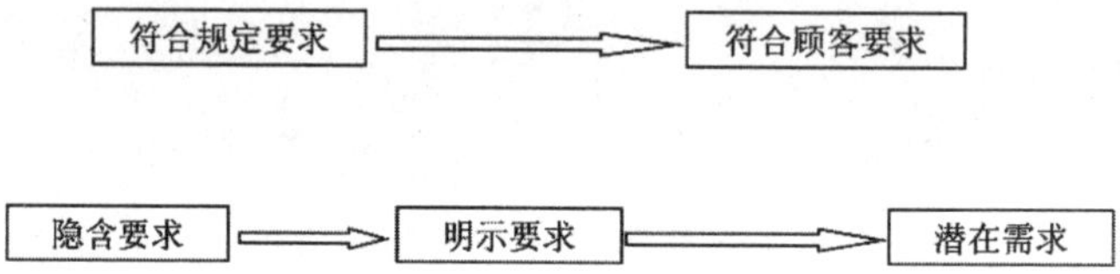

图 8-1　质量的定义

ISO9000 质量定义，质量是指产品或服务能满足规定或潜在需求的特性和特征的集合。PMI 质量定义，质量是对一种产品或服务能满足对其明确或隐含需求的程度产生影响的该产品或服务特征和性质的全部。机械制造企业质量的形成示意图，如图 8-2：

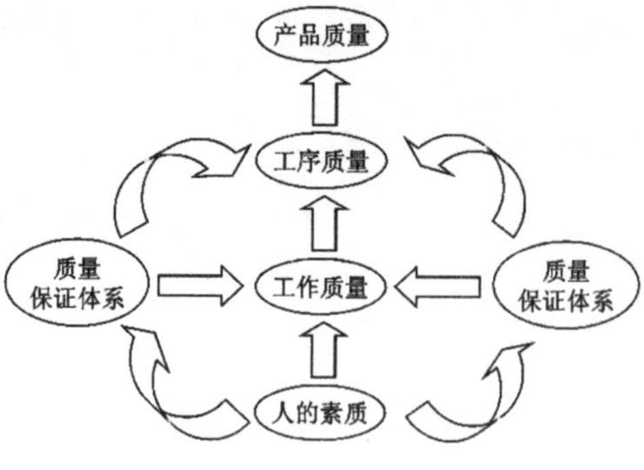

图 8-2　机械制造企业质量的形成示意图

从机械制造企业项目作为一次性的活动来看，机械制造企业项目质量体现在由工作分解结构反映出的项目范围内所有的阶段、子项目、项目工作单元的质量所构成，也即项目的工作质量；从项目作为一项最终产品来看，机械制造企业项目质量体现在其性能或者使用价值上，也即项目的产品质量。根据质量特性设立产品标准示意图，如图 8-3：

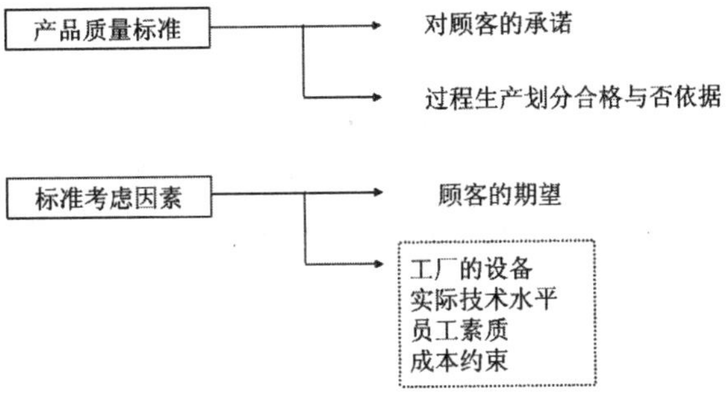

图 8-3　根据质量特性设立产品标准示意图

机械制造企业项目活动是应业主的要求进行的。不同的业主有着不同的机制制造产品要求，其意图已反映在项目合同中。因此，机械制造企业项目质量除必须符合有关标准和法规外，还必须满足机械制造企业项目合同条款的要求，项目合同是进行项目质量管理的主要依据之一。

机械制造企业项目的特性决定了项目质量体系的构成。从供需关系来讲，业主是需方，他要求参与项目活动的各生产方提供足够的证据，建立满意的供方质量保证体系；另一方面，机械制造企业项目的一次性、核算管理的统一性及项目目标的一致性均要求将项目范围内的组织机构、职责、程序、过程和资源集成一个有机的整体，在其内部组织良好的质量控制及内部质量保证，从而构筑出项目的质量体系。

由于机械制造企业项目活动是一种特殊的物质生产过程，其生产组织特有的流动性、综合性、劳动密集性及协作关系的复杂性，均增加了机械制造企业项目质量保证的难度。

机械制造企业项目的质量管理主要是为了确保项目按照设计者规定的要求满意的完成，它包括使整个项目的所有功能活动能够按照原有的质量及目标要求得以实施，质量管理主要是依赖于质量计划、质量控制、质量保证及质量改进所形成的质量保证系统来实现的。

二、机械制造企业项目质量管理

“靠质量树信誉，靠信誉拓市场，靠市场增效益，靠效益求发展”，是企业生存和发展的生命链。对于建筑生产企业来说，把质量视为企业的生命，把质量管理作为企业管理的重中之重，已被公司各级领导所认同，“内抓现场质量领先，外抓市场名优取胜”，走质量效益型道路的经营战略已被广泛采用，机械制造市场的竞争已转化为产品质量的竞争。而产品质量形成于制造项目，是公司形象的窗口，因此抓产品质量必须从生产项目抓起。而项目质量管理是公司质量管理的基础，也是企业深化管理的一项重要内容。生产部部提出抓产品质量要实行“两个覆盖”（即：要覆盖所有的产品项目和覆盖每一个产品建设的全过程），也是着重强调了抓项目质量管理的重要性。机械制造企业质量的管理的步骤，如图 8-4：

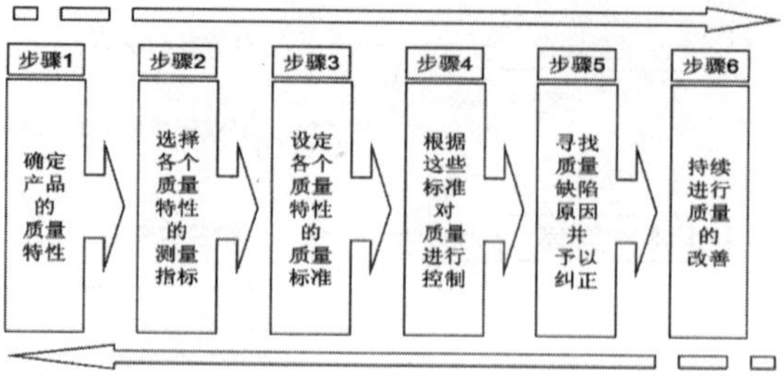

图 8-4 机械制造企业质量的管理的步骤

抓项目质量管理包含两个层次：一是企业层次，二是项目层次。以下就两个层次分别谈一谈对抓项目质量管理的认识。

（一）抓机械制造项目质量管理必须覆盖所有的项目

产品质量形成于生产项目，每个生产项目质量的总和代表公司着整体质量水平。优质产品是公司市场竞争取胜的法宝，也是公司形象的金字招牌，劣质产品损害公司形象，会带来更大的负面影响。在激烈的市场竞争中，优质产品的正面效应与劣质产品的负面影响并不是一比一的对等关系，对公司信誉的影响可以说是“十誉不足，毁一有余”。公司为维护自身的形象，必须重视抓好所有产品项目的质量管理，提高公司的整体质量水平，才能在市场竞争中立于不败之地。

抓机械制造项目质量管理，必须选好项目经理、配好项目班子。机械制造项目经理是企业在项目上的全权代理人，是项目质量的第一责任人和质量形成过程的总指挥，除应有必须具备的政治素质外，还应要求懂技术、善经营、会管理，有真正把质量放在第一位，努力抓好质量管理，创建名牌产品，为企业形象“贴金”，而不是抹黑的质量责任意识。项目班子（包括项目经理）由技术和管理人员组成，是履行质量职能的骨干力量，又是执行质量计划实行全过程控制的实际工作者，选配项目班子要注重总体功能。

（二）抓项目质量必须注重质量保证体系覆盖产品生产的全过程

质量体系是为实现质量保证所需的组织结构、程序、过程和资源。公司质量管理体系程序文件要覆盖产品质量形成的全过程并有效运行，关键也在公司和项目部两个层次。公司要注重提高各级一把手的质量意识，发挥总产品师和技术负责人的重要作用，建立以经理为第一责任、总产品师全面负责、各级质量、技术管理部门实施的监管体系，培养一批内审和管理、监督专家队伍。经常通过监督检查、内审和管理评审等手段，对产品质量形成的全过程及其所有质量活动进行分析，有针对性地制订对策和改进措施，质量管理体系的有效运行。作为项目部层次的质量管理层，项目经理要在对公司质量方针目标提供保证的同时，还要依据合同对业主提供保证。必须建立以项目经理为核心、技术负责人为主、专职质量检查员、技术员、班组长及其兼职质量检查员组成的质量管理体系、控制网络，对生产现场的质量职能进行合理分配，健全和落实各项管理制度，形成分工明确、责任清楚的执行机制。在生产质量形成的全过程，坚持高标准严要求，坚持“三检制”和隐蔽验收制度，每个分部、分项产品都严格按照国家产品质量检验评定标准进行质量评定。使生产现场事事、处处、时时、人人都严格按照质量管理制度和规范、规程办事，确保质量体系覆盖从产品开工到竣工验收的全过程，保证项目质量目标的实现。

（三）抓机械制造项目质量必须实行目标管理和质量预控

质量目标既要满足与业主签订的合同要求，又要满足公司质量计划的要求。比如有的产品与业主签订的合同质量等级为优良，而公司为满足市场需要确定其为创局部级优质产品或创“国家级大奖”产品，那么该产品的最终质量目标就应定在局部优质产品或“国家级大奖”

产品上，按照这个质量目标进行全面质量管理设计。

首先，按照“分项保分部、分部保单位产品”的原则，把质量总目标进行层层分解，定出每一个分部、分项产品的质量目标。然后针对每个分项产品的技术要求和生产的难易程度，结合生产人员的技术水平和生产经验，确定质量管理和监控重点。在每个分项产品生产前，写出详细的书面交底和质量保证措施，召集生产主要负责人及技术、质量管理人员和参加生产的所有人员进行交底，做到人人目标明确、职责清楚。对于新技术、新材料、新工艺和生产经验不足的分项产品，还应事先对人员进行培训。对质量控制的难点，组织群众性的 TQC 小组活动进行攻关。在生产管理中还要坚持“典型生产引路”，即在各分项产品全面生产前，首先组织技术熟练的操作工人进行典型生产，典型生产后及时总结，确认能达到质量目标和规范设计要求时，组织生产班组全体人员进行现场观摩，使各生产班组有直观的质量标准，进一步向班组做较深层次的技术交底，从而达到质量预控，少走弯路，一次成优。

第二节　机械制造企业项目质量计划

一、机械制造企业项目质量计划概念

机械制造企业项目质量管理计划主要说明机械制造企业项目管理组织为实施其制订的质量方针和质量目标而进行的职责、权限分配，质量检验、报告、审核，编辑质量管理文件的管理行动。机械制造企业项目质量管理计划为机械制造企业项目总体计划提供输入，并必须陈述机械制造企业项目的质量控制、质量保证和质量提高。

（一）计划内容

机械制造企业项目质量管理计划主要包括以下内容：

1.机械制造企业项目质量目标在机械制造企业项目承担单位内部能够得到理解和贯彻落实；

2.为实现机械制造企业项目质量目标提供必需的、充分的、适宜的资源；

3.为实现机械制造企业项目承担单位对质量承诺而采取的措施；

4.改进工作质量以满足上级主管部门的要求，提高满意度；

5.实现机械制造企业项目质量持续改进的措施；

6.实现有效沟通的措施；

7.随机械制造企业项目进展而进行更改和完善机械制造企业项目质量计划所形成文件的程序。

（二）计划的输出

机械制造企业项目质量管理计划结束时应当提交如下成果：

1.机械制造企业项目质量管理计划。应当说明机械制造企业项目管理班子将如何实施其质量方针。就是要说明机械制造企业项目质量体系、实施质量管理的组织结构、责任、程序、过程和资源。机械制造企业项目质量管理计划为机械制造企业项目总体计划提出了依据。

2.实施说明。该说明要非常具体地说明各种问题的实际内容以及如何在质量控制过程中加以衡量。举例而言，仅仅说明符合计划进度要求不行，还必须指出各机械制造企业项目活动是必须准时开始呢，还是只需按时完成就行；或者指出各机械制造企业项目活动全都需要测量呢，还是只需测量某些可交付成果就行。如果只测量某些可交付成果，则应指明是哪些可交付成果。

3.核对表。核对表具体内容因行业而异，其用途是检查和核对某些必须采取的步骤是否

已经付诸实施。核对表是一种有条理的工具，可简，可繁。口气可以是命令式，如“开始招标”；也可是询问式，如“招标工作已经完成了吗”。国外许多组织都编有标准的核对表，以便保证经常进行的活动使用一致的做法。

二、机械制造企业项目质量计划依据

机械制造企业项目质量计划的依据主要包括：

（一）环境因素

与机械制造企业项目相关的法律法规、标准、条例、规程、规范等。

（二）组织织过程资产。

影响机械制造企业项目成功的资产称为组织过程资产。包括：机械制造企业项目相关方的正式或非正式的方针、程序、计划和原则；组织从以前机械制造企业项目中所获得的经验、教训，如完成的进度表、风险数据等。组织过程资产通常可以归纳为两类：

第一类：组织进行工作的过程与程序。包括：标准；机械制造企业项目生命周期；质量方针与程序；财务控制程序；确定问题与缺陷控制、问题与缺陷识别和解决以及行动追踪的问题与缺陷管理程序；变更控制程序；风险控制程序；批准与签发工作授权的程序等。

第二类：组织整体信息存储检索知识库。包括：过程测量数据库，用于搜集与提供机械制造企业项目过程实测数据；机械制造企业项目档案；历史信息与教训知识库；问题与缺陷管理数据库；配置管理知识库，包括公司所有正式标准、方针、程序和任何机械制造企业项目文件的各种版本与基准；财务数据库，包括工时、费用等信息。

上述组织过程资产都可能会对机械制造企业项目质量造成影响，所以应作为机械制造企业项目质量规划的依据。

（三）机械制造企业项目范围说明书

机械制造企业项目范围说明书是质量规划的一项关键依据，因为它记载了机械制造企业项目的主要可交付成果，以及用于确定利害关系者主要要求的机械制造企业项目目标、限值和验收标准。

（四）机械制造企业项目管理计划

机械制造企业项目管理计划确定了执行、监视、控制和结束机械制造企业项目的方式与方法。机械制造企业项目管理计划记录了规划过程组的各个规划子过程的全部成果。这些内容是机械制造企业项目质量规划的重要依据。

三、机械制造企业项目质量计划方法

机械制造企业项目质量计划的方法主要包括：

（一）成本收益分析法

成本收益分析法也叫经济质量法，这种方法要求在制订机械制造企业项目质量计划时必须同时考虑机械制造企业项目质量的经济性。

机械制造企业项目的质量管理都需要开展两个方面的工作，其一是质量保障工作，其二是质量检验与恢复工作。前者产生机械制造企业项目质量保障成本，后者产生机械制造企业项目质量检验和纠偏成本。机械制造企业项目质量计划的成本/收益法就是合理安排这两种机械制造企业项目质量成本，以使机械制造企业项目质量总成本相对最低。

（二）质量标杆法

这是指利用机械制造企业项目实际或计划的项目质量管理结果或计划，作为新项目的质量比照目标，通过对照比较制订出新机械制造企业项目质量计划的方法。

（三）流程图法

流程图法是用于表达一个机械制造企业项目的工作过程和机械制造企业项目不同部分之间相互联系，通常它也被用于分析和确定机械制造企业项目实施的过程，同时它也是一种机械制造企业项目质量计划的有效方法。

（四）实验设计法

运用实验设计信息是一种计划安排的分析技术，它有助于识别在多种变量中，何种变量对机械制造企业项目成果的影响最大，从而找出机械制造企业项目质量的关键因素，以指导机械制造企业项目质量计划的编制。

四、机械制造企业项目质量计划成果

（一）机械制造企业项目质量管理计划

机械制造企业项目质量管理计划主要说明项目管理组织为实施其制订的质量方针和质量目标而进行的职责、权限分配，质量检验、报告、审核，编辑质量管理文件的管理行动。机械制造企业项目质量管理计划为机械制造企业项目总体计划提供输入，并必须陈述机械制造企业项目的质量控制、质量保证和质量提高。它主要包括以下内容：

1.机械制造企业项目质量目标在机械制造企业项目承担单位内部能够得到理解和贯彻落实；

2.为实现机械制造企业项目质量目标提供必需的、充分的、适宜的资源；

3.为实现机械制造企业项目承担单位对质量承诺而采取的措施；

4.改进工作质量以满足上级主管部门的要求，提高满意度；

5.实现机械制造企业项目质量持续改进的措施；

6.实现有效沟通的措施；

7.随机械制造企业项目进展而进行更改和完善机械制造企业项目质量计划所形成文件的程序。

（二）操作定义

以非常专用的词汇描述某事物是什么，在机械制造企业项目质量控制过程中是如何对其进行测量的。

（三）检查表

通常是特定工业或活动，用于核实一系列要求的步骤是否已经实施的结构化工具。

第三节　机械制造企业项目质量保障

一、机械制造企业项目质量保障概念

机械制造企业项目质量保证是指通过企业项目质量计划，规定在机械制造企业项目实施过程中执行公司质量体系，针对机械制造企业项目特点和用户特殊要求采取相应的措施，使用户确信机械制造企业项目实施能符合机械制造企业项目的质量要求。机械制造企业项目的质量保证活动，主要由机械制造企业项目质量经理负责组织实施。

质量保证是指为使人们确信某一产品或服务的质量能满足规定的质量要求的必要的、有计划、系统的全部活动。

质量保证可分为内部质量保证和外部质量保证。内部质量保证，是为使单位领导确信本单位产品或服务的质量满足规定要求所进行的活动，其中包括对质量体系的评价与审核以及对质量成绩的评定。其目的是使单位领导对本单位的产品和服务质量放心。外部质量保证，是为使需方确信供方的产品或服务的质量满足规定要求所进行的活动，在外部保证活动中，首先应把需方对供方质量体系要求写在合同中，然后对供方的质量体系进行验证、审核和评价。供方须向需方提供其质量体系，满足合同要求的各种证据，证据包括质量保证手册、质量计划、质量记录及各种工作程序。

二、机械制造企业项目质量保障依据

机械制造企业项目质量保障的依据主要包括如下几个方面：

（一）机械制造企业项目质量计划

这是机械制造企业项目质量计划工作的结果，是有关机械制造企业项目质量保障工作的目标、任务和要求的说明文件，所以它是机械制造企业项目保障工作最根本的依据。

（二）机械制造企业项目实质质量的度量结果

机械制造企业项目实际质量的度量结果是有关机械制造企业项目质量保障和控制工作情况绩效的度量和评价结果，这是一种给出机械制造企业项目实际质量情况和相应的事实分析与评价的报告，这也是机械制造企业项目质量保障工作的依据。

（三）机械制造企业项目质量工作说明

机械制造企业项目质量工作说明是指对于机械制造企业项目质量管理具体工作的描述，以及对于机械制造企业项目质量保障与控制方法的说明。这同样是机械制造企业项目质量保障工作的具体依据。

三、机械制造企业项目质量保障方法

（一）机械制造企业质量计划工具和技术

机械制造企业质量计划工具和技术在质量保证中同样适用。

工具一：抽样检查方法

抽样检查检查包括三点：其一，在生产系统的哪一个位置进行检验；其二，是对每个产品逐个进行检验还是只抽查其中一部分：其三，这些检验应如何进行。

1.抽样检验规则

（1）组批

同一班次、同一品种的产品。

（2）按货架区域抽取样品，应适当按比例加取。

2.产品检验的七个流程

（1）明确要求

明确对该产品检验项目，允许的范围和限度及判定的方法。

（2）抽样

从待测批中抽取一定数量的产品进行检验。

（3）测量试验

用一定的方法和手段对产品子样（样本）进行测量，得到质量特性值和的结果。

（4）比较

将测量的结果与产品的质量标准相比较，确定产品的质量特性是否符合要求。

（5）判定

根据比较的结果，视其符合标准的程度，判定单个产品或批量产品为合格品（或合格批）与不合格品（不合格批）等级。

（6）处理

单个产品合格是放行，不合格打上标识后隔离；批量产品应决定是接受、拒收或者复检等。

（7）反馈

向有关部门传递检验后的质量信息，以便及时采取措施。

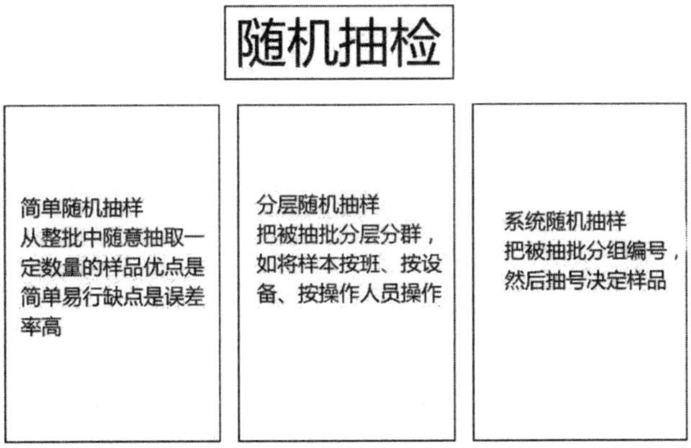

图 8-5 抽样检查方法的内容

工具二：“8D”管理

1.描述问题：界定问题性质范围，形成共识；

2.迅速采用应对措施：针对出现的问题采取应急措施，阻止事态进一步恶化；

3.分析根本原因：找出问题的源头，包括潜在性的原因；

4.采取永久措施：切实采取对策措施，永久性解决问题，消除潜在性因素；

5.验证：验证措施的实施效果；

6.控制：确保所采取的措施形成投制度，能够持续有效执行并监控；

7.预防：把措施规范化和标准化，防止类似问题在出现；

8.恭喜你的成功：对解决问题的有功人员予以嘉奖，以调动积极性。

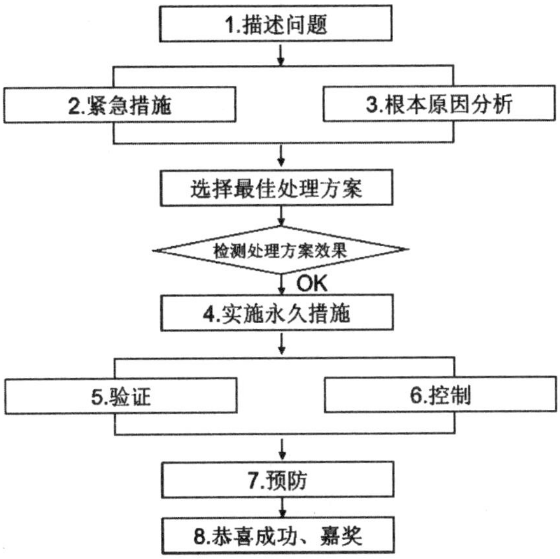

图 8-6　8D 流程示意图

工具三：5W1H

5W1H 内容如表 8-1：

表 8-1　5W1H 的内容

区分	5W1H	内容	疑问	对策
对象	What	做什么	有必要吗？	排除工作中那些不必要的部分
目的	Why	为何做	目的何在？	
人	Who	谁来做	别的人不行吗？	如有可能，将其组合、分解或改变程序
时期	When	何时做	有必要在那时候做吗？	
场所	Where	何地做	非要在哪里做吗？	
方法	How	怎样做	有没有更经济的手段？	工作简单化

工具四：监控计划

监控计划是质量策划的重要组成部分作业是：

1.有利于过程控制的系统化；

2 有利于识别过程特性及其发生的变异；

3.有利于明晰和规范过程管理要素；

4.确保满足顾客的要求；

5.确保资源被正确分配。

工具五：质量控制点

1.需要进行重点控制的对象或工序

2.具有动态特性，即随着过程的进行，其设置不是永久不变的。

例如：某环节的质量部稳定因素得到有效的控制，处于稳定状况，质控点就可以取消；而其他的环节、因素上升成为主要矛盾时，还需要设置新的质控点。

工具六：QC 七大工具

QC 七大工具如表 8-2：

表 8-2　QC 七大工具的内容

工具	目的
对策表	寻找解决产品质量原因的具体措施和方法
分层法	加工整理数据、分析影响质量原因的一种方法
直方图	整理、判断和预测过程质量纯在状态
帕累托图	对造成质量变化的因素进行分类，找出主要因素
因果分析图	按人机料法环分析问题因素，明确因果关系
控制图	分析研究过程中是否呈稳定状态
相关图	研究变量之间关系，进行相关因素的分析

工具七、PDCA 循环

PDCA 循环示意图如图：

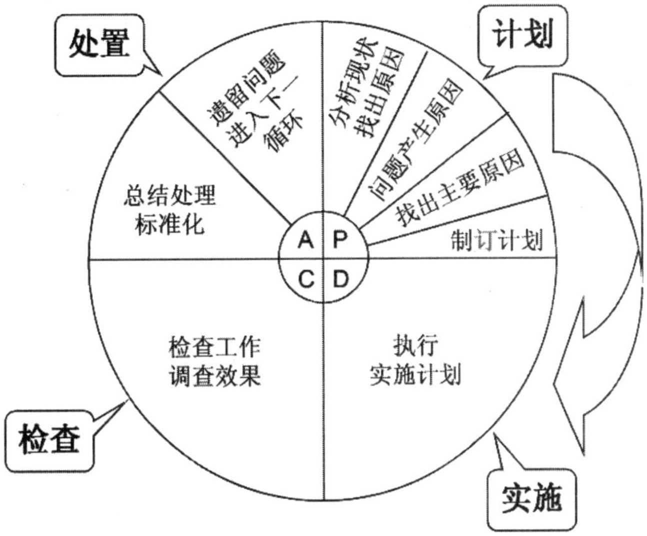

图 8-7　PDCA 循环示意图

（二）质量审核

质量审核是确定质量活动及其有关结果是否符合计划安排，以及这些安排是否有效贯彻并适合于达到对目标的系统的、独立的审查。通过质量审核，评价审核对象的现状对规定要求的符合性，并确定是否需采取改进纠正措施，从而保证机械制造企业项目质量符合规定要求，保证设计、实施与组织过程符合规定要求，保证质量体系有效运行并不断完善，提高质量管理水平。

质量审核的分类包括：质量体系审核、机械制造企业项目质量审核、过程（工序）质量审核、监督审核、内部质量审核、外部质量审核。质量审核可以是有计划的，也可以是随机的，它可以由专门的审计员或者是第三方质量系统注册组织审核。

（三）过程分析

过程分析是指按照过程改进计划中列明的步骤，从组织和技术角度识别所需的改进。其中，也包括对遇到的问题、约束条件和无价值活动进行检查。过程分析包括根源分析，即分析问题或情况，确定促成该问题或情况产生的根本原因，并为类似问题制订纠正措施。

四、机械制造企业项目质量保障结果

机械制造企业机械制造企业项目质量保证工作的结果是多方面的，但最主要的还是提高和改善机械制造企业项目的实际质量。这种机械制造企业项目质量的提高和改善涉及机械制造企业项目工作效率和效果的提高，机械制造企业项目相关利益主体整体利益的扩大，机械制造企业项目产出物的质量等级的提高，各种不必要机械制造企业项目变更的避免和整个机械制造企业项目集成管理的改善等方面。

机械制造企业项目质量保证的另一个结果，是为未来开展的机械制造企业项目提供相应的质量保证工作的经验和教训。这种经验和总结可以作为机械制造企业项目历史信息的一个很好的组成部分，以便为将来的机械制造企业项目质量管理服务。

第四节 机械制造企业项目质量控制

一、机械制造企业项目质量控制概念

（一）项目质量控制的定义

质量控制是指在明确的质量目标条件下通过行动方案和资源配置的计划、实施、检查和监督来实现预期目标的过程。

机械制造企业项目质量控制是指在机械制造企业项目质量目标的指导下，通过对项目各阶段的资源、过程和成果所进行的计划、实施、检查和监督，来判定它们是否符合有关的质量标准，并找出方法消除造成项目成果不令人满意的原因。

质量控制不同于质量管理。质量控制是质量管理的一部分，致力于满足质量要求，如适用性、可靠性、安全性等。质量控制属于为了达到质量要求所采取的作业技术和管理活动，是在有明确的质量目标条件下进行的控制过程。质量管理是机械制造企业项目各项管理工作的重要组成部分，它是机械制造企业项目从生产准备到交付使用的全过程中，为保证和提高工程质量所进行的各项组织管理工作。

（二）项目质量控制的特点

机械制造企业项目生产是涉及面广且极其复杂的综合过程，再加上项目建筑位置固定、生产流动、结构类型不一、质量要求不一、生产方法不一、体形大、整体性强、建设周期长、受自然条件影响大等特点，因此，生产项目的质量管理控制比一般工业产品的质量管理控制难度更大。

1.影响质量的因素多

建筑工程质量受多种因素的影响，如设计、材料、机械、地形地貌、地质条件、水文、气象、生产工艺、操作方法、技术措施、管理制度、投资成本、建设周期等，均直接影响生产项目的质量。

2.质量波动大

由于机械制造企业项目的生产不像工业产品的生产，它没有固定的生产流水线，没有规范化的生产工艺和完善的检测技术，没有成套的生产设备和稳定的生产环境，同时，由于影响项目生产质量的偶然性因素和系统性因素都较多，因此很容易产生质量变异。例如：材料性能微小的差异、机械设备正常的磨损、操作微小的变化、环境微小的波动等，均会引起偶然性因素的质量变异；使用材料的规格、品种有误，生产方法不妥，操作不按规程，机械故障，仪表失灵，检测设备精度失控等，都会引起系统性因素的质量变异，造成工程质量事故。为此，在生产中要严防出现系统性因素的质量变异，要把质量变异控制在偶然性因素范围内。

3.质量的隐蔽性

机械制造企业项目在生产过程中，分项工程工序交接多，中间产品多，隐蔽工程多，若不及时检查实质，事后再看表面，就容易产生二次判断错误，也就是说，容易将不合格的产品认为是合格的产品。反之，若检查不认真、测量仪表不准、读数有误，则就会产生第一判断错误，也就是说容易将合格产品认为是不合格的产品。这点，在进行质量检查验收时，应特别注意。

4.终检的局限性

机械制造企业项目建成后，不可能像某些工业产品那样，再拆卸或解体检查内在的质量，或重新更换零件，即使发现质量有问题，也不可能像工业产品那样实行包换或退款。机械制造企业项目的终检无法进行工程内在质量的检验，发现隐蔽的质量缺陷，这是终检的局限性。

5.评价方法的特殊性

工程质量的检查评定及验收是按检验批准、分项工程、分部工程、单位工程进行的。检验批准的质量是分项工程乃至整个工程质量检验的基础，检验批准合格质量主要取决于主控项目和一般项目经抽样检验的结果。隐蔽工程在隐蔽前要检查合格后验收，涉及结构安全的试块、试件以及有关资料，应按规定进行见证取样检测，涉及结构安全和使用功能的重要分部工程要进行抽样检测。

（三）项目质量影响因素的控制

1.因素控制

影响项目质量的因素主要有五大方面：人、原材料、设备、方法以及环境。

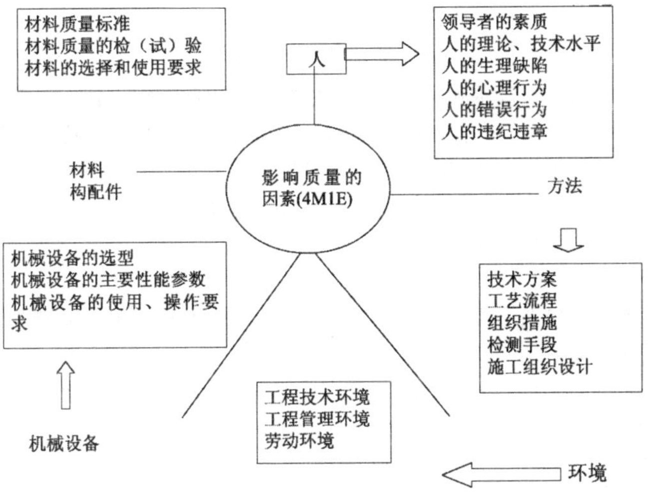

图 8-8 项目质量影响的五大因素

（1）人的因素

人是工程项目质量活动的主体，泛指与工程有关的单位、组织和个人，包括建设单位、勘察设计单位、生产承包单位、监理及咨询服务单位、政府主管及工程质量监督监测单位以及策划者、设计者、作业者和管理者等。人既是工程项目的监督者又是实施者，因此，人的质量意识和控制质量的能力是最重要的一项因素。这一因素集中反映在人的素质上，包括人的思想意识、文化教育、技术水平、工作经验以及身体状况等，都直接或间接地影响工程项目的质量。

（2）原材料

项目材料方面的因素包括原材料、半成品、成品、构配件、仪器仪表和生产设备等，属于工程项目实体的组成部分。这些因素的质量控制主要有以下方面：

①采购质量控制

承包单位在采购订货前应充分调查市场信息，优选供货厂家，并向监理方申报所购材料的数量、品种、规格型号、技术标准和质量要求、计量方法、交货期限与方式、价格及供货方应提供的质量保证文件等。

②制造质量控制

对于一些重要设备、器材或外包件可以采取对生产厂家制造实行监造方式，进行重点或全过程的质量控制。

③材料、设备进场的质量控制

对运到车间现场的原材料、半成品或构配件，必须具有合格证、技术说明书和产品检验报告等质量证明文件。对某些质量状况波动大的材料还要进行平行检验和抽样检验，使所有进场材料的质量处于可控状态。

④材料、设备存放的质量控制

材料、设备进场后的存放，要满足各种材料、设备对存放条件的要求，要有定期的检查或抽样，以保证材料质量的稳定，并得到有效控制。

（3）设备

生产设备和机具是实现工程项目生产的物质基础和手段，特别是现代化生产必不可少的设备。生产设备和机具的选择是否合理、适用与先进，直接影响生产项目的生产质量和进度。因此，要对生产设备和机具的使用培训、保养制度、操作规程等加以严格管理和完善，以保证和控制生产设备与机具达到高效率和高质量的使用水平。

（4）方法

项目的生产方案指生产技术方案和生产组织方案。生产技术方案包括生产的技术、工艺、方法和相应的生产机械、设备和工具等资源的配置。因此组织设计、生产工艺、生产技术措施、检测方法、处理措施等内容都直接影响工程项目的质量形成，其正确与否、水平高低不仅影响到生产质量，还对生产的进度和费用产生重大影响。因此，对工程项目生产方案应从技术、组织、管理、经济等方面进行全面分析与论证，确保生产方案既能保证工程项目质量，又能加快生产进度、降低成本。

（5）生产环境

影响项目生产环境的因素主要包括三个方面：生产技术环境、生产管理环境和劳动环境。

①生产技术环境

影响质量控制的工程技术环境因素有工程地质、地形地貌、水文地质、工程水文和气象等。这些因素不同程度地影响工程项目生产的质量控制和管理。

②生产管理环境

工程管理环境的主要影响因素有质量管理体系、质量管理制度、工作制度、质量保证活动、协调管理及能力等。如由总承包单位的工程承发包合同结构所派生的多单位多专业共同生产的管理关系，组织协调方式及现场生产质量控制系统等构成的管理环境，对工程质量的形成将产生相当的影响。

③劳动环境

劳动环境因素主要包括生产现场的气候、通风、照明和安全卫生防护设施等。在工程项目的质量控制与管理中，环境因素是在不断变化的。如工程技术环境和劳动环境，随着工程项目的进展，地质条件、气象、生产工作面等都可能在不断变化，同时也将引起工程管理环境的变化，应根据工程项目特点和具体条件，采取有效措施对影响质量的环境因素进行管理。如建设工程项目，则要建立文明生产和文明生产的环境，保持材料、工件堆放有序，道路通畅，工作场所清洁整齐等，为确保工程质量创造良好条件。

2.项目不同阶段的质量控制

（1）项目决策阶段的质量控制；

（2）项目设计阶段的质量控制；

（3）项目实施阶段的质量控制；

（4）项目最终完成阶段的质量控制。

二、机械制造企业项目质量控制依据

（一）机械制造企业项目质量计划

这与机械制造企业项目质量保障是一样的，这是在机械制造企业项目质量计划编制中所生成的计划文件。

（二）机械制造企业项目质量工作说明

这也是与机械制造企业项目质量保障的依据相同的，同样是在机械制造企业项目质量计划编制中所生成的工作文件。

（三）机械制造企业项目质量控制标准与要求

这是根据机械制造企业项目质量计划和机械制造企业项目质量工作说明，通过分析和设计而生成的机械制造企业项目质量控制的具体标准。

机械制造企业项目质量控制标准与机械制造企业项目质量目标和机械制造企业项目质量计划指标是不同的，机械制造企业项目质量目标和计划给出的都是机械制造企业项目质量的最终要求，而机械制造企业项目质量控制标准是根据这些最终要求所制订的控制依据和控制参数。通常这些机械制造企业项目质量控制参数要比机械制造企业项目目标和依据更为精确、严格和有操作性，因为如果不能够更为精确与严格，就会经常出现机械制造企业项目质量的失控状态，就会经常需要采用机械制造企业项目质量恢复措施，从而形成较高的机械制造企业项目质量成本。

（四）机械制造企业项目质量的实际结果

机械制造企业项目质量的实际结果包括机械制造企业项目实施的中间结果和机械制造企业项目的最终结果，同时还包括机械制造企业项目工作本身的好坏。

机械制造企业项目质量实际结果的信息也是机械制造企业项目质量控制的重要依据，因为有了这类信息，人们才可能将机械制造企业项目质量实际情况与机械制造企业项目的质量要求和控制标准进行对照，从而发现机械制造企业项目质量问题，并采取机械制造企业项目质量纠偏措施，使机械制造企业项目质量保持在受控状态。

三、机械制造企业项目质量控制方法

（一）核检清单法

核检清单是项目质量控制中的一种独特的结构化质量控制方法。

（二）质量检验法

质量检验是指那些测量、检验和测试等用于保证工作结果与质量要求相一致的质量控制方法。

（三）控制图法

控制图是用于开展项目质量控制的一种图示方法。控制图法是建立在统计质量管理方法基础之上的，它利用有效数据建立控制界限，如果项目过程不受异常原因的影响，从项目运行中观察得到的数据将不会超出这一界限。

（四）帕累斯图法

帕累斯（Pareto）图法是一种表明“关键的少数和次要的多数”关系的一种统计图表，它也是质量控制中经常使用的一种方法。帕累斯图又叫排列图，它将有关质量问题的要素进行分类，从而找出“重要的少数”（A 类），和“次要的多数”（C 类），以便对这些要素采取 ABC 分类管理的方法。

（五）统计样本法

这是指选择一定数量的样本进行检验，从而推断总体的质量情况，以获得质量信息和开展质量控制的方法。

（六）流程图法

这种方法主要用于在项目质量控制中，有关分析项目质量问题发生在项目流程的哪个环节和造成这些质量问题的原因以及这些质量问题发展和形成的过程。

（七）趋势分析法

趋势分析法是指使用各种预测分析技术来预测项目质量未来发展趋势和结果的一种质量控制方法。

四、机械制造企业项目质量控制结果

（一）项目质量的改进

项目质量的改进是指通过项目质量管理与控制所带来的项目质量提高。项目质量改进是项目质量控制和保障工作共同作用的结果，也是项目质量控制最为重要的一项结果。

（二）对于项目质量的接受

对于项目质量的接受包括两个方面，其一是指项目质量控制人员根据项目质量标准对已完成的项目结果进行检验后对该项结果所做出的接受和认可，其二是指项目业主/客户或其代理人根据项目总体质量标准对已完成项目工作结果进行检验后做出的接受和认可。一旦做出了接受项目质量的决定，就表示一项项目工作或一个项目已经完成并达到了项目质量要求；如果做出不接受的决定，就应要求项目返工和恢复并达到项目质量要求。

（三）返工

返工是指在项目质量控制中发现某项工作存在着质量问题并且其工作结果无法接受时，所采取的将有缺陷或不符合要求的项目工作结果重新变为符合质量要求的一种工作。返工既是项目质量控制的一个结果，也是项目质量控制的一种工作和方法。

1.返工的原因一般有三个：

（1）项目质量计划考虑不周；

（2）是项目质量保障不力；

（3）出现意外变故。

2.返工所带来的不良后果主要也有三个：

（1）延误项目进度；

（2）增加项目成本；

（3）影响项目形象。

有时重大或多次的项目返工会导致整个项目成本突破预算，并且无法在批准工期内完成项目工作。在项目质量管理中返工是最严重的质量后果之一，项目团队应尽力避免返工。

（四）核检结束清单

这也是项目质量控制工作的一种结果。当使用核检清单开展项目质量控制时，已经完成了核检的工作清单纪录是项目质量控制报告的一部分。这一项目质量控制工作的结果通常可以作为历史信息使用，以便对下一步项目质量控制所做的调整和改进提供依据和信息。

（五）项目调整和变更

项目调整和变更是项目质量控制的一种阶段性和整体性的结果。

它是指根据项目质量控制的结果和面临的问题（一般是比较严重的，或事关全局性的项目质量问题），或者是根据项目各相关利益者提出的项目质量变更请求，对整个项目的过程或活动所采取的调整、变更和纠偏行动。在某些情况下，项目调整和变更是不可避免的。例如，当发生了严重质量问题而无法通过返工修复项目质量时，当发生了重要意外而进行项目变更时，都会出现项目调整的结果。

本章小结

通过本课程的教学，旨在帮助学生了解机械制造企业项目质量管理。掌握机械制造企业项目质量与质量管理、机械制造企业项目质量计划、机械制造企业项目质量保障、机械制造企业项目质量控制等知识。

练习与思考

给你一个项目，如何做出项目管理计划？根据项目管理计划，如何实施和控制项目，达到项目工期最短、项目费用最少、项目质量最优和项目风险最小？

案例思考

某轧钢厂一个车间的生产情况统计如下：甲乙丙三班各轧制钢材 2000 吨，共轧制 6000 吨，其中轧废 169 吨。如果只知道这样三个数据，则无法对质量问题进行分析。那么，如何对其做出分层分析？

第九章　机械制造企业项目风险与安全管理

第一节　机械制造企业项目风险与风险管理

一、风险与风险管理概述

风险是指在一定条件下的一定期间内，预期结果与实际结果之间的差异程度。差异程度越大，风险程度越大；反之，差异程度越小，风险则越小。

（一）风险概念的演变过程

表 9-1　风险概念的演变过程

时间	学者	论点
19C	西方古典 ECO	收益与风险并存，风险是代价，收益是回报
20C 初	美 H.A.Werete	①是客观存在 ②具有不确定性
20C20	美 F.H.Net	①是可测定的不确定性 ②存在统计规律
20C60	美 C.A.Willams	不确定性是风险分析者主观的判断
20C80	日、武井勋	①不确定性 ②客观存在 ③可以被测量
综合二十世纪八九十年代： ①是一种可测定的有威胁的不确定性； ②是实际后果偏离预想有利结果的可能性； ③是一种不确定性，既是威胁也可能带来机会。		

（二）风险的性质

风险是一个很常见，但又非常复杂与令人困惑的概念。前述两节对风险的概念与分类进行了较为详细的分析，在此基础上，本节提出关于风险的六个方面的性质进行进一步的分析。这六个方面集中反映了风险的复杂性，在实践中不少人在对风险的这六个方面性质的认识中存在着矛盾的看法，对这六个方面的风险性质探讨将有助于我们获得对风险与风险管理的深入认识。

1.内生性与外生性

对于一个经济体系而言，风险是内生的还是外生的？对这个问题的回答在很大程度上受到经济制度选择的影响。传统的计划经济体制试图通过固定价格制度、经济与社会发展计划与企业国家所有等手段来消除本国国民经济体系内部可能产生的不确定性，从而使得计划经济制度本质上表现出排斥风险的制度特性。至少从理论上看，风险不应该是计划经济体系的内在要素，风险主要是来自于经济体系之外，如自然灾害、战争、政治变动以及外国经济波动或冲击。因此，在计划经济制度下，风险被视为外生的是符合计划经济基本理论的。相比之下，除了来自于经济体系之外的自然灾害与战争等外生性风险之外，市场经济更加强调风险是内生的，是市场经济本身所具有的基本要素与特性。经济活动，尤其是金融机构的活动，本质上都是以风险换收益的行为。因此，市场经济是与排斥风险的计划经济相反的风险经济。市场经济制度下风险的内生性让我们认识到两个重要方面的内容：一是风险是市场经济体系的内在要素与特性，是不可避免的；二是内生的风险是相互影响的，这不仅表现在经济体系参与主体之间风险的相互传递与影响，而且也表现在经济主体（如金融机构与一般企业）的风险决策与投融资决策也是相互联系与影响的。

2.事前性与事后性

风险是事前的还是事后的？从风险的定义看，这原本不应该成为一个困惑我们的问题，因为从前一章的风险定义分析与风险与损失的概念辨析中我们可以非常清楚地看到，风险只能是事前的，即损失发生以前的状态，这也是风险与损失概念的根本区别。然而，在现实中，将风险与损失相混淆的现象十分常见，其根本原因是对风险的事前性特性认识不深刻。在现实中，风险与损失相互替代使用从而导致混淆两者根本差异的现象非常普遍，如用风险资产来替代不良资产、用风险机构指代已经遭受严重损失的危机机构、用风险处置来表示对不良资产的剥离或对危机机构的救助等。造成对风险事前性与事后性认识困惑的另外一个现实原因是看待风险的视角不确定。例如，金融机构的不良资产，从该资产本身来看，不良资产强调的是资产的不良特性，即损失特性。不良资产是过去的风险，现在的损失。但从整个金融机构角度看，对不良资产的管理是防止金融机构陷入清偿危机与管理清偿能力风险的重要措施，该不良资产相对于还没有发生的金融机构危机仍然表现出事前性的风险特性。同样的道理，对损失严重的危机机构的救助，包括注资、剥离损失、债务重组等形式，从危机机构自身看本质上是对损失进行处置与管理，而非防患于未然的风险管理，但从整个金融体系的角度看，对个别机构的损失处置是管理整个金融体系的风险、防止危机传染的重要的系统性风险管理措施。

3.双向性与单向性

风险是单向的还是双向的？对这个问题的回答在很大程度上取决于对风险的定义与理解。如前所述，传统的风险概念强调对损失与不利事件的关注，风险被定义为损失或不利状态发生的可能性，而盈利或有利状态发生的可能性则没有被包含在其中，因此，传统的风险概念是仅仅关注“坏风险”的单向概念。相反，现代的风险概念，以波动性定义为代表，强调的是风险变量作为随机变量对期望值水平的偏离程度，而这种偏离既包括变量低于期望水平的波动（可以被视为不利变化或相反），也包括变量高于平均水平的波动（可以被视为有利变化或相反），因此，现代的风险概念是既关注“坏风险”，又关注“好风险”的双向概念。这种将变化对风险主体的双向影响都包含在内的双向风险概念突出反映在以标准差或方差来计量波动性的风险计量方法中。显然，人们比较习惯传统的单向风险定义，而对将盈利的可能也视为风险，将盈利的增长也视为风险的增加的双向风险概念却显得难以接受与适应。然而，不可否认的是，尽管主观上对双向风险概念的接受显得比较困难，但在现代风险管理实践中，双向风险概念具有重要的意义与越来越广泛地应用，最突出的表现就是基于双向风险概念的方差与标准差已经成为风险统计计量与分析的最基本的指标。由于双向风险概念不仅将损失与风险联系起来，同时也将盈利的产生与风险联系起来，这既有利于将盈利制造者与盈利部门纳入风险管理的视野与范围，从而加强对盈利制造者与盈利部门的风险管理，做到真正的全面风险管理，也有利于进行具有现代管理意义的“经风险调整后的业绩衡量”。

相比之下，单向风险概念仅仅强调损失与风险的联系，因而割裂了盈利与风险的内在联系，容易导致消极的风险规避，不利于积极的风险管理，尤其在竞争激烈的市场上，最终会导致竞争力的丧失。此外，双向风险概念的另外一个好处在于便于对风险进行客观的衡量，从而有利于风险的市场定价与交易转让。由于单向的风险概念以损失与不利事件来定义风险，具有明显的主观性，而在以风险换收益的市场交易中，一方的损失往往就是另一方的盈利，双向的风险概念能够更加适应市场交易的公平与客观原则。

关于风险的双向性，最具有争议的问题就是操作风险是否也具有盈利性。根据巴塞尔新资本协议的定义，无论是金融机构内部人员、系统与流程还是外部事件所导致的风险，从其性质上看基本上都属于保险学上所说的与投机风险相对应的纯粹风险，即只会带来损失而不能带来盈利的风险。然而，现代风险管理对操作风险的盈利性质的看法也正在发生变化，尤其是随着经济资本配置与监管资本要求逐步覆盖金融机构，包括市场、信用与操作风险在内的全面风险因素，将市场与信用风险归于双向的投机风险与将操作风险归于单向的纯粹风险的观点已经不适应现代风险管理发展的要求，因为，作为同样占用经济资本与监管资本资源的风险暴露，操作风险应该与市场与信用风险一样能够为金融机构带来经济回报与收益以弥补资本占用的成本支出，并能够为金融机构的整体价值贡献自己的新增经济价值。

此外，尽管操作风险不能直接带来收益，但从认识金融机构业务开展中操作风险承担的不可避免性与必要性出发，通过合理的风险核算赋予操作风险管理应有的经济价值是重要的，这就如同生产企业中管理性劳动的价值一样，尽管管理性劳动不直接形成产品，但合理的内部核算应该赋予其应有的价值。

4.对称性与非对称性

风险是对称的还是非对称的？这是现代风险计量分析中的一个重要的问题。对这个问题的回答取决于风险的种类与观察风险的视角。从单项资产或单笔业务看，风险可以是对称的，也可能呈现非对称的分布。一般而言，市场风险，尤其是股票市场风险与外汇市场风险，通常被认为是对称的，有关金融产品市场风险计量与定价模型通常也通常采用正态分布的假设，例如 VaR 模型中常用的参数法。然而对于信用风险与操作风险，不对称的损失分布通常被认为是这两类风险的重要特性之一。正因为这种非对称性的风险特性，正态分布与参数法被认为难以适用于信用与市场风险计量分析，而通常代之以历史模拟法与蒙特卡洛模拟法。从投资组合，尤其是由大量独立的产品与业务所构成的投资组合角度看，由于大数定律的作用，尽管单个产品与业务的风险分布可能是非对称与非正态的，但是整个组合的损失分布却可以趋向对称与正态分布。因此，可以说风险从总体上呈现出对称的特性。

风险的对称性不仅对于计量分析很重要，而且蕴含着重要的风险管理理念，对风险管理的实践也具有重要的指导意义。首先，要加强盈利管理。对称性表现为损失规模与盈利规模的对称性，对风险业务而言，这意味着可能让你挣很多钱的业务也可能让你赔同样多的钱，而只能让你赔很少的钱的业务也往往只能让你挣同样少的钱。因此，在投资于高风险业务以追求高额盈利的过程中，必须要有风险对称性意识，认识到同样高额的下侧风险，以防止因追求超额利润而陷入超额损失，尤其是超过资本金限额的损失。其次，要理性看待赔小钱赚大钱的投资策略。在没有充分竞争的市场上，赔小钱赚大钱的投资机会的确是可能存在的，但这种投资机会随着投资资金的不断进入与市场竞争的不断增加，其投资的风险分布很快就会对称起来，因此，在有效的金融市场中追求赔小钱赚大钱的投资策略是不现实的，尤其是对运作资金规模巨大的金融机构投资者而言更是如此。最后，要注重组合管理。一般而言，非对称的风险较对称风险更加难以计量与管理，因此利用组合管理将非对称的风险转化为对称风险是降低管理难度的有效方法。在实践中，银行信贷业务就是最典型的例子。从单笔信贷业务看，贷款风险是典型的经常挣小钱（利息）、有时赔大钱（本金）的风险非对称业务，但是在大量的贷款业务中，尤其是从整个银行的贷款组合的角度看，风险分布的对称性大大增强。此外，在大数定律的作用下，单笔业务中很难预期的损失被转化为组合投资中的预期损失，从而难度较高的对非预期损失的风险管理被转化为难度较低的对预期损失的成本管理。

5.客观性与主观性

风险是客观的还是主观的？从本质上讲，风险是客观的，投资与金融活动中风险的客观存在已经是人们的普遍共识。在金融市场中，尤其是在衍生产品与保险产品交易市场中，风险的计量、定价与交易转让都是以风险的客观存在为前提与基础的。认识到风险客观性的关键在于认识到风险来源的客观性。从风险诱发因素的角度看，风险是导致损失或盈利的可能性，是业务与经营环境本身具有的一种客观的内在特性。而且，站在金融机构的角度，许多作为业务内在特性的风险不仅其存在是客观的，而且其水平也不以金融机构的意志为转移，是金融机构本身难以改变与控制的。不仅系统性的市场风险与外部事件导致的操作风险是如此，非系统性的信用风险也是如此。因为信用风险本质上是由交易对手的信用能力与信用意愿决定的，尽管金融机构可以通过合同约束与贷后监督对其信用能力与意愿产生一定的影响，但交易对手的信用风险水平并非由金融机构的风险管理措施来决定，而是由交易对手本身的诸多因素决定。因此，从这种意义上说，对风险本身的管理是困难的，甚至是不可能的，金融机构风险管理的实质并不是对风险本身的管理，而是采用风险规避、对冲与转嫁等手段管理金融机构对各种风险要素的暴露，或者通过产品定价获得对风险暴露的补偿与回报。

对风险的看法同时也存在主观的视角，对于同样的产品与业务，有的投资者认为风险很大，有的却认为不大，对风险认识的主观性是显而易见的。风险的主观视角是从风险承担者的视角看遭受损失的可能性，这种风险随风险承担者拥有的信息、风险管理能力以及风险胃口等因素的变化而变化。以滑雪的风险为例，初级、中级与高级滑雪道的风险程度本身是客观的，但是，雪道对于不同的滑雪者的风险性是受到滑雪者本身的因素影响，因而对滑雪道风险的看法是具有主观特性的，艺高胆大的高手认为中级道的风险很小，但滑雪新手却认为风险很大。在现代风险计量中，风险的主观性突出表现在 VaR 的计算过程之中，即 VaR 值是在客观的损失分布基础上通过反映主观风险胃口的置信水平来确定的，置信水平选择越高，在险价值 VaR 越大，反之越低。

6.风险与预期收益的平衡性

风险与预期收益的平衡性是风险的基本特性之一。长期以来，人们在实践中普遍认识到的所谓高风险高收益、低风险低收益的投资基本规律就是风险这一基本特性的经验反映。1964 年，夏普在马柯威茨资产组合管理理论的基础上提出的资本资产定价模型（CAPM）首次给予了理论说明。由于现代投资理论认为，风险与预期收益是任何投资与金融产品最基本的两个特性，风险与收益的这种关系对于现代风险管理理论与实践而言都具有重要的意义。这主要表现在以下三个方面：一是决定了风险收益平衡选择是金融交易与风险管理行为的基本特征。这种行为特征表现为对于风险溢价的追求。二是这种平衡性表明在有效的金融市场上，只有承担风险才能获得收益，风险是金融机构的唯一利润来源，这也决定了金融机构作为承担与管理风险的专业机构的基本性质。三是决定了作为以追求盈利为基本使命的经济单位，金融机构的企业本质在于承担风险，管理风险，并在其过程中换取风险溢价，实现其基本的盈利使命。

二、什么是项目风险

项目风险是指可能导致项目损失的不确定性，美国项目管理大师马克思·怀德曼将其定义为某一事件发生给项目目标带来不利影响的可能性。项目风险管理是为了最好地达到项目的目标，识别、分配、应对项目生命周期内风险的科学与艺术，是一种综合性的管理活动。

（一）（PMI）定义

是项目管理的一个子集，包括用以识别、分析和应对项目风险所需要的过程。由风险识别、风险量化，风险应对措施

开发和风险应对措施控制构成。

（二）目标

通过风险识别、风险量化，并以此为基础，合理使用多种方法和手段，对项目活动涉及的风险进行有效的防范与控制，采取主动行动，创造条件，尽量扩大有利结果（机会），妥善处理不利后果（威胁），以最少的成本证安全，可靠地实现项目的总目标。

（三）岗位职责—— 风险管理工程师职责

1.协助报价经理和销售代表，对项目投标（报价）风险进行分析，组织编制部门风险备忘录。

2.协助销售代表和财务负责人对项目的融资风险进行分析与评估。

3.协助项目经理，建立项目风险管理机制，提出规划与要求，并对项目可能存在的各种风险进行评估。

4.负责制订项目风险管理计划，并组织实施。

5.在项目实施阶段，协助项目经理，组织并协调项目内各方及对各方可能存在的风险进行识别、量化、制订对策并进行监控。

6.负责项目保险管理，办理工程投保事宜，签订保险合同并指导与督促有关方正常履约。

7.负责制订事故预防措施，防止事故发生。当事故发生时，及时与保险公司联系并同时采取必要措施。

三、项目风险管理

由美国项目管理协会（PMI）开发的项目管理知识体系 PMBOK2000 指出，项目风险管理的内容包括项目风险管理计划、风险识别、定性风险分析、定量风险分析、风险应对计划和风险监督与控制。在执行过程中，项目风险管理可以简化为风险识别、风险度量、制订应对措施和风险监控四个步过程。项目的风险管理是一个动态的工作过程，在这个过程中项目风险的各项作业是相互交叉和互相重叠开展和进行的。项目风险识别是项目风险管理的重要环节。若不能准确地识别项目面临的所有潜在风险，就会失去处理这些风险的最佳时机。项目风险管理是在项目进行的全过程中，对于影响项目的进程、效率、效益、目标等一系列不确定因素的管理，包括对外部环境因素与内部因素的管理，也包括对主观因素与客观因素、理性因素与感性因素的管理。

项目风险管理的内涵体现在如下三个方面：

（一）全过程管理

项目风险管理既不是在项目实施前对于影响项目的不确定因素的简单罗列与事先判断，以及建立在此基础上的硬性的、条条框框的项目风险管理对策；也不是在项目进行过程中，当实际的项目风险发生时的危机管理以及应变对策；更不是纯粹的项目风险发生后的补救方案设计与事后经验总结，而是对于项目风险全过程的管理。项目风险的全过程管理，要求项目风险管理者能够审时度势、高瞻远瞩，通过有效的风险识别，实现对项目风险的预警预控；要求项目管理者能够临危不乱、坦然面对，通过有效的风险管理工具或风险处理方法，对于项目运行过程中产生的风险进行分散、分摊或分割；要求项目风险管理者能够在项目风险发生后，采取有效的应对措施，并能够总结经验教训；对项目风险管理工作进行改进。

（二）全员管理

项目风险的全员管理并不仅仅是对于项目运行全部参与方或参与人员的管理，而是要求

所有的人员均能够参与项目风险的管理。项目风险管理绝对不是项目风险管理职能部门的事情。项目管理风险不仅包括对政治、经济、社会、文化、制度等外部环境中的不确定性因素的管理，还包括项目自身在其计划、组织、协调等过程中所产生的不确定因素的管理。对于后者而言，人为的主观影响成分较大。项目风险管理既是对项目全部参与方（人员）的管理，同时也是全员共同参与对项目风险的管理。

（三）全要素集成管理

从项目风险管理所追求的现实目标或项目风险管理所需解决的根本问题，其主要涉及项目工期、造价以及质量三方面的问题。可见，项目风险管理的过程是一个在可能的条件下追求项目工期最短、造价最低、质量最优的多目标决策过程，且项目风险管理不能仅满足于对单一目标的追求。这是由于项目的工期、造价与质量是三个直接关联和相互作用的相关要素。项目工期的提前或滞后将直接影响造价的高低，项目质量的优劣与项目工程造价直接相关，同样项目的工期与质量的波动受造价因素的影响。由此不难得出，项目风险管理是对工期、造价以及质量的全要素集成管理。

总体而言，成功的项目风险管理既是一门艺术，又是一门科学。其重要性主要体现在如下两个方面：一方面，项目风险管理有助于确定项目范围以及最优项目。项目风险管理可对可供选择的项目集合所具有的风险特征进行综合评价，如对于项目风险特征的聚类分析，使得项目组织者可在不同的临界值范围内选择项目群体；对于项目风险收入的有效性评价，使得项目组织者可以有意识地去选择项目投入产出效率较高的项目，等等。项目风险管理从风险的周期性、规律性、预控性等多个角度，对于项目风险的识别机制、分散机制、分摊机制、转移机制等进行全面的分析，从而在项目选择范围内选择出最优项目。另一方面，项目风险管理有助于改进已选项目的效益与效率。项目风险管理是一个动态反复、适时修正、持续改进的过程，因此，当风险伴随着项目的推进而出现时，项目风险管理能够不断跟踪风险影响项目运行的轨迹，并通过有效的程序或手段进行纠偏。比如，通过风险识别策略对于风险征兆或信号进行有效识别，防患于未然；发挥风险分散机制，对于多个风险项目进行协调控制，充分利用项目间的协同效应；运用风险分摊策略，在项目的合作各方之间，通过资源共享、要素互补等方式有效分摊风险；运用风险转移机制，在必要的时候通过转让、出售等方式退出项目运作以转移风险。此外，项目的风险与收益在一定程度上具有正相关性，但项目风险同样与项目可能遭受的损失或可能增加的成本相对应。项目风险管理在改进已选项目的同时，也是对成本损失或不确定性的降低，等于提高了项目运行的效率与效益。

第二节　机械制造企业项目风险识别

一、机械制造企业项目风险识别概念

项目风险识别是指找出影响项目目标顺利实现的主要风险因素，并识别出这些风险究竟有哪些基本特征、可能会影响到项目的哪些方面。

项目风险识别是一项贯穿于项目实施全过程的项目风险管理工作。它不是一次性行为，而应有规律地贯穿整个项目中。风险识别包括识别内在风险及外在风险。内在风险指项目工作组能加以控制和影响的风险，如人事任免和成本估计等。外在风险指超出项目工作组等控力和影响力之外的风险，如市场转向或政府行为等。严格来说，风险仅仅指遭受创伤和损失的可能性，但对项目而言，风险识别还牵涉机会选择（积极成本）和不利因素威胁（消极结果）。任何能进行潜在问题识别的信息源都可用于风险识别，信息源有主观和客观两种。客观的信息源包括过去项目中记录的经验和表示当前项目进行情况的文件，如工程文档、计划

分析、需求分析、技术性能评价等；主观信息源是基于有经验的专家的经验判断。

二、机械制造企业项目风险识别依据

（一）机械制造企业项目风险管理计划

机械制造企业项目风险管理计划是规划和设计如何进行项目风险管理的过程，它定义了项目组织及成员风险管理的行动方案及方式，指导项目组织选择风险管理方法。机械制造企业项目风险管理计划针对整个项目生命周期，制订如何组织，如何进行风险识别、风险分析、风险量化、风险应对的规划。从机械制造企业项目风险管理计划中可以确定：风险识别的范围；信息获取的渠道和方式；项目组成员在项目风险识别中的分工和责任分配；项目组在识别风险过程中可以应用的方法及其规范；在风险管理生产中应该何时由谁进行哪些风险重新识别；风险识别结果的形式、信息通报和处理程序。

（二）项目规划

项目规划主要包括项目目标、任务、范围、进度计划、费用计划、资源计划、采购计划及项目承包商、业主方和其他利益相关方对项目的期待值。在项目规划中还要考虑到组织的管理政策。所有相关组织都有正式或者非正式的政策，这些政策是项目实施的规范和标准，同样也是进行项目风险识别的依据。

（三）历史资料

项目的历史资料可以是以前亲身经历过的经验总结，也可以是通过公关信息渠道获得的他人经历项目的历史文档。在过去生产过程中的档案记录、生产总结、生产验收资料、生产质量与安全事故处理文件，以及生产变更和生产索赔资料等，记载着生产质量与安全事故、生产索赔等处理的来龙去脉，这对当前机械制造企业项目的风险识别是很有帮助的。

（四）风险种类

风险种类指那些可能对项目产生正面或者负面影响的风险源。一般的风险类型有技术风险、质量风险、过程风险、管理风险、市场风险以及翻了变更等。项目的风险种类应能反映出项目所在行业及应用领域的特征，掌握了各种风险类型的特征规律，也就掌握了风险识别的钥匙。

三、机械制造企业项目风险识别方法

风险的范围、种类和严重程度经常容易被主观夸大或缩小，使机械制造企业项目的风险评估分析和处置发生差错，造成不必要的损失。机械制造企业项目风险识别的方法有很多，任何有助于发现风险信息的方法都可以作为风险识别的工具。以下是一些常用的方法：

（一）从主观信息源出发的方法

1.头脑风暴法

也称集体思考法，是以专家的创造性思维来索取未来信息的一种直观预测和识别方法。此法由美国人奥斯本于1939年首创，从20世纪50年代起就得到了广泛应用。头脑风暴法一般在一个专家小组内进行。以“宏观智能结构”为基础，通过专家会议，发挥专家的创造性思维来获取未来信息。这就要求主持专家会议的人在会议开始时的发言中能激起专家们的思维“灵感”，促使专家们感到急需回答会议提出的问题，通过专家之间的信息交流和相互启发，从而诱发专家们产生“思维共振”，以达到互相补充并产生“组合效应”，获取更多的未来信息，使预测和识别的结果更准确。我国20世纪70年代末开始引入头脑风暴法，并受到广泛的重视和采用。

2.德尔菲法

又称专家调查法，它是20世纪50年代初美国兰德公司研究美国受前苏联核袭击风险时提出的，并在世界上快速地盛行起来。它是依靠专家的直观能力对风险进行识别的方法，现在此法的应用已遍及经济、社会、工程技术等各领域。用德尔菲方法进行机械制造企业项目风险识别的过程是由机械制造企业项目风险小组选定机械制造企业项目相关领域的专家，并与这些适当数量的专家建立直接的函询联系，通过函询收集专家意见，然后加以综合整理，再匿名反馈给各位专家，再次征询意见。这样反复经过四至五轮，逐步使专家的意见趋向一致，作为最后识别的根据。我国在20世纪70年代引入此法，已在许多机械制造企业项目管理活动中进行了应用，并取得了比较满意的结果。

3.情景分析法

是由美国SIIELL公司的科研人员PierrWark于1972年提出的。它是根据发展趋势的多样性，通过对系统内外相关问题的系统分析，设计出多种可能的未来前景，然后用类似于撰写电影剧本的手法，对系统发展态势做出自始至终的情景和画面的描述。当一个机械制造企业项目持续的时间较长时，往往要考虑各种技术、经济和社会因素的影响，可用情景分析法来预测和识别其关键风险因素及其影响程度。

情景分析法对以下情况是特别有用的：提醒决策者注意某种措施或政策可能引起的风险或危机性的后果；建议需要进行监视的风险范围；研究某些关键性因素对未来过程的影响；提醒人们注意某种技术的发展会给人们带来哪些风险。情景分析法是一种适用于对可变因素较多的机械制造企业项目进行风险预测和识别的系统技术，它在假定关键影响因素有可能发生的基础上，构造出多重情景，提出多种未来的可能结果，以便采取适当措施防患于未然。

情景分析法从20世纪70年代中期以来在国外得到了广泛应用，并产生了目标展开法、空隙添补法、未来分析法等具体应用方法。一些大型跨国公司在对一些大机械制造企业项目进行风险预测和识别时都陆续采用了情景分析法。因其操作过程比较复杂，目前此法在我国的具体应用还不多见。

（二）从客观信息源出发的方法

1.核对表法

核对表一般根据机械制造企业项目环境、产品或技术资料、团队成员的技能或缺陷等风险要素，把经历过的风险事件及来源列成一张核对表。核对表的内容可包括：以前机械制造企业项目成功或失败的原因；机械制造企业项目范围、成本、质量、进度、采购与合同、人力资源与沟通等情况；机械制造企业项目产品或服务说明书；机械制造企业项目管理成员技能；机械制造企业项目可用资源等。机械制造企业项目经理对照核对表，对本机械制造企业项目的潜在风险进行联想相对来说简单易行。这种方法也许揭示风险的绝对量要比别的方法少一些，但是这种方法可以识别其他方法不能发现的某些风险。

（2）流程图法

流程图方法首先要建立一个工程机械制造企业项目的总流程图与各分流程图，它们要展示机械制造企业项目实施的全部活动。流程图可用网络图来表示，也可利用WBS来表示。它能统一描述机械制造企业项目工作步骤；显示出机械制造企业项目的重点环节；能将实际的流程与想象中的状况进行比较；便于检查工作进展情况。这是一种非常有用的结构化方法，它可以帮助分析和了解机械制造企业项目风险所处的具体环节及各环节之间存在的风险。运用这种方法完成的机械制造企业项目风险识别结果，可以为机械制造企业项目实施中的风险控制提供依据。

3.财务报表法

通过分析资产负债表、营业报表，以及财务记录，机械制造企业项目风险经理就能识别本企业或机械制造企业项目当前的所有财产、责任和人身损失风险。将这些报表和财务预测、经费预算联系起来，风险经理就能发现未来的风险。这是因为机械制造企业项目或企业的经营活动要么涉及货币，要么涉及机械制造企业项目本身，这些都是风险管理最主要的考虑对象。

四、机械制造企业项目风险识别结果

风险识别的结果是风险列表结果的输出可以用表格、直观图、文字叙述等形式。

（一）表格形式

表 9-1　表格形式

序号	风险事件	预测年份的中位数和四分点（年份）
…	…	…
13	闸门锈蚀、损坏	2000-2010-2030
14	导叶失效	2006-2012-2028
15	发电机组报废	2009-2014-2033
…	…	…

（二）直观图形式

1.楔形图

楔形图的顶端表示中位数底边长为最迟和最早时间间隔。纵坐标上的数字为项目代号。如图 9-1。

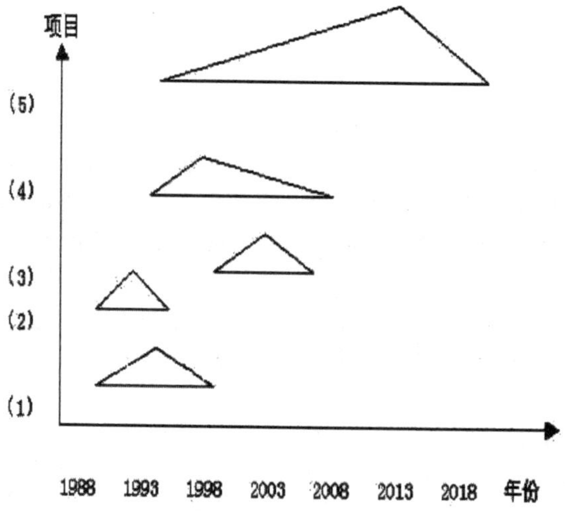

图 9-1　楔形图

2.截角楔形图

截角楔形图的顶点表示中位数，截角端点为上下四分点。底边长表示四分点间隔。截角楔形图上的号码为所代表的事件的号码。如图 9-2。

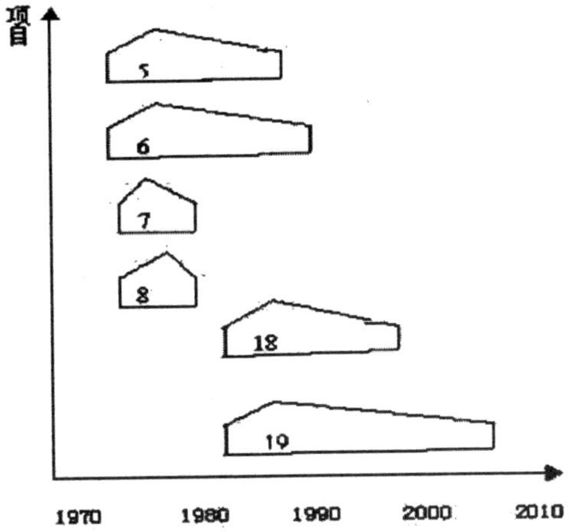

图 9-2 截角楔形图

3.表示两种概率的预测结果的截角楔形图

预测组织者有时要求专家按一定概率预测事件可能发生的时间。如果要求按两种概率回答（例如，40%和 70%），那么，对每一事件的发生时间的预测结果有两种结果（一般来说，概率越高，预测的事件发生时间越迟）。把这两种结果都用截角楔形图表示出来，如图 9-3。

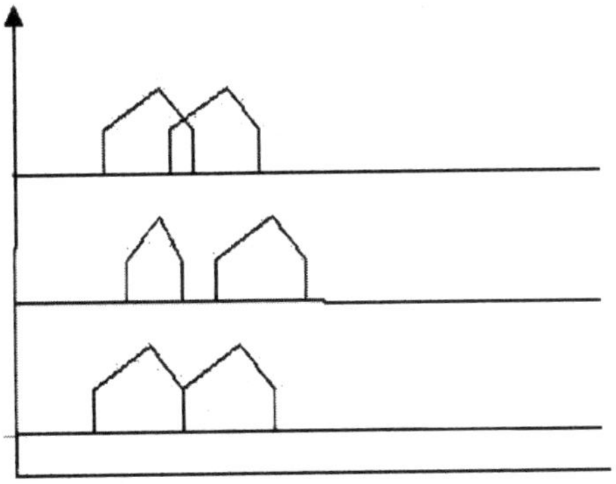

图 9-3 表示两种概率的预测结果的截角楔形图

4.直方图

直方图的横坐标表示不同时间段，纵坐标表示赞同事件发生在相应时间段的专家的比例如图 9-4。

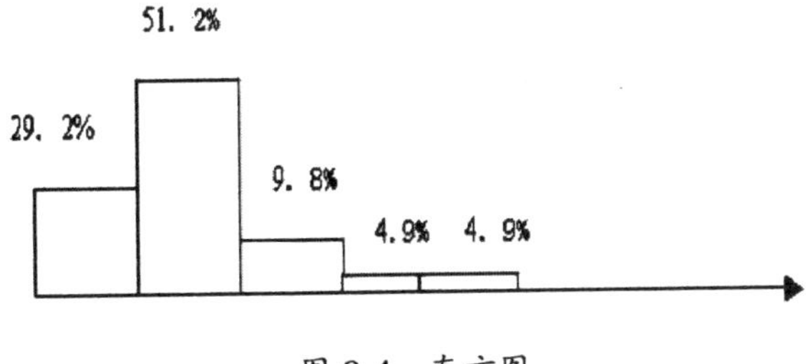

图 9-4 直方图

第三节　机械制造企业项目风险评估

一、机械制造企业项目风险评估概念

（一）什么是机械制造企业项目风险评估

机械制造企业项目风险评估是在风险识别之后，通过对机械制造企业项目所有不确定性和风险要素的充分、系统而又有条理的考虑，确定机械制造企业项目的单个风险。然后，对机械制造企业项目风险进行综合评价。它是在对机械制造企业项目风险进行规划、识别和估计的基础上，通过建立风险的系统模型，从而找到该机械制造企业项目的关键风险，确定机械制造企业项目的整体风险水平，为如何处置这些风险提供科学依据，以保障机械制造企业项目的顺利进行。

（二）机械制造企业项目风险评估的基础

风险评估的基础是首先要对以下几项内容进行估计：风险事件发生的可能性大小；可能的结果范围和危害程度；预期发生的时间；一个风险因素所产生的风险事件的发生频率。常用的方法工具包括：风险可能和危害分析等级矩阵、机械制造企业项目假定测试、数据精度分级。

1.风险可能和危害分析等级矩阵。风险的大小是由两个方面决定的，一是风险发生的可能性，另一个是风险发生后对机械制造企业项目目标所造成的危害程度，对这两方面，可以用一些定性的描述词分别进行描述，如“非常高的”“高的”“适度的”“低的”和“非常低的”等。

2.机械制造企业项目假定测试。风险评估中的机械制造企业项目假定测试是一种模拟技术，它是分别对一系列的假定及其推论进行测试，进而发现风险的一些定性信息。

3.数据精度分级。风险估计需要准确的、不带偏见的、有益于管理的数据，数据精度分级就是应用于这方面的一种技术，它可以估计有关风险的数据对风险管理有用的程度。它包括如下的方面：风险的了解范围；有关风险的数据；数据的质量；数据的可信度和真实度等。

机械制造企业项目管理的本质是计划、预测、预算和估算，这都表明了机械制造企业项目中的确定因素是很少的。因此，要决定机械制造企业项目的不确定性就需要考虑机械制造企业项目的方方面面。但这是非常不切实际的，因为评估需要的成本和时间是有限的，因此，一般需要保证的是，风险评估的对象必须是那些在机械制造企业项目中受到最严重的约束和具有最大不确定性的地方。另外，需要强调的是，这个评估的过程事实上是反复的，只有当评估者和机械制造企业项目经理都认为所有未发现的风险都是无关紧要的时候，风险评估才能完成。评估过程允许风险承担者定义风险类型。可以根据概率和影响，或者根据安全措施和冒险。影响表示的是作用于预算、机械制造企业项目完成时间表、工作质量或者机械制造企业项目安全性的影响的严重程度。风险发生的概率及风险影响的程度究竟是高还是低，是风险评估者和机械制造企业项目经理所关心的问题。

（三）机械制造企业项目风险评估的基本步骤

要让所有的事情都去掉主观性是很困难的，但是实践和经验可以提高机械制造企业项目经理预测风险的概率和影响的能力。通常的风险评估过程都由以下六个基本步骤构成。

1.评估所有的方法

所有不同的方法都应该考虑到，所有影响风险的因素都必须考虑。头脑风暴法或其他的风险识别方法应该使用得透彻，所有可能影响风险发生的因素都应该考虑到。

2.考虑风险态度

决策者的风险态度是需要重点考虑的。不同的人会用不同的态度估计风险，并且使用同样的数据做出不同的决定。一些决策者，与其他的决策者相比较，或多或少是厌恶风险的，并且会根据给定的数据，对风险的发生和影响做出不同的主观评估。

3.考虑风险的特征

风险是否已经识别、它们是否可控和它们的影响将会怎样，这些都是需要考虑的。控制已经识别（例如内部可控的）的风险而不是其他的（如外部不可控的）风险，这是可能的。所有可能的风险特征都需要识别。

4.建立测量系统

风险需要用定量或定性（或综合的）方法测量和评估。一些方法是使用已经建立的模型，这些模型输入了风险的特征和风险面临的情况，这样，根据历史经验就可以做出预测。

5.解释结果

测量中生产的数据需要解释。这种解释同样也有定性的或定量的。测量过程的结果给预测和可能的结果提供了一种暗示，但是这些仍需要解释。两个不同的解释人员可能用的是同样的数据和结果，但他们所做的评价却不相同。解释可能会根据观察到的数据用外推法对未来的结果做出预测。

6.做出决策

整个过程的最后阶段需要决定哪些风险会保留，哪些风险要转移出去。风险是否保留取决于组织的实际情况和决策者的态度。

二、机械制造企业项目风险评估依据

（一）已识别的风险

已识别的科技计划项目风险是项目风险评估的基础。

（二）项目的进展情况

在项目的不同阶段，所面临的风险程度是不同的。一般来说，随着项目的进展，项目的风险和不确定性就会逐步降低。

（三）项目的性质和规模

由于各科技计划项目的性质不同，风险对其影响程度也不一样。一般来说，较小的科技计划项目风险程度较低，大型、复杂的项目或高新技术项目的风险程度则会比较高。

（四）数据的准确性和可靠性

数据的准确性和可靠性都会影响项目风险评估的结果，所以要对数据的准确性和可靠性进行评估。

三、机械制造企业项目风险评价方法

在风险评价方法中，应处理好定性分析与定量分析的关系。定量分析大都采用仿真方法，但它也有不足之处：一是存在基础数据不足的难题，二是不易求解。定性与定量结合是一种比较好的方法，如 AHP 就是一个成功的例子。现行的风险分析方法很多，目前应用较为广泛的方法如下：

（一）主观评分法

主观评分法一般取到之间的整数。代表没有风险，代表最大风险，然后由项目管理人员和各方面的专家进行评价，为每一单个风险赋予一个权重把各个权重下的评价值加起来，再同风险评价基准进行比较。

（二）等风险图法

等风险图包括两个因素：失败的概率和失败的后果。这种方法把已识别的风险分为低、中、高三类。低风险指对项目目标仅有轻微不利影响、发生概率也小（小于 0.3）的风险。中等风险指发生概率大（从 0.3 到 0.7），且影响项目目标实现的风险。高风险指发生概率很大（0.7 以上），对项目目标的实现有非常不利影响的风险。等风险图法用风险系数评价项目风险水平。

（三）蒙特卡罗模拟法

蒙特卡罗模拟法，是根据随机数对投入变量值概率分布进行随机抽样，根据每次抽样值计算项目的投资收益率，这样经多次重复得到投资收益率的概率分布图。根据收益率概率分布计算保险下限值和不经济概率，以判断方案的风险性。

蒙特卡罗模拟法具有显著优点。对于无法凭经验决策的问题、不能用数学求解的复杂问题及不易做可控实验的动态系统，均可用蒙特卡罗模拟法解决。亦即那些投入变量含有许多随机因素，其转换过程具有函数关系，又非一般数学式所能充分表达的，只能用蒙特卡罗模拟法解决。

（四）解析方法

采用解析的方法对投资项目进行风险分析时，其特点是在利用德尔非法进行风险识别与估计的基础上，将风险分析与反映工程项目特征的投入、产出流结合起来，在综合考虑风险因素影响的情况下，对随机投入、产出流的概率分布进行估计，并对各个投入、产出流之间的各种关系进行探讨。在风险评价阶段，吸收了动态经济评价方法的合理性，将风险分析与动态投入、产出相结合，用项目预期投入、产出及净效益的现值的平均离散程度来度量风险，进而得到表示风险程度的净效益的概率分析。

四、机械制造企业项目风险评估结果

机械制造企业项目风险评估最重要的结果就是量化了的机械制造企业项目风险清单。该清单综合考虑了机械制造企业项目风险发生的概率、风险后果的影响程度等因素，因此机械制造企业项目承担单位可依此对机械制造企业项目风险进行排序，从而确定采取什么样的风险应对措施以及控制措施应实施到什么程度。

（一）机械制造企业项目风险清单一般可包括以下内容：

1.机械制造企业项目风险发生概率的大小。

2.机械制造企业项目风险可能影响的范围。

3.对机械制造企业项目风险预期发生时间的估算。

4.机械制造企业项目风险可能产生的后果。

5.机械制造企业项目风险等级的确定。

表 9-2

机械制造企业项目风险清单内容	机械制造企业项目风险发生概率的大小。
	机械制造企业项目风险可能影响的范围。
	对机械制造企业项目风险预期发生时间的估算。
	机械制造企业项目风险可能产生的后果。
	机械制造企业项目风险等级的确定。

（二）机械制造企业项目风险可分为四个等级：

1.灾难级——这类等级的风险必须立即予以排除。

2.严重级——这类风险会造成机械制造企业项目偏离目标，需要立即采取控制措施。

3.轻微级——暂时不会对机械制造企业项目产生危害，但也要考虑采取应对措施。

4.忽略级——这类风险可以忽略，不采取控制措施。

表 9-5

灾难级	这类等级的风险必须立即予以排除。
严重级	这类风险会造成机械制造企业项目偏离目标，需要立即采取控制措施。
轻微级	暂时不会对机械制造企业项目产生危害，但也要考虑采取应对措施。
忽略级	这类风险可以忽略，不采取控制措施。

第四节　机械制造企业项目风险监测与应对

一、机械制造企业项目风险监测

（一）机械制造企业项目风险监测的定义

机械制造企业项目风险监控是指在整个机械制造企业项目过程中，根据机械制造企业项目风险管理计划和机械制造企业项目实际发生的风险与机械制造企业项目发展变化所开展的各种监督和控制活动。这是建立在机械制造企业项目风险的阶段性、渐进性和可控性基础之上的一种机械制造企业项目风险管理工作，因为只有当人们认识了机械制造企业项目风险发展的进程和可能性以后，机械制造企业项目风险才是可控的。更进一步来说，当人们认识了机械制造企业项目风险的原因及其后果等主要特性以后，那么就可以对机械制造企业项目风险开展监控了。也就是说，只有当人们对机械制造企业项目风险一无所知时，它才是不可控的。

机械制造企业项目风险是发展和变化的，这种发展与变化也会随着人们的控制行为而发生变化。人们对机械制造企业项目风险的控制过程就是一种发挥主观能动性去改造客观世界（事物）的过程，此时产生的各种信息会进一步完善人们对机械制造企业项目风险的认识和把握程度，使人们对机械制造企业项目风险的控制行为更加符合客观规律。实际上，人们对机械制造企业项目风险的监控过程就是一个不断认识机械制造企业项目风险和不断修订机械制造企业项目风险监控决策与行为的过程。这一过程是一个通过人们的行为使机械制造企业项目风险逐步从不可控向可控转化的过程。

机械制造企业项目风险监控的内容主要包括：监控机械制造企业项目风险的发展、辨识机械制造企业项目风险发生的征兆、采取各种风险防范措施、应对和处理已发生的风险事件、消除或缩小机械制造企业项目风险事件的后果、管理和使用机械制造企业项目不可预见费、实施机械制造企业项目风险管理计划和进一步开展机械制造企业项目风险的识别与度量等。

（二）机械制造企业项目风险监测的依据

项目风险监控的依据主要有如下几个方面。

1.项目风险管理计划

项目风险监控活动都是依据这一计划开展的，但是在发现新风险后需要立即更新项目风险管理计划，所以项目风险监控工作都是依据不断更新的项目风险管理计划开展的。

2.实际项目风险发展变化情况

有些项目风险最终变成现实而发生了，有些项目风险却没有发生。这些项目风险实际情况的发展变化情况也是项目风险监控工作的最重要依据之一。

（三）机械制造企业项目风险监测的依据步骤与内容

项目风险监控是按照一定步骤和流程进行的，具体分述如下。

1.项目风险监控的流程图

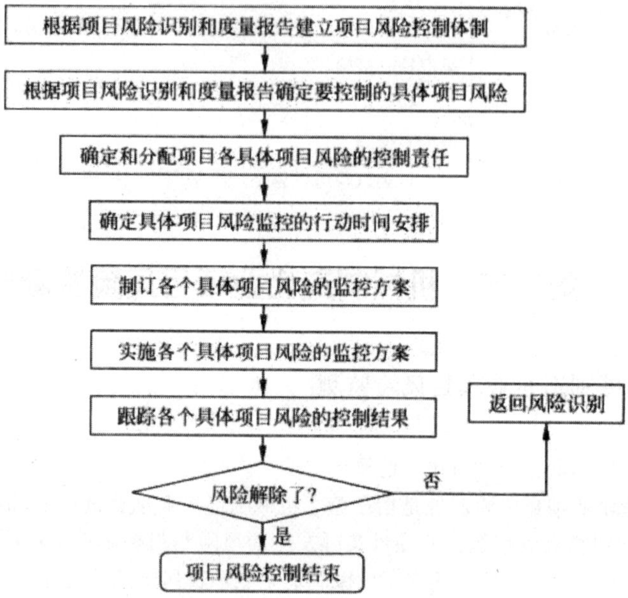

图 9-5　项目风险监控的流程图

项目风险监控的具体步骤、内容与做法如上图所示。

2.项目风险监控各具体步骤的内容与做法

项目风险监控各具体步骤的内容与做法说明如下。

（1）建立项目风险事件控制体制

这是制订整个项目风险监控的方针、程序和管理体制的工作，包括项目风险责任制、项目风险报告制、项目风险监控决策制、项目风险监控的沟通程序等。

（2）确定要控制的具体项目风险

这是按照项目风险后果严重程度、概率大小、组织风险监控资源等情况确定出对哪些项目风险进行控制、对哪些项目风险容忍并放弃对它们的控制。

（3）确定项目风险的控制责任

所有需要监控的项目风险都必须落实具体负责控制的人员并要规定他们所负的具体责任。每项项目风险监控工作都要由专人负责而不能分担，而且要由合适人员去负责。

（4）确定项目风险监控的行动时间

这是项目风险监控时间的计划和安排，它规定出解决项目风险问题的时间限制等。项目风险的损失多数是因为错过监控时机造成的，所以项目风险监控时间计划很重要。

（5）制订各个具体项目风险的监控方案

这首先要找出能够监控项目风险的各种备选方案，然后对方案做必要的可行性分析和评价，最终选定要采用的风险监控方案并编制项目风险监控方案文件。

（6）实施各个具体项目风险监控方案

此时人们必须根据项目风险的实际发展与变化，不断地修订项目风险监控方案与办法。对于某些具体的项目风险而言，项目风险监控方案的修订与实施几乎是同时进行的。

（7）跟踪各个具体项目风险的控制结果

其目的是要收集项目风险监控工作的结果信息并给予反馈，以指导项目风险监控工作。通过跟踪给出项目风险监控信息，根据信息改进项目风险监控工作，直到风险监控完结为止。

（8）判断项目风险是否已经消除

如果认定某项目风险已经解除，则该项目风险监控作业完成，若判定某项目风险仍未解除就需要重新识别和度量项目风险，然后按图 9-7 的步骤去开展下一步的项目风险监控作业。

（四）常见方法技术

1．风险预警系统

风险监控的意义就在于实现机械制造企业项目风险的有效管理，消除或控制机械制造企业项目风险的发生或避免造成不利后果。因此，建立有效的风险预警系统，对于风险的有效监控具有重要作用和意义。风险预警管理是指对于机械制造企业项目管理过程中有可能出现的风险，采取超前或预先防范的管理方式，一旦在监控过程中发现有发生风险的征兆，及时采取校正行动并发出预警信号，以最大限度地控制不利后果的发生。因此，机械制造企业项目风险管理的良好开端是建立一个有效的监控或预警系统，及时觉察计划的偏离，以高效地实施机械制造企业项目风险管理过程。

2．风险审计

专人检查风险监控机制是否得到执行，并定期进行风险审核，在重大的阶段节点重新识别风险并进行分析，对没有预计到的风险制订新的应对计划。

3．技术指标分析

比较原定技术指标与实际技术指标之间的差异。例如，测试未能达到性能要求，缺陷数大大超过预期等。

在很多情况下，机械制造企业项目中发生的风险问题可以追溯到不止一个风险，风险驾驭与监控的另一个任务就是试图在整个机械制造企业项目中确定“风险的起源”。风险监控的关键在于培养敏锐的风险意识，建立科学的风险预警系统，从“救火式”风险监控向“消防式”风险监控发展，从注重风险防范向风险事前控制发展。

（五）工具

机械制造企业项目风险监控工具主要包括直方图、因果分析图和帕累托图等。

1.直方图

直方图是发生的频数与相对应的数据点关系的一种图形表示，是频数分布的图形表示。直方图有助于形象化地描述机械制造企业项目风险。直方图的一个主要应用就是确认机械制造企业项目风险数据的概率分布；此外，直方图也可直观地观察和粗略估计出机械制造企业项目风险状态，可以为风险监控提供一定的参考。

2.因果分析图

因果分析图是表示特性与原因关系的一种图，它把对某项、某类机械制造企业项目风险特性具有影响的各种主要因素加以归类和分解，并在图上用箭头表示其间关系，因此又称为特性要因图、树枝图或鱼刺图等。因果分析图所指的后果是需要改进的特性以及这种后果的影响因素，因果分析图主要用于揭示影响及其原因之间的联系，以便追根溯源，确认机械制造企业项目风险的根本原因，便于机械制造企业项目风险监控。

因果分析图的结构由特性、要因和枝干三部分组成。特性是期望对其改善或进行控制的某些机械制造企业项目属性，如进度、费用等。要因是对特性施加影响的主要因素，要因一般是导致特性异常的几个主要来源。枝干是因果分析图中的联系环节：把全部要因同特性联系起来的是主干，把个别要因同主干联系起来的是大枝，把逐层细分的因素（细分到可以采取具体措施的程度为止）同各个要因联系起来的是中枝、小枝和细枝。

因果分析图的基本原理是，如果一个机械制造企业项目发生了风险，除非及时采取应对措施，否则它将再次发生风险。通过学习，吸取过去的教训，起到防患于未然的作用。因果分析图一般可由以下三阶段过程来完成。

（1）确定风险原因；

（2）确定防范机械制造企业项目风险的对策措施；

（3）实施管理行为。

（六）帕累托图

帕累托图又称“比例图分析法”，由意大利经济学家帕累托（V. Pareto）提出来，用以分析社会财富的分布状况，并发现少数人占有大量财富的现象，所谓“关键的少数与次要的多数”这一关系。帕累托图主要用于确定处理问题的顺序，其科学基础是所谓的“80 / 20 法则”，即为 80%的问题找出关键的影响因素。在机械制造企业项目风险监控中，帕累托图可用于着重解决对减少机械制造企业项目有重大影响的风险。

如可用于确定进度延误、费用超支、性能降低等问题的关键性因素，而及时明确解决问题的途径和措施。

帕累托图一般将影响因素分为三类：A 类包含大约 20%的因素，但它导致了 75%～80%的问题，称之为主要因素或关键因素；B 类包含了大约：20%的因素，但它导致了 15%～20%的问题，称之为次要因素；其余的因奶笔记栏素为 C 类，称之为一般因素，这就是所谓的 ABC 分析法。帕累托图显示了：风险的相对重要性，同时，由于帕累托图的可视化特性，使得一些机械制造企业项目风险:控制变得非常直观和易于理解,有利于确定关键性影响因素，抓住主要矛盾，重点采取有针对性的应对措施。

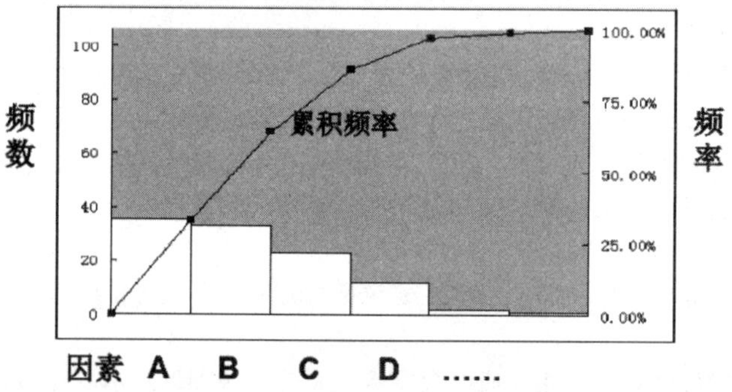

图 9-9 帕累托图的结构示意图

帕累托图的结构由两个纵坐标、一个横坐标、几个直方柱和一条折线组成。其中，左纵坐标表示频数（件数、次数等）；右纵坐标表示频率（用百分比表示）；横坐标表示影响质量的各种：因素，按影响程度的大小从左到右依次排列；折线表示各因素大小的累计百分数，由左向右逐步上升，此线称为帕累托曲线。

帕累托图显示了每个机械制造企业项目风险类别的发生频率，便于了解最为频繁的风险和确定各机械制造企业项目风险后果，有助于机械制造企业项目监理决策人确定机械制造企业项目目标和主观判断，及时采取有效的对策措施。

（七）监控成果

随着机械制造企业项目的开展，根据机械制造企业项目风险管理计划，对机械制造企业项目风险监控工作主要可以得到以下成果。

1.随机应变措施

随机应变措施是为消除风险事件而采取的未经事先计划的应对措施。应对其进行有效的记录，并融入机械制造企业项目的风险应对计划中。

2．纠正措施

纠正措施包括执行应急计划或随机应变措施。

3．机械制造企业项目变更申请

如果频繁地执行应急计划或随机应变措施，则需要考虑变更机械制造企业项目计划以应对机械制造企业项目的风险。

4．风险应对计划更新

风险事件发生以后，必须对其进行归档和重新评估。风险应对手段实施后，可以减少已识别风险的发生概率和不良影响。在对风险次序重新排列后，必须对其再进行评估，以使风险能够得到适当的控制。对未发生的风险也应该记录归档，并将其在机械制造企业项目风险计划中予以消除。

5．风险数据库

要对在风险管理过程中收集和使用的数据进行整理、维护和分析，建立一个风险数据库。使用这一数据库，可以帮助整个组织中的风险管理人员随着时间的推移而不断形成风险管理经验的积累。

6．风险识别检查表更新

根据机械制造企业项目管理中取得的经验，对检查表进行更新，这种更新的检查表将会对未来的机械制造企业项目风险管理提供帮助。

二、机械制造企业项目风险应对

（一）风险的应对手段

风险应对（威胁防范）的手段有多种多样。归纳起来不外乎两种最基本的手段。一种是采取规避手段。包括：风险回避、风险缓解（风险减轻、风险隔离、风险分散）、风险转移、风险自留。另一种是采取财务手段。包括：担保与保险。

（二）担保的风险

1.担保

担保在《民法》上是指以确保债务或其他经济合同项下义务的履行或清偿为目的的保证行为。它是债务人对债权人提供履行债务的特殊保证，是保证债权实现的一种法律手段。通过担保，债权人将债务人违约的风险转移给保证人（担保人）。担保可分两类，一类是物的担保。债务人或担保人以自己的有形资产或权益，作为担保。如抵押、质押、留置等等。另一类是人的信用担保。担保人以自己的资信向债权人保证，提出保证书、保函等。对于工程项目，根据我国《民法通则》《经济合同法》《担保法》，合同的担保一般有以下五种形式，即：保证、定金、抵押、质押和留置。对于工程项目，特别是国际承包工程项目，常用的是通过银行或保险公司作为保证人开具信用保证书或保函，即所谓 L.G 进行担保。

2.保险

保险是指投保人根据合同约定，向保险人（保险公司）支付保险费，保险人对于合同约定的可能发生的事故因其发生所造成的财产损失或人身伤亡、致残、疾病等，承担赔偿或付给保险金责任的一种经济补偿制度，一种合同行为。

保险是一种风险转移机制，它是将投保者个人（或小群体）所遭受的损失，在面临同样风险威胁的大群体（众多投保人）中进行分摊，从而使个人（或小群体）不致因风险损失而陷于困境，即转移了风险。

3.担保与保险的区别

从风险防范财务手段，也即从提供经济保障角度，保险和担保都具有保障作用，但二者性质完全不同，其主要区别如下：

（1）契约当事人不同；

（2）费用承担不同；

（3）损失产生的根源不同；

（4）损失承受不同；

（5）损失发生的概率不同。

（三）风险应对措施的选择

1.有利可图的保障

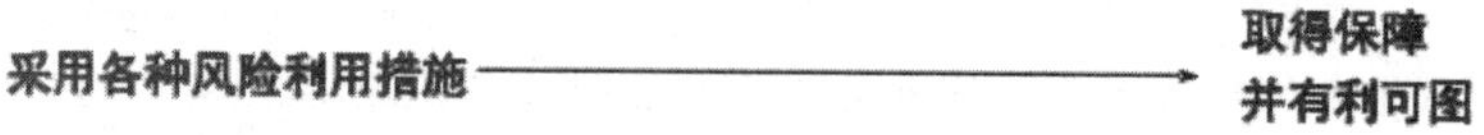

2.最好取得的“保障”

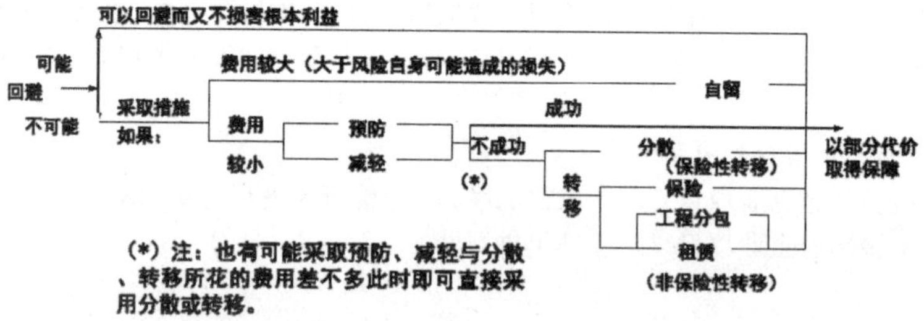

图 9-10

第五节　机械制造企业项目安全与保险管理

一、机械制造企业项目安全管理

（一）机械制造企业项目安全管理的措施

项目安全管理措施是安全管理的方法与手段，管理的重点是对施工生产各因素状态的约束与控制。根据施工生产的特点，安全管理措施带有鲜明的行业特色。

1.建立安全责任制及实施管理

机械制造企业项目管理承担着控制、管理施工生产进度、成本、质量、安全等目标的责任。建立完善以项目负责人为首的安全生产领导组织，有组织、有领导地开展安全管理活动，承担组织、领导安全生产的责任。建立健全各级人员安全生产责任制度，明确各级人员的安全责任，抓制度落实和责任落实，定期检查安全责任落实情况。项目负责人是机械制造企业项目安全管理第一责任人，各级职能部门、人员在各自业务范围内，对实现安全生产的要求负责，全员承担安全生产责任，建立安全生产责任制，各职能部门、人员的安全生产责任做到横向到边，人人负责。

特种作业人员应坚持“持证上岗”制度，施工现场出现特种作业人员无证操作现象时，施工项目部必须承担管理责任。

2.安全教育与培训

进行安全教育培训，能增强人的安全生产意识，提高安全生产知识，有效地防止人的不安全行为，减少人的失误。安全教育培训是进行人的行为控制的重要方法和手段。因此，进行安全教育培训要适时、宜人，内容合理、方式多样，形成制度，具体要求如下：

（1）临时性人员须正式签订劳动合同，接受入场教育后，才可进入施工现场和劳动岗位。

（2）进行安全教育培训，不仅要使操作者掌握安全生产知识，而且能正确、认真地在作业过程中，表现出安全的行为。

（3）安全教育的内容根据实际需要而确定。

①新工人入场前应完成三级安全教育。

②安全意识教育的内容不易确定，应随安全生产的形势变化，确定阶段教育内容。可结合发生的事故，进行增强安全意识，坚定掌握安全知识与技能的信心，接受事故教训教育。

③受季节、自然变化影响时，针对由于这种变化而出现生产环境、作业条件的变化进行的教育，其目的在于增强安全意识，控制人的行为，尽快地适应变化，减少人为失误。

④采用新技术、新设备、新材料、新工艺之前，应对有关人员进行安全知识、技能、意识的全面安全教育，激励操作者实行安全技能的自觉性。

（4）加强教育管理，增强安全教育效果。

①教育内容全面，重点突出，系统性强，抓住关键反复教育。

②反复实践，养成自觉采用安全操作方法的习惯。

③使每个受教育的人，了解自己的学习成果。鼓励受教育者树立坚持安全操作方法的信心，养成安全操作的良好习惯。

④告诉受教者怎样做才能保证安全，而不是不应该做什么。

⑤奖励促进，巩固学习成果。

（5）建立安全培训记录台账。进行各种形式、不同内容的安全教育，将教育培训的时间、内容等，清楚地记录在安全教育记录本或记录卡上。

3．安全检查

安全检查是发现不安全行为和不安全状态的重要途径，是消除事故隐患，落实整改措施，防止事故伤害，改善劳动条件的重要方法。

①安全检查形式：一般性检查、定期检查、专业检查、季节性检查、特殊检查。

②安全检查内容：查思想、查管理、查制度、查现场、查隐患、查事故处理。

③安全检查组织：成立由第一责任人任组长，业务部门及人员参加的安全检查小组。

④安全检查准备：包括思想准备、业务准备。

⑤安全检查方法：一般检查方法和安全检查表法。

⑥整改“三定”原则：安全检查后，针对存在的问题应定具体整改责任人、定解决与改正的具体措施、限定消除危险因素的整改时间。

4．作业标准化

作业标准化是科学地规范人的作业行为，控制人的不安全行为，减少人为失误。

（1）制订作业标准原则。由技术人员、管理人员、操作人员三者根据操作的具体条件制订作业标准，并反复实践、反复修订后加以确定。尽量减少使用工具，简化操作，避免较强的专业性，作业标准必须符合施工生产和作业环境的实际情况，符合人机学要求。

（2）明确操作程序和步骤。对怎样操作、操作质量标准、操作阶段目的、完成操作后物的状态等做出具体规定。

（二）机械制造企业项目安全管理体系的框架

项目安全管理体系的构成包括安全管理对象、安全管理途径、安全管理措施、安全管理责任、安全管理制度和安全管理战略等。

1.安全管理对象

安全管理对象就是安全管理所涉及的内容，分别包括环境管理和行为管理所涉及的内容。

（1）环境管理的内容包括系统、空间、条件、辅助系统。其中系统是指生产系统，包括物流系统、风流系统、人流系统和抗灾系统等；空间是指作业空间和通行空间，取决于装备条件和支护条件；条件是指自然条件；辅助系统是指对系统的监测和监控系统。

（2）行为管理的内容包括人的素质和人的意识。人的素质包括知识与技能两个方面，人的意识是指行为的动机。

2.安全管理途径

安全管理途径包括两个方面的内容：一是环境方面，二是行为方面。

（1）环境达到安全的途径：技术、工程和装备。要想使环境不危及安全，首先系统要合理，只有通过科学设计，并按照设计建设成这个系统，才能实现系统的合理。

（2）行为达到安全的途径：培训和制度。

3.安全管理措施

安全管理措施包括环境管理措施与行为管理措施两个方面。

（1）环境管理措施包括优化系统、提高装备与改善条件。

优化系统指科学地设计系统，即依靠最好的设计专家和人员，设计出最好的系统。提高装备是指采用良好的设备，并与优化系统结合起来；提高效率就是减少人员，实现集约化生产；改善条件，就是对危及安全的有害气体、火区、水源、构造、地压等，采取技术措施，消除隐患。

（2）行为管理措施：测试知识、评定技能、消除侥幸。

4.安全管理责任

安全管理责任包括技术责任、行政责任和行为管理责任。

（1）技术责任指对环境的设计负责，即对系统、空间和改善条件的方案设计、工程设计、施工组织设计、作业规程设计等安全可靠性负责。不同层级的技术人员，负责不同的技术责任，由此划分技术责任。

（2）行政责任指对环境的结果负责。这里分为决策责任和管理责任，决策责任对系统、空间和改善条件的投资负责，管理责任对环境形成的过程和结果负责。

（3）行为管理责任指管理者对行为者的培训与教育负责和行为者对自己的行为后果负责。

5.安全管理制度

安全管理制度，是指把安全的管理内容、管理标准、管理措施、管理责任、奖惩办法等纳入制度化管理，实行管理的法制化、标准化、程序化，使安全管理走上规范化轨道。

6.安全管理规划

安全管理规划包括环境管理规划和行为管理规划。

（1）环境管理规划包括系统优化目标、步骤、措施。应对系统作全面的科学分析，找出系统缺陷，拿出解决的技术方案、制订出投资规划、制订实施措施，明确管理责任。

（2）行为管理规划包括人员素质提升的目标、步骤和措施。应对员工的培训与技能提高制订出实施规划和投资计划，设计培训方式、培训地点、培训时间以及技能等级目标。

（三）机械制造企业项目安全管理的基本原则

1.管生产必须管安全

安全管理是施工生产管理的重要组成部分，安全与施工生产在实施过程中，两者存在着密切的联系，存在着进行共同管理的基础。管生产必须管安全，不仅是对各级领导人员明确安全管理责任，也向一切与施工生产有关的机构、人员明确了工作范围内的安全管理责任。国务院在下发的文件中明确指出："企业各级领导人员在管理生产的同时，必须负责管理安全工作。"由此可见，一切与生产有关的机构、人员都必须参与安全管理，并在管理中承担责任。

2.明确安全管理的目的

安全管理的内容是对施工生产中的人、物、环境因素状态的管理有效地控制人的不安全行为和物的不安全状态，消除或避免事故，达到保护劳动者的安全与健康的目的。没有明确目的的安全管理是一种盲目行为，盲目地安全管理只能纵容威胁人的安全与健康的状态，向更为严重的方向发展或转化。

3.贯彻预防为主的方针

安全生产的方针是“安全第一、预防为主、综合治理”。安全第一是从保护生产力的角度和高度，表明在施工生产范围内安全与生产的关系，肯定安全在生产活动中的位置和重要性。要使施工生产过程在符合安全要求的物质条件和工作秩序下进行，以防止人身伤亡和设备事故及各种危险的发生，从而保障劳动者的安全健康，以促进生产率的提高。

安全管理的目的是预防和消灭事故，防止或消除事故伤害，保护劳动者的安全与健康。进行安全管理不是处理事故，而是针对施工生产的特点，对生产因素采取有效管理措施，预防控制不安全因素的发展和扩大，把可能发生的事故隐患消灭在萌芽状态，以保证施工生产活动正常有序进行及其人员的安全与健康。

4.坚持“四全”动态管理

项目安全管理涉及施工生产活动的各个阶段，从开工到竣工交付使用的全部过程。因此，施工生产活动必须坚持全员、全过程、全方位、全时段的动态安全管理。

安全管理不是少数人和安全部门的事，而是一切与生产有关的人共同的事。缺乏全员的参与，安全管理不会有生机、不会出现好的管理效果，全员性参与管理十分重要。

（四）机械制造企业项目安全管理的计划编制

1.安全管理计划含义

安全管理计划简称安全计划或安全策划，是为完成安全工作任务而制订的，是指未来行动的方案。它具有三个明显的特征，即安全计划必须与未来、行动有关，并有某个机构负责实施。“凡事预则立，不预则废”就是指出了安全管理计划的重要性。

2．安全管理计划编制原则

安全管理计划是主观的东西，计划制订的好坏取决于它和客观相符合的程度。企业所制订的安全管理计划必须符合安全生产的客观规律，符合企业的实际情况。安全计划是进行安全控制和管理的指南，是考核安全控制和管理工作的依据。

3．安全管理计划主要内容

针对项目的特点进行安全策划，规划安全作业目标，确定安全技术措施，最终所形成的文件称为安全计划。安全计划应在项目开始实施前制订，在项目实施过程中不断加以调整和完善，主要内容如下：

（1）项目概述，包括项目的基本情况，可能存在的主要不安全因素等。

（2）安全控制和管理目标，明确安全控制和管理的总目标及子目标，且目标应具体化。

（3）安全控制和管理程序，明确安全控制和管理的工作过程和安全事故的处理过程。

（4）安全组织机构，包括安全组织机构形式，安全组织机构的组成。

（5）职责权限，根据组织机构状况，明确不同组织层次、各相关人员的职责和权限，进行责任分工。

（6）规章制度，包括安全管理制度、操作规程、岗位职责等规章制度的建立，应遵循的安全类法律法规、标准等。

（7）资源配置，针对项目特点，提出安全管理和控制所必需的材料、设施等资源要求和具体的配置方案。

（8）安全技术措施，针对不安全因素，确定相应措施。

（9）检查评价，明确检查评价方法和评价标准。

（10）奖惩制度，明确奖惩标准和方法。

二、机械制造企业项目保险管理

（一）保险的概念

从经济学的角度，保险是以概率论和“大数法则”为依据，集中有同一想要避免危险造成损失的多数个人或团体的资金（保险费），建立保险基金，利用“分散危险，分摊损失”的办法，对被保险人由于特定的灾害事故所造成的损失进行经济补偿或对人身伤亡给付保险金。

从法学的角度，保险是一种补偿性的契约行为。一方面，被保险人须向保险人（保险公司，下同）支付应对（对策）中的经济（财务）手段之一（即风险转移），但它又是一个涵盖内容广泛的专门学科。

随着社会生产力的提高和社会分工的深入、细化，随着风险的不断增多和人们风险意识的提高，保险已深入到各行各业，机械制造企业项目的保险也日益受到重视，成为项目管理的重要组成部分。

（二）投保条件

投保必须具备特定的条件，即哪些情况可以投保，哪些情况不能投保。

1.危险的发生（时间、地点）须具有不确定性，肯定要发生的危险和发生时间确定的危险，不能投保。

2.危险的发生须具有偶然性。应是人们意料之外的事故。如果危险的发生系由于被保险人的故意所为，不能投保。

3.危险的发生须具有可能性。不可能发生的危险（由于投保人不了解“保险标的”情况）投保人有权收回已支付的保险费。

4.危险的程度须具有可确定性，否则无法确定保险费。

5.危险的发生须具有未来性。已经发生的危险（由于投保人不知道“保险标的”已有损失或者恶意骗保）保险人不负赔偿责任，但有权收取保险费。

6.危险的发生须具有适法性，违反法律的危险，不能投保。比如贩运毒品、军火的运输险；地下黑工厂的财产险；非法工程的工程险；雇用非法移民的人身险等均不能投保，即使投了保，出了问题，保险人也不负责任。

（三）机械制造企业项目的特点

机械制造企业项目是针对机械制造企业产品在生产过程中可能出现的因自然灾害或意外事故而造成的物质损失和依法或依合同应对第三者的人身伤亡和财产损失承担的经济赔偿责任提供保障的一种综合性保险。它是从财产保险中派生出来的一个新险种，可以说是财产保险和责任保险的综合保险。机械制造企业项目虽是属于财产保险的范畴，但与普通财产保险相比有以下特点：

1.风险具有特殊性。

2.保障具有综合性。

3.被保险人具有广泛性。

4.保险期限具有不确定性。

5.保险金额具有变动性。

6.无固定费率。

7.包括人为因素导致的损失赔偿。

（四）机械制造企业项目保险管理

1.有关术语

保险，投保人，保险人，被保险人，保险合同，保险事故，保险标的，保险金额，免赔额，赔偿限额，保险费率，保险费。

2.项目保险管理工作程序框架

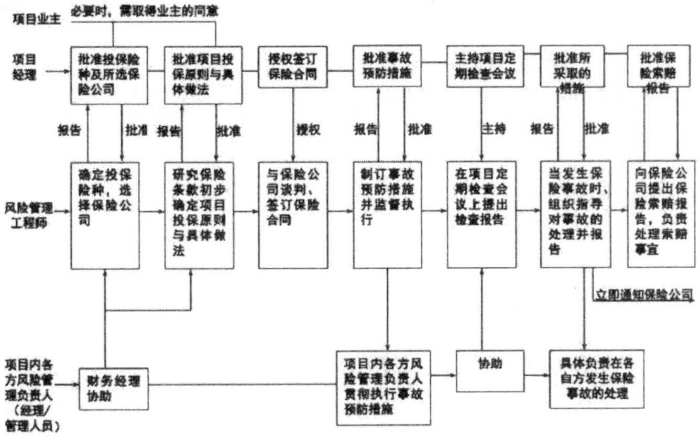

图 9-7　项目保险管理工作程序框架图

本章小结

本章综合介绍了机械制造企业项目风险与安全管理，包括机械制造企业项目风险与风险管理、机械制造企业项目风险识别、机械制造企业项目风险评估、机械制造企业项目风险监测与应对以及机械制造企业项目安全与保险管理等知识。

练习与思考

1.什么是项目风险？

2.机械制造企业项目风险评估的依据是什么？

3.机械制造企业项目风险应对的策略是什么？

案例思考

我国近年来港口机械制造业发展迅速，但是由于目前国内的需求量不高，时常会有货物积压的现象发生，由于机械指导成本较高，无法正常地售出，对于企业的正常运营也会造成极大的影响。对港口机械制造企业实行风险管理意义重大，是企业的稳定持续发展中不可忽略的环节。那么，如何为其制订出详细的具有针对性的风险管理措施呢？

第十章　机械制造企业项目收尾与项目后评价

第一节　机械制造企业项目验收与交接

一、机械制造企业项目验收

机械制造企业项目质量的好坏直接影响企业的未来发展，如果质量不过关，用户投诉增多，长久下去会影响到企业形象和效益，因此在实际生产中必须做好机械制造企业项目验收。

（一）机械制造企业项目验收准备工作

1.完成收尾生产

做好收尾生产，必须摸清收尾生产机械制造企业项目，通过竣工前的预检，进行一次彻底的清查，按设计图纸和合同要求，逐一对照，找出遗漏机械制造企业项目和修补工作，制订作业计划，相互穿插施工。

2.准备验收资料

竣工验收资料和文件是机械制造企业项目竣工验收的重要依据，从生产开始就应完整地积累和保管，竣工验收时应编目建档。

3.做好预验收

竣工验收的预验收，是初步鉴定机械制造企业项目质量，避免竣工进程拖延，保证机械制造企业项目顺利投产使用不可缺少的工作。通过预验收，可及时发现遗留问题，事先予以返修、补修。

（二）机械制造企业项目验收分步要点

1.检验批和分项生产是机械制造企业项目质量的基础，所有检验批和分项生产在验收前应由机械制造企业项目部先填好“检验批和分项生产的质量验收记录”，并由机械制造企业项目专业质检员和专业技术负责人分别在检验批和分项机械制造企业项目质量验收记录中相关栏目签字，然后由监理生产师组织严格按规定程序进行验收评定工作。

2.分部（子分部）生产在机械制造企业项目自检基础由机械制造企业项目总监理生产师（建设单位机械制造企业项目负责人）组织施工单位的机械制造企业项目负责人和机械制造企业项目技术、质量负责人及有关人员进行验收，地基基础及结构分部须请质检站参加验收。

3.机械制造企业项目经理每半月组织一次施工班组之间的质量互检，并进行质量讲评。

4.分公司技术质量部对每个机械制造企业项目进行不定期抽样检查，对检查结果进行排名张榜公布，发现问题以书面形式发出限期整改指令单，机械制造企业项目经理负责在指定限期内将整改情况以书面形式反馈到技术质量部，由公司对整改情况进行抽样复查，并根据复查结果进行考核。

5.根据质量监督部门的要求，关键部位必须请质监站核验。

6.生产完工后竣工初验前施工单位内部组织人员先做好生产自检验收工作，在符合国家省市有关规定和设计文件、合同内容后及时向现场总监和建设单位提交“生产竣工报告”，并申请生产竣工验收。

7.生产单位在收到竣工报告并组织自检、初验后，对符合竣工验收要求的生产，组织设计、施工、监理等单位和有关方面的专业人员组成验收组（建设单位的机械制造企业项目负责人、施工单位的机械制造企业项目经理、监理单位的总监理生产师、设计单位的机械制造企业项目负责人应是验收组成员)，通知质监站进行生产竣工验收。

二、机械制造企业项目成果交接

（一）什么是项目成果交接

项目成果交接是指全部合同收尾后，在政府项目监管部门或社会第三方中介组织协助下，项目业主与全部项目参与方之间进行项目所有权交接的过程。

（二）机械制造企业项目成果交接的范围与依据

1.个人投资项目成果交接的范围与依据

对于个人投资项目（如外商投资的项目），一旦验收完毕，应由项目团队与项目业主按合同进行交接。交接的范围是合同规定的项目成果、完整的项目文件、项目合格证书、项目产权证书，等等。

2.企（事）业投资项目成果交接的范围与依据

对于企（事）业单位投资项目，如企业利用自有资金进行的技术改造项目，企（事）业为项目业主，应由企（事）业的法人代表出面代表项目业主进行项目成果交接。交接的依据是项目合同。交接的范围是合同规定的项目成果、完整的项目文件、项目合格证书、项目产权证书，等等。

3.国家投资项目成果交接的范围与依据

对于国家投资项目，投资主体是国家，但却是通过国有资产的代表实施投资行为。一般来说，对中、小型项目，是地方政府的某个部门担任业主的角色。对大型项目，通常是委托地方政府的某个部门担任建设单位（项目业主）的角色，但建成后的所有权属于国家（中央）。对国家投资项目，因为项目建成后，项目的使用者（业主）与项目的所有者（国家）不是一体的，因而，竣工验收和交接要分两个层次进行。

（1）项目团队向项目业主进行项目验收和交接

一般是项目已竣工并通过验收班子的竣工验收之后，由监理工程师协助项目团队向项目业主进行项目所有权的交接。

（2）项目业主向国家进行的验收与交接

由国家有关部委组成验收工作小组，在项目竣工验收试运行一年左右时间后进驻项目现场，在全面检查项目的质量、档案、环保、财务。预算、安全及项目实际运行的性能指标、参数等情况之后，进行项目成果交接手续。交接在项目法人与国家有关部委或国有资产授权代表之间进行。

（三）机械制造企业项目成果交接的内容

机械制造企业项目成果交接包括实体交接和文件交接，项目成果交接方和项目接收方将在项目成果交接报告上签字，形成项目成果交接报告。机械制造企业项目成果交接报告即表明项目成果交接的结束。

1.机械制造企业项目的实体交接

项目的实体交接包括可交付的一切项目实体或项目服务。在提供项目成果交接报告之前应当进行项目成果交接的检查工作，仔细填写交接检查表。项目的交接检查表是罗列项目所有交付成果的表格，并对其中的具体细节进行描述，以便今后的核对。其形式比较简单，如表所示。

表 10-1　项目成果交接检查表

项目可交付成果	备注
可交付成果 l	
可交付成果 2	
……	
可交付成果 n	

2.机械制造企业项目的文件交接

一般情况下，项目文件的交接是一个贯穿项目整个生命周期的过程，只是在最后的收尾阶段，项目的文档交接具有很深刻的意义和作用。项目的各个阶段交接的文档资料是不同的。

初始阶段应当交接的主要文档资料有：项目初步可行性研究报告及其相关附件、项目详细可行性报告及其附件、项目方案报告、项目评估与决策报告。

计划阶段应当交接的主要文档资料有：项目描述文档、项目计划文档等。

实施阶段应当交接的主要文档资料有：项目中可能的外购和外包合同、标书、项目变更文件、所有项目会议记录、项目进展报告等。

收尾阶段应当交接的主要文档资料有：项目测试报告、项目质量验收报告、项目后评价资料、项目成果交接文档一览表、各款项结算清单、项目成果交接报告等。

（四）项目成果交接后的回访与保修

1.回访的目的和意义

项目验收、交接后，按采购合同的条款要求和国家有关规定，在预约的期限内由项目经理部组织原项目人员主动对交付使用的竣工项目进行回访，听取项目业主对项目质量、功能的意见和建议。一方面，对项目运行中出现的质量问题，在项目质量回访报告中进行登记，及时采取措施加以解决；另一方面，对于项目实施过程中采用的新思想、新工艺、新材料。新技术、新设备等，经运行证明其性能和效果达到预期目标的，要予以总结、确认，为进一步完善、推广积累数据创造条件。

项目回访、保修的意义在于：

（1）有利于项目团队重视管理，增强责任心，保证工程质量，不留隐患，树立向用户提供优质工程的良好作风。

（2）有利于及时听取用户意见，发现问题，找到工程质量的薄弱环节，不断改进工艺，总结经验，提高项目管理水平。

（3）有利于加强项目团队同用户的联系和沟通，增强项目用户对项目团队的信任感，提高项目团队的信誉。

2.项目回访的方式

项目成果交接后，项目团队应定期向用户进行回访，特别在保修期内，至少应回访一次。如保修期为一年时，可在半年左右进行第一次回访，一年到期时进行第二次回访，并填写回访卡。对不同的项目，回访的方式不同。以常见的工程项目为例，回访的方式一般有三种：一是季节性回访。大多数是雨季回访屋面、墙面的防水情况，冬季回访锅炉房及采暖系统的情况；发现问题采取有效措施，及时加以解决。二是技术性的回访。主要了解在工程生产过程中所采用的新材料、新技术、新工艺、新设备等的技术性能和使用后的效果，发现问题及时加以补救和解决；同时也便于总结经验，获取科学依据，不断改进与完善，并为进一步推广创造条件。这种回访既可定期进行，也可以不定期进行。三是保修期满前的回访。这种回访一般是在保修即将届满之前，进行回访，既可以解决出现的问题，又标志着保修期即将结束，使建设单位注意建筑的维护和使用。

3.项目保修

项目合同中一般都规定缺陷保修期，并对这段时间内所发生的质量问题以合同条款的形式规定出了预先处理方式，项目团队可以按照合同要求进行保修。

在保修期内，用户发现了问题，一般有如下处理方法。

（1）因项目团队生产质量原因造成的问题，应由项目团队无偿进行保修。

（2）因设计原因造成使用问题，则可由用户提出修改方案或由原设计单位提出修改方案，经用户向项目团队提出委托，进行处理或返修，费用原则上由用户负担。

（3）因用户在使用后有新的要求或用户使用不当需进行局部处理和返修时，由双方另行协商解决，如由原项目团队进行处理或生产时，费用由用户负担。

（4）对无法协商解决的项目质量及其他问题，可请法律部门调解，也可提交有关仲裁部门仲裁解决。

三、机械制造企业项目决算与审计

（一）什么是项目竣工决算审计

机械制造企业项目竣工决算审计是机械制造企业项目审计的一个重要环节，它是指机械制造企业项目正式竣工验收前，由审计人员依法对机械制造企业项目竣工决算的正确性、真实性、合法性和实现的经济效益、社会效益及环境效益进行的检查、评价和鉴证。其主要的目的是保障生产资金合理、合法使用，正确评价投资效果，促进总结生产经验，提高机械制造企业项目管理水平。

（二）机械制造企业项目竣工决算审计的内容

审计人员对机械制造企业项目实施项目竣工决算审计业务的内容视具体情况和项目的行业特点而确定。其基本审计内容主要包括以下方面：

1.审查竣工决算编制依据。审核决算依据是否齐全、是否符合有关规定、是否存在遗留问题。

2.审查是否按规定的时间及时进行竣工决算的编报。现行制度规定，机械制造企业项目的竣工决算应在项目办理竣工验收后的一个月内编报。

3.审核竣工决算资料的齐全性和真实性。有关财务报表、主要附表是否齐全，表中各项目的内容填列是否完整、正确、真实，各表之间应该一致的数字是否相符；竣工情况说明书所列项目内容是否全面、真实。

4.审核生产单位的竣工验收工作是否符合有关规定，决算编制工作有无专门的人员，各项清理工作是否彻底和全面。

5.审查项目生产是否按照批准的初步设计进行，各单位工程是否严格按照批准的概算内容进行，有无概算外项目和提高生产标准、扩大生产规模的问题；有无重大质量事故和经济损失。

6.项目生产发生计划调整、设计变更有无批准调整计划的文件和变更设计的手续；设计变更和现场签证是否合理，有关手续是否符合规定。

7.审查在工程实施过程中有关设备和材料的变化情况、建筑经济政策的变化情况、补充合同的内容变化等是否正常，调整是否合理。

8.审查交付使用财产是否真实和完整，是否符合交付条件，移交手续是否齐全、合规。审查竣工决算中所列的交付使用资产价值是否真实、准确，其构成是否合理；应计入交付使用资产成本的报废工程损失、坏账损失和非常损失等，是否已按规定程序报经有关部门批准；应分摊计入交付使用资产成本的待摊投资，是否已按规定的方法分摊计入交付使用资产成本，其分摊标准是否合理；有无多报、重报、虚报交付使用资产价值的情况等。同时核实在建工程完成额，查明未能全部完成和及时交付使用的原因。

9.审查机械制造企业项目的资金来源和投资支出是否真实、合法，基本生产结余资金是否真实、准确。审核生产单位是否按照规定渠道取得基本生产资金，检查有无任意挪用其他资金和非法集资等情况；竣工决算表中所列的各项基本生产拨款或贷款额，是否反映了从开始生产起至竣工为止的累计数，历年的拨款或贷款之和是否超过核定的拨款或贷款总额。竣工决算表中所列的基本生产结余资金数额是否与竣工年度决算中的数额相符，且数字是否真实、准确。剩余的设备、材料及其他物资的处理，资金的收回是否得当；投资支出是否合理，有无扩大开支范围、提高开支标准以及存在贪污、受贿、索贿、铺张浪费等违纪的情况。

10.审查生产成本节约和超支的原因。根据设计概算或基本生产投资包干指标，审查竣工项目的生产成本节约或超支的具体原因。首先，将生产总成本及其构成项目的实际数分别与概算数进行比较，以审查生产总成本及其项目的节约或超支情况，然后，进一步审查生产总成本及其构成项目的节约或超支的具体原因。

11.审查转出投资、应核销投资和应核销支出的列支依据是否充分，手续是否完备，内容是否真实，核销是否合规，有无虚列投资的问题。

12.审查生产工期。审查是否按计划开工和竣工，查明生产速度加快或延缓的原因，明确责任。

13.审查工程质量。审核是否符合工程质量检验评定标准和验收规范，有无不符合质量要求的工程，有无报废工程。

14.审查、评价投资效益。从物资使用、新增生产能力、预测投资回收期等方面评价投资效益。

15.审查、核实尾工工程的未完工程量，防止将新增项目列为尾工项目和增加新的工程内容。

（三）机械制造企业项目竣工决算审计的作用

机械制造企业项目竣工决算审计的主要作用体现在以下方面：

1.实施竣工决算审计有利于全面真实地反映竣工项目的实际财务状况和最终生产成果。目前，在决算中脱离实际、高估冒算、弄虚作假、多列费用加大工程支出等问题十分突出。加强决算审计有利于杜绝这些问题的发生，有助于保证决算中相关指标的准确性，有利于科学评估投资效益和效果。

2.实施竣工决算审计有利于反映竣工项目设计及实际新增生产能力（或效益）、生产时间、产品质量、概算的实际生产成本、主要材料的概算消耗量和实际消耗量，可以全面考核竣工项目的基本生产计划、概算的执行情况和投资效果。

3.实施竣工决算审计有利于节约项目投资。竣工决算是办理新增固定资产移交转账手续的依据，及时编报并审计竣工决算可以缩短生产周期，节约项目投资。

4.实施竣工决算审计有利于固定资产的管理。及时办理工程交付手续，企业可以及时掌握全厂竣工图，方便进行管理维护，对各类固定资产做到心中有数。

5.实施竣工决算审计有利于确定施工单位的财务成果，及时计算施工单位利润，以及时缴纳税收，为国家增加积累。

6.实施竣工决算审计有利于总结生产经验。通过决算与概算、预算的对比分析，可以总结经验，积累经济技术资料，进一步提高投资效果。

7.实施竣工决算审计有利于提高决算编制质量。在审计中不断发现在决算上存在的问题，有利于不断完善决算管理制度，提高决算编制的及时性和准确性。

（四）机械制造企业项目竣工决算审计的方法

竣工决算的审计，一般应从以下几方面进行。

1.竣工验收工作的审计

竣工验收是对机械制造企业项目的全面考核，是编制竣工决算的前提条件。审计时，主要审查生产单位在竣工验收之前是否系统整理有关工程生产的技术资料；各种设备技术档案是否齐全；各项资料是否分类立卷，分别保管，并在竣工验收时移交生产单位统一保管。如发现生产单位未按规范办事，应督促其及时整理资料，认真执行验收工作规范。

2.资金来源的审计

对生产单位资金来源的审计，首先，要审查其资金来源的保证程度。即将“竣工财务决算表”或“竣工决算表”中的“本年预算拨款”“本年基建基金拨款”“本年自筹资金拨款”“基建借款”等项目所列实际数，同批准的概算进行比较。如果各项资金来源的实际数等于或大于概算数，说明基建资金有足够的保证。相反，则表示资金来源不足。对于这些情况，均应查明原因，做出客观评价。其次，要检查各项资金来源是否正当、合理。特别要注意自筹资金拨款的审查，防止乱拉滥用，损害国家或其他单位的利益。

3.投资支出的审计

审计时，首先要审查“设备投资”“其他投资”“待摊投资”等项目的数额，是否与历年资金平衡表中各该项目期末数的合计相一致。其次，要审查项目投资支出的节超情况。根据“竣工工程概况表”，将投资支出的实际合计数与概算合计数进行比较，以考核其节超情况。

对于项目投资节超情况，应通过调查研究，查清情况，总结经验，并查出不当或不法行为，以提高基本生产管理水平。一般来说，基本生产投资支出节约的原因，主要是削减了不必要的工程、降低了生产标准、缩短了工期、减少了费用开支等等。基本生产投资支出超支的原因，主要是进行计划外工程、任意提高生产标准、拖长了工期、增加了费用开支等等。对于这些情况，都应查明原因，采取对策。

4.结余资金的审计

机械制造企业项目竣工以后，编制竣工决算之前，生产单位应彻底清理施工现场和仓库，对剩余的设备、材料及其他财产物资，都要及时处理，收回资金，做到应收尽收，不得丢失、走漏或私分。对债权债务也应全面清理完毕，做到该收的收，该付的付，不得挂帐或不了了之。在正常的情况下，“竣工财务决算表”内除了银行存款和现金外，不应该有其他结余资金项目。如果还有设备、材料物资和应收应付帐款时，应说明还有尚未处理的积压物资和不能及时清理的应收、应付帐款。为此，应对生产单位“设备材料结算明细表”“应收应付款明细表”进行分析，查明情况，提出处理意见。对收回的结余资金，首先应交清各项应付税款和其他应交款项，归还其他应付款项，然后按资金来源渠道进行处理，或归还基建投资借款，或上交财政或主管部门。

5.生产工期的审计

生产工期的审计，应根据“竣工工程概况表”或小型机械制造企业项目的“竣工决算总表。有关生产时间进行检查。即将实际与计划生产时间进行比较，看其是否按计划时间开工或竣工，并查明生产速度加快或延缓的原因。审计人员应查明影响生产工期的主观、客观原因和责任，做出客观公正的评价和结论。

6.项目质量的审计

项目质量的审计，可以根据竣工决算中所附的项目竣工验收技术资料来进行。主要审查有多少单位项目符合国家颁发的项目质量检验评定标准和验收规范，项目质量优良品率和合格品率有多少，不符合质量要求的有多少，质量事故有多少。对于不符合质量要求的，必须督促施工单位进行返工或加固补修，确保工程质量，达到国家规定质量标准。

第二节 机械制造企业项目后评价

一、机械制造企业项目后评价概念

（一）什么是机械制造企业项目后评价

项目后评价19世纪30年代产生于美国，直到20个世纪70年代，才广泛地被许多国家和世界银行、亚洲银行等双边或多边援助组织用于世界范围的资助活动结果评价中。

机械制造企业项目后评价是指在项目已经完成并运行一段时间后，对项目的目的、执行过程、效益、作用和影响进行系统的、客观的分析和总结的一种技术经济活动。

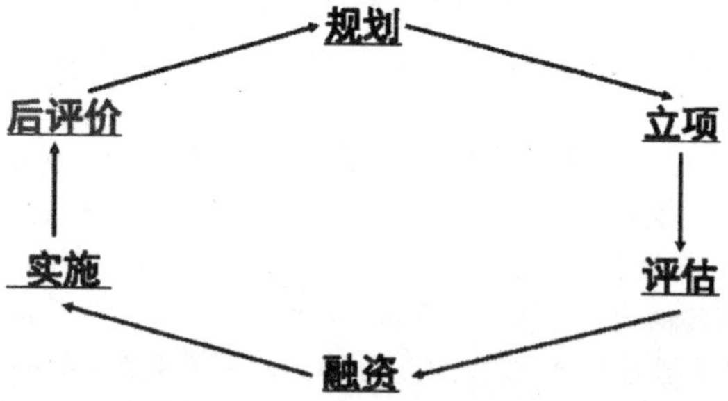

图 10-1 项目后评价示意图

（二）机械制造企业项目后评价的目的

机械制造企业项目考核评价工作是项目管理活动中很重要的一个环节，它是对机械制造企业项目管理行为、项目管理效果以及项目管理目标实现程度检验和评定，是公平、公正地反映项目管理的基础，通过考核评价工作，使得项目管理人员能够正确地认识自己的工作水平和业绩，并且能够进一步地总结经验，找出差距，吸取教训，从而提高企业的项目管理水平和管理人员的素质。

（三）机械制造企业项目后评价的任务

根据机械制造企业项目后评价所要回答的问题以及项目自身的特点，项目后评价主要的研究任务是：

1.评价项目目标的实现程度；

2.评价项目的决策过程，主要评价决策所依据的资料和决策程序的规范性；

3.评价项目具体实施过程；

4.分析项目成功或失败的原因；

5.评价项目的勘探效益；

6.分析项目的影响和可持续发展；

7.综合评价勘探项目的成功度。

（四）机械制造企业项目后评价的原则

1.现实性

机械制造企业项目后评价是对机械制造企业项目投产后一段时间所发生的情况的一种总结评价。它分析研究的是项目的实际情况，所依据的数据资料是现实发生的真实数据或根据实际情况重新预测的数据，总结的是现实存在的经验教训，提出的是实际可行的对策措施。机械制造企业项目后评价的现实性决定了其评价结论的客观可靠性。而项目前评价分析研究的是项目的预测情况，所采用的数据都是预测数据。

2.独立性

后评价必须保证公正性和独立性，这是一条重要的原则。公正性标志着后评价及评价者的信誉，避免在发生问题、分析原因和做出结论时避重就轻，受项目利益的束缚和局限，做出不客观的评价。独立性标志着后评价的合法性，后评价应从项目投资者和受援者或项目业主以外的第三者的角度出发，独立地进行，特别是要避免项目决策者和管理者自己评价自己的情况发生。公正性和独立性应贯穿后评价的全过程，即从后评价项目的选定、计划的编制、任务的委托、评价者的组成，到评价过程和报告。

3.可信性

后评价的可信性取决于评价者的独立性和经验，取决于资料信息的可靠性和评价方法的实用性。可信性的一个重要标志是应同时反映出项目的成功经验和失败教训，这就要求评价者具有广泛的阅历和丰富的经验。同时，后评价也提出了“参与”的原则，要求项目执行者和管理者参与后评价，以利于收集资料和查明情况。为增强评价者的责任感和可信度，评价报告要注明评论者的名称或姓名。评价报告要说明所用资料的来源或出处，报告的分析和结论应有充分可靠的依据。评价报告还应说明评价所采用的方法。

4.全面性

机械制造企业项目后评价的内容具有全面性，即不仅要分析项目的投资过程，而且还要分析其生产经营过程；不仅要分析项目的投资经济效益，而且还要分析其社会效益、环境效益等。另外，它还要分析项目经营管理水平和项目发展的后劲和潜力。

5.透明性

透明性是后评价的另一项重要原则。从可信性来看，要求后评价的透明度越大越好，因为后评价往往需要引起公众的关注，对投资决策活动及其效益和效果实施更有效的社会监督。从后评价成果的扩散和反馈的效果来看，成果及其扩散的透明度也是越大越好，使更多的人借鉴过去的经验教训。

6.反馈性

机械制造企业项目后评价的目的在于对现有情况的总管理水平，为以后的宏观决策、微观决策和建设提供依据和借鉴。因此，后评价的最主要特点是具有反馈特性。项目后评价的结果需要反馈到决策部门，作为新项目的立项和评价基础，以及调整工程规划和政策的依据，这是后评价的最终目的。因此，后评价的结论的扩散以及反馈机制、手段和方法成为后评价成败的关键环节之一。国外一些国家建立了“项目管理信息系统”，通过项目周期各个阶段的信息交流和反馈，系统地为后评价提供资料和向决策机构提供后评价的反馈信息。

（五）机械制造企业项目后评价的作用

通过机械制造企业项目后评价，可以达到肯定成绩，总结经验，研究问题，吸取教训，提出建议，改进工作，不断提高项目决策水平和投资效果的目的。制造项目后评价的作用体现在以下几个方面：

1.有利于提高机械制造企业项目决策水平

机械制造企业项目的成功与否，主要取决于立项决策是否正确。在我国的机械制造企业项目中，大部分项目的立项决策是正确的，但也不乏立项决策明显失误的项目。

2.有利于提高设计施工水平

通过机械制造企业项目后评价，可以总结制造项目设计施工过程中的经验教训，从而有利于不断提高产品设计施工水平。

3.有利于提高生产能力和经济效益

机械制造企业项目投产后，经济效益好坏、何时能达到生产能力（或产生效益）等问题，是后评价十分关心的问题。如果机械制造企业项目到了达产期不能达产，或虽已达产但效益很差，后评价时就要认真分析原因，提出措施，促其尽快达产，努力提高经济效益，使建成后的项目充分发挥作用。

4.有利于提高引进技术和装备的成功率

通过机械制造企业项目后评价，总结引进技术和装备过程中成功的经验和失误的教训，提高引进技术和装备的成功率。

（六）机械制造企业项目后评价的内容

1.机械制造企业项目过程后评价

对机械制造企业项目的立项决策、设计施工、竣工投产、生产运营等全过程进行系统分析，找出项目后评价与原预期效益之间的差异及其产生的原因，使后评价结论有根有据，同时针对问题提出解决的办法。

2.机械制造企业项目效益后评价

通过机械制造企业项目完工投产后所产生的实际经济效益与可行性研究时所预测的经济效益相比较，对项目进行评价。对生产性制造项目，要运用投产运营后的实际资料，计算财务内部收益率、财务净现值、财务净现值率、投资利润率、投资利税率、贷款偿还期、国民经济内部收益率、经济净现值、经济净现值率等一系列后评价指标，然后与可行性研究阶段所预测的相应指标进行对比，从经济上分析项目投产运营后是否达到了预期效果。没有达到预期效果的，应分析原因，采取措施，提高经济效益。

3.机械制造企业项目影响后评价

通过机械制造企业项目竣工投产（营运、使用）后对社会的经济、政治、技术和环境等方面所产生的影响，来评价项目决策的正确性。如果项目建成后达到了原来预期的效果，对国民经济发展、产业结构调整、生产力布局、人民生活水平提高、环境保护等方面都带来有益的影响，说明项目决策是正确的；如果背离了既定的决策目标，就应具体分析，找出原因，引以为戒。

（1）机械制造企业项目环境影响后评价

在项目影响后评价中，环境影响后评价是项目公司应特别关注的环节，是指对照制造项目前评估时批准的《环境影响报告书》，重新审查 FC 项目环境影响的实际结果。实施环境影响评价的依据是国家环保法的规定、国家和地方环境质量标准、污染物排放标准以及相关产业部门的环保规定。在审核已实施的环境评价报告和评价环境影响的同时，要对未来进行预测。对有可能产生突发性事故的项目，要有环境影响的风险分析。如果 FC 项目生产或使用对人类和生态有极大危害的剧毒品，或 FC 项目位于环境高度敏感的地区，或 FC 项目已发生严重的污染事件，还需要提出一份单独的 FC 项目环境影响评价报告。环境影响后评价一般包括五部分内容：项目的污染控制，区域的环境质量，自然资源的利用，区域的生态平衡和环境管理能力。

（2）机械制造企业项目社会影响后评价

社会影响评价的主要内容是项目对当地经济和社会发展以及技术进步的影响，一般包含 6 个方面，项目对当地就业的影响、对当地收入分配的影响、对居民生活条件和生活质量的影响、受益者范围及其反映、各方面的参与情况、地区的发展等。社会评价影响的方法是定性和定量相结合，以定性为主，在诸要素评价分析的基础上进行综合评价。

二、机械制造企业项目后评价依据

机械制造企业项目后评估是以大量的资料和数据为依据的。作为依据的资料和数据主要有两类：即主要资料和相关资料。

（一）主要资料

它们是机械制造企业项目后评估的主要依据，具体包括以下内容：

1.评估任务的协议书；
2.评估单位的名称和主要评估人员姓名；
3.机械制造企业项目的自我评佰报告；
4.有关部门的审核意见；
5.机械制造企业项目竣工验收报告；
6.经国家或有关部门／地区批准的机械制造企业项目建议书、初步设计、开工报告等；
7.有关专家的现场调查小结；
8.评估报告的主要表格；
9.其他重要的技术文件。

（二）相关资料

它们是机械制造企业项目后评估的辅助性依据。

1.与机械制造企业项目相关的国家和省合委颁布的发展计划、规划，规定及其他法律文件；
2.相关机械制造企业项目的后评估报告或研究资料；
3.国家和地方政府的产业结构调整政策、发展战略和长远规划和有关行业规划；
4.机械制造企业项目估算或预算报告；
5.与机械制造企业项目有关的物价年度通货膨胀（紧缩）指数；
6.机械制造企业项目经理报告或公告、监测报告；
7.机械制造企业项目营运统计报表；
8.机械制造企业项目环境监测报告或环境影响现状评价报告；
9.机械制造企业项目开工评估报告；
10.机械制造企业项目中期评估报告或完工评价报告；
11.机械制造企业项目审计报告；
12.其他评估所需的实际资料和数据等。

三、机械制造企业项目后评价方法

（一）对比分析法

对比分析法是机械制造企业项目后评价的基本方法，它包括前后对比法与有无对比法。对比法是制造项目后评价的常用方法。制造项目后评价更注重有无对比法。

1.前后对比法

机械制造企业项目后评价的“前后对比法”是指将项目前期的可行性研究和评估的预测结论与项目的实际运行结果相比较，以发现变化和分析原因，用于揭示项目计划、决策和实施存在的问题。采用前后对比法，要注意前后数据的可比性。

2.有无对比法

将投资项目的生产及投产后的实际效果和影响，同没有这个项目可能发生的情况进行对比分析。以度量项目的真实效益、影响和作用。该方法是通过项目实施所付出的资源代价与项目实施后产生的效果进行对比，以评价项目好坏的一个重要方法。采用有无对比法时，要注意的重点，一是要分清制造项目的作用和影响与制造项目以外的其他因素的作用和影响；二是要注意参照对比。

（二）因素分析法

机械制造企业项目投资效果的各指标，往往都是由多种因素决定的，只有把综合性指标分解成原始因素，才能确定指标完成好坏的具体原因和症结所在。这种把综合指标分解成各个因素的方法，称为因素分析法。

因素分析的一般步骤是：首先，确定某项指标是由哪些因素组成的；其次，确定各个因素与指标的关系；再次，确定各个因素所占份额。如生产成本超支，就要核算清由于生产量突破预计生产量而造成的超支占多少份额，结算价格上升造成的超支占多少份额等。机械制造企业项目后评价人员应将各影响因素加以分析，寻找出主要影响因素，并具体分析各影响因素对主要技术经济指标的影响程度。

（三）逻辑框架法

逻辑框架法（简称 LFA）是美国国际开发署（USAID）在 1970 年开发并使用的一种设计、计划和评价工具，目前已有三分之二的国际组织把 LFA 作为援助项目的计划管理和后评价的主要方法。LFA 是一种概念化论述项目的方法，将一个复杂项目的多个具有因果关系的动态因素组合起来，用一张简单的框图分析其内涵和关系，以确定项目范围和任务，分清项目目标和达到目标所需手段的逻辑关系，以评价项目活动及其成果的方法。在机械制造企业项目后评价中，通过应用逻辑框架法分析项目原定的预期目标、各种目标的层次、目标实现的程度和项目成败的原因，用以评价项目的效果、作用和影响。

（四）成功度评价法

成功度评价法是以用逻辑框架法分析的项目目标的实现程度和经济效益分析的评价结论为基础，以项目的目标和效益为核心所进行的全面系统的评价。它依靠评价专家或专家组的经验，综合后评价各项指标的评价结果，对项目的成功程度做出定性的结论，也就是通常所称的打分的方法。进行项目综合评价时，评价人员首先要根据具体项目的类型和特点，确定综合评价指标及其与项目相关的程度，把它们分为“重要”“次重要”和“不重要”三类。对“不重要”的指标就不用测定，只需测定重要和次重要的项目内容，一般的项目实际需测定的指标在 10 项左右。

在测定各项指标时，采用权重制和打分制相结合的方法，先给每项指标确定权重，再根据实际执行情况逐项打分，即按上述评定标准的第 2 至第 5 的四级别分别用 A、B、C、D 表示或打上具体分数，通过指标重要性权重分析和单项成功度结论的综合，可得到整个项目的成功度指标，用 A、B、C、D 表示，填在表的最底一行（总成功度）的成功度栏内。

在具体操作时，项目评价组成员每人填好一张表后，对各项指标的取舍和等级进行内部讨论，或经必要的数据处理，形成评价组的成功度表，再把结论写入评价报告。

本章小结

通过本课程的教学，旨在帮助学生了解机械制造企业项目收尾与项目后评价。掌握机械制造企业项目验收与交接、机械制造企业项目后评价的知识。

练习与思考

1.机械制造企业项目验收的内容有哪些？

2.什么是项目后评价？

3.机械制造企业项目后评价的方法有哪些？

案例思考

机械制造企业产品研发项目即具有一般产品研发项目的共同特点，也具有其自身的特殊性质，机械产品研发项目自身的特殊性质决定了它的评价指标体系与一般产品研发项目评价指标体系的差别，项目的类型不同会影响指标权重的设定，进而影响了评价结果。以汽车轴套项目为例，深入分析汽车轴套项目及其管理特点，并指出该项目管理后评价的程序及其本质特点有哪些？

参考文献

[1]由振洁.机械制造企业材料采购成本控制体系研究[J].纳税，2018（21）.

[2]王哲.机械制造企业成本预算管理存在的问题与对策[J].中外企业家，2016（19）.

[3]朱彦秋.对如何改进机械制造企业成本管理模式研究[J].经营管理者，2015（20）.

[4]郭淑红.大型机械制造企业财务成本管理模式优化途径研究[J].中国集体经济，2018（12）.

[5]高杰.机械制造企业财务成本管理的优化途径研究[J].财会学习，2018（11）.

[6]杨文云.基于制造业加强成本控制与管理的分析[J].中小企业管理与科技（上旬刊），2017（12）.

[7]赵宇.项目组合管理在企业项目管理中的应用研究[J].中小企业管理与科技（中旬刊），2015（5）：35—36.

[8]周正亚.项目组合管理在企业项目管理中的应用研究[J].科技经济市场，2015（3）：85—85.

[9]邓国红.项目组合管理在企业项目管理中的应用研究[J].中國市场，2016（29）：149—149.

[10]汤成阳，张若云.项目组合偏离度在中小企业 IT 建设中的应用研究[J].科技管理研究，2009，v.29；No.v.29（8）：298—301.

[11]杨颖，刘娟娟，李兴国.创新项目组合管理绩效关键影响因素的实证研究[J].工业技术经济，2016，35（2）.

[12]祝付营，刘永强，张慧.基于整数规划的水利企业项目组合管理研究[J].人民长江，2016，47（8）：63—67.

[13]韩宁.机械制造工艺与机械设备加工工艺要点[J].信息记录材料，2017（11）.

[14]王滨.机械制造工艺与机械设备加工技术分析及研究[J].世界有色金属，2017（19）.

[15]王敬.机械制造工艺现状及其发展方向[J].山东工业技术，2018（01）

[16]许彦明.科技创新推进绿色发展——记济南砖瓦机械制造有限公司总经理赵发忠[J].砖瓦世界，2018（9）：6—9，58.

[17]周汉.智能机械制造和加工模式的创新转变[J].内燃机与配件，2018，271（19）：129—130.

[18]于超.论矿山机械制造与维护技术的创新[J].世界有色金属，2018（5）：78—79.

[19]魏涛.机械制造企业在智能制造发展中的信息化建设研究[J].科学与信息化，2019（01）：111.

[20]王宏贇.浅谈机械制造企业在智能制造发展中的信息化建设[J].中国设备工程，2018（02）：192—193.

[21]吴建华.浅谈机械制造企业在智能制造发展中的信息化建设[J].机械工程与自动化，2017（06）：225—226.

[22]邹永鑫，董鹤，孙文多.机械制造企业信息化建设中出现的问题及对策分析[J].今日湖北（中旬刊），2012（12）：145.

[23]张义臣.现代机械设计与机械制造的相关技术分析[J].科技创业家，2016（08）.

[24]关晓铮.机械设计与机械制造的技术探讨[J].企业技术开发，2017（08）.